Colin Urquhart

MEIN LIEBER SOHN

Eine persönliche Offenbarung über Jesus Christus

```
W0227240
```

Verlag Gottfried Bernard
Solingen

Für alle,
die Jesus besser kennenlernen wollen

Titel der Originalausgabe: My Dear Son
                              by Colin Urquhart

© Colin Urquhart

© der deutschen Ausgabe 1993
    Verlag Gottfried Bernard
    Spitzwegstr. 8
    42719 Solingen

Übersetzung: Beate Blecher
Satz: CONVERTEX, Aachen
Grafik: image design, A. Fietz, Landsberg
Druck: Druckhaus Gummersbach

Die Bibelzitate sind der Lutherbibel (Revidierte Fassung von 1984) entnommen.
Wo andere Übersetzungen gewählt wurden, weil der Bezug zum Text klarer wurde,
ist dieses vermerkt.

ISBN 3-925968-61-X

Inhalt

Vorbemerkung

Mein herzlicher Dank gilt all denen, die mir geholfen haben, dieses Buch herauszubringen. Er gilt vor allem Anthea und Barbara für die unzählbaren am Computer verbrachten Stunden und Barbara und Helena für all ihre Mühe beim Zusammenstellen der Schriftstellen.

Besonders dankbar bin ich meiner Frau Caroline, die alles mit viel Liebe und Geduld ertragen hat: meine Abwesenheit, wenn ich mich tagelang zum Schreiben zurückgezogen habe, und die Zeiten, in denen ich völlig von der Aufgabe in Anspruch genommen oder erschöpft war. Preis sei Gott für liebende Ehefrauen!

Einführung

Es ist eine große Ehre und Freude, so viele Zeugnisse, mündlich oder brieflich, von Menschen zu erhalten, deren Leben durch das Lesen von *Mein liebes Kind ...* eine geistliche Bereicherung erfahren hat.

Viele haben berichtet, daß ihre Beziehung zu Gott gestärkt worden ist, daß sie persönlich eine Offenbarung seiner Liebe und Annahme erfahren haben. Der Herr hat das Buch gebraucht, um direkt in Lebenssituationen von Lesern hineinzusprechen.

Mein lieber Sohn ist ähnlich und doch anders. Seit vielen Jahren ist es meine Gewohnheit, mir Zeit dafür zu nehmen, daß Gott durch die Worte der Bibel zu meinem Herzen reden kann. Ich habe es als sehr hilfreich empfunden, in der ersten Person niederzuschreiben, was er mir gesagt hat.

Mein lieber Sohn ist eine Folge von Textabschnitten, die wiedergeben, was er mir über den Dienst Jesu während seiner Zeit als Mensch und darüber hinaus gezeigt hat.

Ich vertraue darauf, daß Ihnen diese Texte eine Hilfe sein werden und daß Gott persönlich zu Ihnen reden und Ihnen wichtige Wahrheiten über Jesus nahebringen wird. Und ich hoffe auch, daß Sie durch das Lesen dieses Buches selbst dazu angeregt werden, in der ersten Person niederzuschreiben, was Sie Gott durch Schriftabschnitte sagen zu hören glauben.

Mein lieber Sohn soll kein Kommentar sein, obwohl Sie Jesus und seine Liebe zu Ihnen durch das Lesen des Buches besser verstehen werden. Es ist eine Folge von auferbauenden Meditationen, und sie sollten als solche gebraucht werden. Der Herr segne Sie und stärke Ihren Glauben an alles, was er durch Jesus für Sie getan hat.

Zu jedem Kapitel sind Schriftstellen angegeben, die Sie zur ausführlicheren Beschäftigung mit dem jeweiligen Thema heranziehen können.

Die Formulierung *Mein lieber Sohn* ist zweideutig. Sie ist zum einen gebraucht worden, um anzudeuten, daß Gott uns die Wahrheit über Jesus zeigen will, zum andern ist sie Gottes Anrede an alle, die an ihn glauben. Wir sind alle „Söhne Gottes durch den Glauben in Christus Jesus".* Das gilt für Söhne und Töchter gleichermaßen, denn wir alle teilen uns das Erstgeburtsrecht, unabhängig vom Geschlecht, wenn Jesus unser Erlöser und Herr ist.

Wenn er zu mir redet, gebraucht er gewöhnlich die Anrede „mein lieber Sohn". Ich habe es vermieden, diese im Text zu benutzen, weil ich verstehen kann, daß sich die eine oder andere Leserin wohler fühlen würde, wenn sie als Tochter angeredet würde, obwohl die Töchter ebenfalls Söhne sind!

Ich habe oft das Wort „beloved" gebraucht. [Im deutschen Text wurde dafür im allgemeinen „mein Kind" oder „mein liebes Kind" verwendet.] Ich möchte Ihnen vorschlagen, daß Sie statt dessen „Sohn" oder „Tochter" einsetzen – oder Ihren Vornamen. Sie sollen zumindest wissen, daß diese Seiten an Sie gerichtet sind, von dem Herrn, der Sie als sein „liebes Kind" ansieht.

---

*   Gal 3,26; übersetzt nach dem englischen Text (New International Version)

1

Es werde Licht

„Alle Dinge sind durch [das Wort] gemacht, und ohne dasselbe ist nichts gemacht, was gemacht ist. In ihm war das Leben, und das Leben war das Licht der Menschen."

(Joh 1,3-4)

Mein geliebtes Kind, die Erde war ohne Gestalt und leer, als ich [mein Schöpfungswort] sprach. Finsternis lag über der Tiefe, und mein Geist schwebte über den Wassern.

„Es werde Licht." Als ich sprach, ging Jesus[, das Wort,] aus meinem Mund hervor. Er ließ entstehen, was ich auf dem Herzen hatte. Weil ich Licht bin, schuf ich Licht und trennte das Licht von der Finsternis. Als ich ansah, was ich gemacht hatte, entschied ich, daß es gut war. Was ich mir vorgestellt hatte, war entstanden. Jesus, mein Wort, hatte erschaffen, was ich gewollt hatte, und ich war voller Freude über das, was er getan hatte. Er war schon vor Beginn der Schöpfung bei mir; nichts habe ich ohne ihn geschaffen. Er ist Gott, so wie ich, dein Vater, Gott bin.

In ihm war das Leben, und dieses Leben ist zum Licht der Menschen geworden. Ich sandte mein Licht, um die geistliche Finsternis der Welt zu erhellen. Das Wort, durch das ich geschaffen hatte, wurde Mensch und lebte in meiner Schöpfung. Er kam, um das Licht zu bringen, damit die Menschen mich kennenlernen konnten. Er kam, um zu offenbaren, wer ich bin und was ich mit meinen Kindern vorhabe.

Du bist mein Kind, weil du an Jesus glaubst. **Ich habe über deinem Leben ausgesprochen: „Es werde Licht." – „Licht soll aus der Finsternis hervorscheinen."** Sein Licht hat deine geistliche Finsternis durchdrungen. Ich bin nun dein Vater. Ich liebe dich und habe dich aus der Finsternis deiner Vergangenheit herausgeholt, damit du in meinem Licht leben kannst.

Ich möchte dir zeigen, warum ich Jesus gesandt habe. Er offenbart, wer ich bin und wie sehr ich dich liebe. Je mehr du ihn erkennst, um so mehr wird sein Licht dein Herz erfüllen. Dann wirst du mehr und mehr verstehen, was ich alles durch ihn für dich getan habe.

Joh 1,1-5; 1.Mose 1,1-4; Eph 5,8; Kol 1,12-3; 2.Kor 4,6

2

Mein Geschenk an dich

„Und das Wort ward Fleisch und wohnte unter uns."

(Joh 1,14)

Ich habe sorgfältig die Menschen ausgewählt, die ich für die Ankunft Jesu gebraucht habe: Maria als seine Mutter, Josef als ihren Partner, Zacharias, Simeon und Anna als Überbringer prophetischer Worte über den Sohn. Er wurde dazu geboren, der Erlöser meines Volkes zu sein, mein Volk aus der Hand seiner Feinde zu retten, damit es mir ohne Furcht dienen kann, in Heiligkeit und Gerechtigkeit. Er kam, um das Licht der Offenbarung sowohl für die Heiden, als auch für mein Volk, Israel, zu sein.

Er wurde in sehr bescheidenen Verhältnissen geboren. Er kam ohne Pracht und Königswürde. Sein Auftrag war es, Diener zu sein, um für mein Volk zu erwirken, was es für sich selbst nicht erreichen konnte, die Wiederherstellung der Gemeinschaft mit mir. Ich sehnte mich danach, nicht mehr nur mit meinem Volk, sondern in ihm zu leben.

Jesus kam für diejenigen, die wußten, daß sie mich brauchten, für die Armen, die Ausgestoßenen, die Einsamen, die Zerbrochenen, die Bedürftigen und Notleidenden. Er kam mit einer Botschaft für die Wohlhabenden, die weltlich Gesinnten, die Selbstzufriedenen. Er kam, um die Ketten der frommen Gesetzlichkeit zu sprengen.

Er kam als Mensch, menschlich, schwach, verführbar durch Versuchungen wie jeder andere Mensch. Doch weil mein göttlicher Geist in ihm uneingeschränkt wirken konnte, lebte er ein Leben ohne Sünde.

Liebes Kind, während du gemeinsam mit mir die Ereignisse in seinem Leben und Dienst betrachtest, möchte ich dir zeigen, wie sehr du an allem, was er tat, teilhattest.

Er hat für dich gelebt. Was er gesagt hat, war dazu bestimmt, deinem Herzen Einsicht zu schenken. Die Ereignisse seines Lebens haben für dich lebensverändernde Bedeutung. Seine Worte bringen dir Leben, Freiheit und Heilung. Allem, was er gesagt hat, kannst du uneingeschränkt vertrauen. Du

13

kannst die Siege, die er errungen hat, für dein Leben in Anspruch nehmen. Dies ist meine Absicht für dich.

Er ist mein Geschenk an dich und alle meine Kinder. Ich möchte nicht, daß dieses Geschenk verschwendet wird. Öffne dein Herz, begreife und empfange das Großartige, das ich durch Jesus für dich getan habe. Siehst du, ich habe auch dich sorgfältig dazu erwählt, mein Kind zu sein.

Phil 2,6-7; Jes 61,1-2; Hebr 4,16; Joh 6,68

3

Die Taufe Jesu

„Dies ist mein lieber Sohn, an dem ich Wohlgefallen habe."
(Mt 3,17)

Er wuchs im Verborgenen auf. Es ist für dich nicht wichtig, Einzelheiten aus den frühen Jahren seines Lebens zu kennen, aus der Zeit vor dem Beginn seines öffentlichen Dienstes. Johannes der Täufer bereitete ihm den Weg, indem er mein Volk aufrief, sich von seinen Sünden abzuwenden und auf meine Wege zurückzukehren. Als Jesus seinen Dienst begann, war der Boden schon vorbereitet.

Die Menschen strömten herbei, um Johannes zu hören. Viele empfingen Vergebung und die Taufe, die er anbot. Doch er war nur der Vorläufer des Messias. Er erkannte seine Unwürdigkeit gegenüber Jesus. Deshalb zögerte er zunächst, als Jesus an den Jordan kam und von ihm getauft werden wollte. Als Jesus aber aus dem Wasser stieg, wurde Johannes Zeuge der Erfüllung der prophetischen Vision, die er von mir empfangen hatte. Er sah meinen Geist in Gestalt einer Taube auf Jesus herabkommen und hörte meine Stimme vom Himmel sagen: **„Dies ist mein lieber Sohn, an dem ich Wohlgefallen habe."**

Jesus ist mein Sohn. Ich habe Wohlgefallen an allem, was er gesagt und getan hat. Wenn du mein Wohlgefallen suchst, glaube das, was er gesagt hat, und nimm an, was er für dich getan hat. Ich möchte, daß du in der Kraft des Lebens lebst, das er dir gegeben hat.

Und so sage ich dir, liebes Kind, was ich Jesus gesagt habe: „Du bist mein lieber Sohn, mein geliebtes Kind, an dem ich Wohlgefallen habe."

Ich habe Gefallen an dir, aber nicht wegen deiner eigenen Leistungen, denn sie haben dich weder erlöst noch vor mir gerecht gemacht. Ich freue mich über dich, weil du dich vor mir gedemütigt hast, deine Sünden bekannt und meine Vergebung empfangen hast. **Du hast dich entschieden, an Jesus zu glauben, deshalb sehe ich nun Jesus in dir. Du bist mit seiner Gerechtigkeit bekleidet und dazu bestimmt, seine Herrlichkeit zu teilen.**

Du kannst dich darüber freuen, daß seine Liebe zu dir dies möglich gemacht hat.

Mt 3,13-17; Mt 3,1-3; Eph 2,8

4

Es steht geschrieben ...

„Da wurde Jesus vom Geist in die Wüste geführt, damit er von dem Teufel versucht würde."

(Mt 4,1)

Nachdem mein Geist auf Jesus herabgekommen war, führte er ihn sogleich in die Wüste, damit er vom Teufel versucht würde. Warum?

Adams Sünde hatte dazu geführt, daß mein Volk in einer geistlichen Wüste lebte. Adam hatte der Versuchung des Teufels nachgegeben und im Ungehorsam gegen mein Wort gehandelt. Die nachfolgenden Generationen erbten seine sündige Natur.

Jesus kam als der neue Adam, um das Werk des ersten Adam ungeschehen zu machen. Deshalb mußte er in der Wüste den Versuchungen Satans ausgesetzt werden. Er unterlag nicht wie der erste Adam; **Jesus ging als Sieger aus dieser Konfrontation hervor. Er widerstand jeder Versuchung und gehorchte meinem Wort.** Er wies die Versuche des Teufels, ihn zur Sünde zu verführen, mit den Worten zurück: **„Es steht geschrieben ..."**

Alle Menschen, die nicht Jesus folgen, sind immer noch Nachfolger des ersten Adam. Weil sie seine sündige Natur geerbt haben, fallen sie auf Versuchungen herein und mißtrauen der Offenbarung meiner Wahrheit. Alle haben gesündigt und die Herrlichkeit verloren, die ich ihnen zugedacht hatte.

Freue dich, Kind, daß du im neuen und nicht im alten Adam lebst. Du hast jetzt eine neue Natur: Christus in dir, die Hoffnung der Herrlichkeit. In ihm bist du fähig, Versuchungen zu widerstehen und meinem Wort zu glauben.

Mein liebes Kind, du sollst von **jedem** Wort leben, das aus meinem Mund kommt.

Du darfst meine Worte nicht mißachten, indem du nur das zu glauben beschließt, was du möchtest. Ich überlasse dir mein Wort nicht, damit du mit deiner begrenzten Erkenntnis über das, was ich sage, urteilst. Nein, mein Kind, du sollst deinen Verstand meinem Wort aussetzen, damit ich dir die Wahrheit zeigen kann.

Meine Wahrheit wird dich frei machen und dir zeigen, wie du in deinem Leben alle übernatürlichen Kraftquellen nutzen kannst, die ich dir zur Verfügung stelle.

Wenn du versucht bist, das, was ich sage, anzuzweifeln, kannst du wie Jesus antworten: „Weiche von mir, Satan!"

Mt 4,1-11; Röm 5,12-17; Röm 3,23; Kol 1,27; Joh 8,32

5
Deine Wüste

„Wir haben nicht einen Hohenpriester, der nicht könnte mit leiden mit unserer Schwachheit, sondern der versucht worden ist in allem wie wir, doch ohne Sünde."

(Hebr 4,15)

Jesus mußte jede mögliche Versuchung selbst durchleben. **Er identifizierte sich völlig mit dir, damit du seine Identität annehmen kannst.** So wie mein Geist Jesus mit voller Absicht in die Wüste führte, so führe ich dich in die Wüste, nicht aus Zorn über dich, sondern damit dein Glaube gestärkt wird. Solche Zeiten bringen dir Läuterung und lehren dich, mir zu vertrauen, unabhängig von deinen jeweiligen Lebensumständen. Und das ist eine der wichtigsten Lektionen für dich, mein Kind.

Die Wüste ist ein trostloser Ort. Es scheint dort nichts zu geben, was dich stärken oder ermutigen kann. Du fühlst dich einsam und allein. Es ist niemand da, an den du dich wenden kannst, niemand, der deine Notlage versteht – außer mir! Das ist der Grund, warum ich solche Zeiten zulasse. Alle meine Kinder erleben ihre Wüstenzeiten. Entweder gehen sie daraus mit größerem Vertrauen zu mir hervor, oder sie wenden sich von mir ab, weil sie mir aus falschen Motiven heraus nachfolgen. Der Feind gibt sich sehr viel Mühe, ihr Vertrauen mir gegenüber zu untergraben.

In solchen Zeiten erkennst du dein eigenes Herz immer klarer. Du mußt dich der Frage stellen: Vertraust du wirklich mir, oder versuchst du, dich mit eigener Kraft durchzukämpfen?

So wie Jesus habe ich auch dich mit allem ausgerüstet, was du brauchst, um jedem einzelnen Angriff des Feindes widerstehen zu können. Genau wie Jesus kannst du jede Zeit der Prüfung siegreich beenden. Ich möchte, daß du wie Jesus aus deiner Wüstenzeit voller Freude im Heiligen Geist hervorgehst.

Verstehst du? Ich habe dir meinen Geist gegeben, damit er dich mit triumphierender Freude durch alle schwierigen Zeiten hindurchführt. Auch für deine Wüstenstrecken verspreche ich dir, daß ich bei dir bin und dich versorge. Ich höre deinen Hilferuf und antworte dir. Es ist nie meine Absicht, dich in der Wüste zu lassen.

Wehre dich also nicht gegen diese Erfahrungen. Es sind Zeiten der Läuterung und Gelegenheiten, geistlich zu wachsen, auch wenn es für dich den Anschein hat, daß ich weit von dir entfernt bin. Wenn du mir in der Wüste vertraut hast, kannst du mir überall vertrauen.

Hebr 4,14-16; Ps 66,10; Röm 8,6; Ps 139,7-10; Jak 1,2-4

6

Das Wort des Lebens

„Denn das Wort Gottes ist lebendig und kräftig."

(Hebr 4,12)

Liebes Kind, stell dir die Kraft meines Wortes vor, das alles, was dich umgibt, geschaffen hat. Dieses Wort, durch das das ganze Universum entstanden ist, wurde Mensch. Wundert es dich, daß Jesus mit Vollmacht sprach? Wundert es dich, daß er sagte, seine Worte seien Geist und Leben? Wundert es dich, daß er jede Krankheit heilen und Menschen von dämonischen Mächten befreien konnte, indem er einfach nur ein Machtwort sprach?

Die Existenz Jesu begann nicht erst als Säugling in Bethlehem; er war schon am Anfang bei mir. Er ist das Wort, das seit Beginn der Zeit aus meinem Mund hervorgegangen ist.

Deshalb möchte ich, daß du verstehst, daß Jesus durch die ganze Bibel hindurch mein Wort ist. Ich spreche durch die alttestamentlichen Propheten und durch die Geschichte meines Volkes Israel. Ich spreche durch das Leben Jesu als Mensch. Ich spreche durch den Heiligen Geist in den Schriften der Apostel. Die ganze Bibel ist deshalb von mir autorisiert und ist die Offenbarung der Wahrheit.

„Alle Schrift [ist] von Gott eingegeben ..., daß der Mensch Gottes vollkommen sei, zu allem guten Werk geschickt."

Geistliche Wahrheit kann nicht mit dem Verstand erkannt werden, sondern nur durch Offenbarung. Ich habe die Wahrheit über mich selbst und die Erwartungen, die ich an mein Volk hatte, durch das Gesetz und die Propheten offenbart.

Ich habe die Wahrheit über mich und die Natur meines Reiches durch meinen Sohn offenbart.

Ich habe durch die Apostel offenbart, wie mein Heiliger Geist im Leben meiner Kinder wirkt.

Mein Kind, ich möchte, daß du froh darüber bist, diese Offenbarung der Wahrheit zu haben. Begegne meinem Wort mit dem Respekt, den es verdient. Achte die Autorität, mit der ich als dein Herr und Gott spreche. Glaube meinen Worten, und meine Wahrheit wird dich frei machen. Das verspreche ich dir. Ich möchte nicht, daß du in einer dir selbst bereiteten Wüste lebst, weil du mir nicht glaubst.

Joh 1,1-3.14; 1.Thess 2,13; 1.Petr 1,23-25; Joh 8,31-32;
2.Tim 3,16-17

7

Verachtet für mich

„Der Geist Gottes des Herrn ist auf mir, weil der Herr mich gesalbt hat ...“

(Jes 61,1)

Die Wüste war nur der Anfang der Prüfungen und Versuchungen, die Jesus in seinem Leben begegneten. Er wurde von Menschen in seiner eigenen Familie, in seinem Dorf und in der Synagoge, in der er am Gottesdienst teilnahm, verachtet.

In der Synagoge in Nazareth las Jesus aus der Schriftrolle des Propheten Jesaja. Mein Geist hatte ihn dazu gesalbt, diese Prophezeiung zu erfüllen. Er war es, den ich gesandt hatte, den Armen die gute Nachricht zu predigen, den Gefangenen die Freiheit zu verkündigen, und den Blinden, daß sie sehen sollten; ihn hatte ich gesandt, die Gebundenen freizulassen und das Gnadenjahr des Herrn auszurufen. Und mein Geist sollte ihn dazu befähigen, dies zu tun.

In der Wüste versuchte Satan, ihn dazu zu überreden, seine Salbung für seine eigenen Zwecke zu mißbrauchen. Nachdem er dieser Versuchung widerstanden hatte, begann Jesus mit der Erfüllung seines Auftrags.

Sein Reden unter der Salbung des Heiligen Geistes versetzte die Leute in Erstaunen. Es war für sie unvorstellbar, daß der Sohn eines Zimmermanns der sein sollte, den ich als ihren Messias gesandt hatte. Nicht einmal seine eigenen Brüder glaubten an ihn.

Du bist frustriert und enttäuscht, wenn dir nahestehende Menschen das ablehnen, was du glaubst, und die Wahrheit nicht hören wollen. Wenn sie mich ablehnen, fühlst du dich selbst abgelehnt. Ich verstehe dich, mein Kind. Dies gehört zum Preis, der zu zahlen ist, wenn man die Wahrheit an die weitergibt, die voller Unglauben sind.

Es tut dir weh, nicht wahr? Es tut dir leid um die, die mich ablehnen, weil du weißt, daß sie das Leben, das nur ich geben kann, verpassen, wenn sie sich nicht mir zuwenden. Die Wahrheit allein kann sie frei machen.

Jesus hat sich durch Ablehnung nie beirren lassen; er wußte, daß ich meinen Sohn nie verleugnen und nie im Stich lassen würde. Er war sich meiner Liebe sicher. Seine Worte und seine Werke wiesen auf seine wahre Identität hin. Er sagte es sehr deutlich, daß er nichts aus sich selbst heraus tun konnte. Er tat, was er mich tun sah, und sprach die Worte, die ich ihm eingab.

Laß auch du dich nicht durch Ablehnung abschrecken und verunsichern. **Ich werde immer mit dir sein. Ich werde dich nie verleugnen oder im Stich lassen. Ich werde dich mit allem ausrüsten und versorgen, was du brauchst, um mein treuer Zeuge zu sein. Deine Sicherheit liegt in meiner Liebe zu dir; ich habe dich angenommen.** Deine Stellung ist nicht davon abhängig, ob Menschen dich annehmen oder ablehnen. Du bist in Jesus, und er ist in dir, ganz gleich, wie andere dich behandeln!

Lk 9,22; Joh 15,18-21; 1.Petr 2,4; 1.Petr 4,12-16; 2.Petr 1,3

8
Neuer Wein

„Du aber hast den guten Wein bis jetzt zurückbehalten."

(Joh 2,10)

W arum sollte Jesus Wasser in Wein verwandeln? Handelte es sich dabei lediglich um einen Liebeserweis, der dafür sorgte, daß ein Hochzeitsfest weitergefeiert werden konnte? Nein, dieses Ereignis war von viel größerer Bedeutung. Alles, was Jesus tat, hatte eine Bedeutung, die über das jeweilige Ereignis hinausging.

Das Gesetz war dem Wein gleich, der ausging. Es war in sich gut, aber es sollte von etwas weit Besserem ersetzt werden. Das Gesetz offenbarte meinem Volk, was ich von ihm erwartete, aber es besaß keine Kraft, die Menschen in die Lage zu versetzen, meinen Willen zu tun. Es wies den Weg zur Gerechtigkeit, konnte aber niemanden gerecht machen.

Mit Jesus war die Zeit für neuen Wein gekommen. Er kam nicht, um das Gesetz, sondern das Leben zu bringen. Er kam, um mein Volk gerecht zu machen und ihm die Kraft zu verleihen, die es brauchte, um meinen Willen zu tun.

Wer den neuen Wein probierte, merkte sofort, daß er eine ganz andere Qualität besaß als der alte. Jesus bot diesen neuen Wein des ewigen Lebens zuerst denen an, die den alten Wein gekostet hatten. Er kam zu denen, die unter dem Gesetz gelebt hatten, er verkündete aber, daß das ewige Leben mein Geschenk für jeden war, der an ihn glaubte. Jeder, der an Jesus glaubt, ob Jude oder Heide, wird an dem himmlischen Hochzeitsmahl teilnehmen, das ich bereitet habe. Wie traurig, daß viele die Erlösung und das Leben abgelehnt haben, die er allein geben konnte!

Viele, die sich heute Christen nennen, schmecken durch ihre frommen Traditionen hindurch etwas von der Wahrheit; wenn ihnen aber der neue Wein angeboten wird, das Leben, das sie durch eine lebendige Beziehung zu mir empfangen können, suchen sie nach Ausreden. Andere dagegen, die zum lebendigen Glauben gelangen, wundern sich, warum der neue Wein so lange zurückgehalten worden ist. Warum sind ihnen nur religiöse Formen und

Gottesdienste angeboten worden, wenn Jesus gekommen ist, um ihnen das Leben zu bringen?

Alte Weinschläuche können diesen neuen Wein schlecht halten. Alte, traditionelle Strukturen sind meinem Geist gegenüber hart und unnachgiebig und behindern mein Wirken unter meinem Volk. Wenn mein Geist vollmächtig wirkt und die Grenzen sprengt, die Menschen gesetzt haben, möchten sie bald ihre Kontrolle wiedererlangen und mir vorschreiben, wie und wann ich handeln darf!

Mein liebes Kind, trink dich satt an diesem neuen Wein meiner Liebe; alle Kraftquellen meines neuen Lebens gehören dir. So wie ich aus normalem Wasser Wein gemacht habe, mache ich aus dem normalen Leben von Menschen, die zu mir kommen wie du, neuen Wein. Ich habe aus dir eine neue Schöpfung gemacht.

Du sollst wissen, daß Menschen, wenn sie den neuen Wein meiner Gegenwart in deinem Leben schmecken, reich gesegnet werden.

Joh 2,1-11; Joh 10,10; Apg 1,8; Eph 1,3

9

Von neuem geboren

„Wahrlich, wahrlich, ich sage dir: Es sei denn, daß jemand von neuem geboren werde, so kann er das Reich Gottes nicht sehen."

(Joh 3,3)

Die Wunder, die Jesus tat, riefen großes Interesse hervor, auch unter den religiösen Führern. Einer von ihnen, Nikodemus, kam eines Nachts heimlich zu ihm, weil er erkannte, daß Jesus diese Dinge nur tun konnte, weil ich mit ihm war.

Jesus sagte ihm, daß niemand mein Reich sehen kann, ohne von neuem geboren zu sein. Die natürliche Geburt reicht nicht aus. Menschen können versuchen, mir mit ihrem natürlichen Leben zu dienen, sie können so jedoch nicht das ewige Leben erhalten und nicht Erbe meines ewigen Reiches werden. Sie brauchen eine zweite, eine geistliche Geburt.

Das war für Nikodemus eine ganz neue Sicht. Er erkannte nicht, daß dies mein Weg war, mein Versprechen an mein Volk, ihnen neue Herzen zu geben und sie mit meinem Geist zu erfüllen, wahrzumachen.

Die Juden erwarteten ihren Messias, aber nicht als Diener! Sie wollten einen politischen Befreier und nicht ein Opfer für die Sünde.

Sie wünschten sich das Kommen meines Reiches, verstanden aber nicht, daß meine Herrschaft durch die geistliche Wiedergeburt in den Herzen und im Leben der Menschen aufgerichtet werden sollte. Jesus erklärte, daß dies der einzige Weg war, auf dem Menschen vor der Verdammnis gerettet werden konnten, die sie wegen ihrer Sünde und Rebellion, wegen ihrer Unfähigkeit, den gerechten Forderungen des Gesetzes zu entsprechen, verdient haben. Er kam, um die Welt zu retten – jeden Einzelnen, ganz gleich, aus welcher Generation, aus welchem Volk, aus welchen Verhältnissen oder aus welcher Kultur er stammt, jeden, der an Jesus glaubt.

Wer nicht an das glaubt, was Jesus am Kreuz getan hat, ist schon verloren. Jesus kam als Licht in die Welt; wer aber das Licht ablehnt, bleibt in der Finsternis.

Viele der damaligen Führer glaubten, ihr frommer Eifer sei das Licht; als Jesus sie aber auf das wahre Licht hinwies, lehnten sie ihn ab. Sie begriffen nicht, daß das Gesetz, an das sie sich hielten, nur ein Schatten dessen war, was kommen sollte. Sie hatten Angst davor, mit ihrer Tradition zu brechen und von ihren Zeitgenossen verurteilt zu werden.

Wer Jesus als die Wahrheit anerkennt, setzt sein Vertrauen in ihn und empfängt so das Leben in seiner ganzen Fülle. **Liebes Kind, du hast diese neue Geburt empfangen, als du die gute Nachricht der Erlösung durch Jesus gehört und zum Glauben an ihn gekommen bist. Dann habe ich dir den Heiligen Geist gegeben, damit er in dir lebt; er ist die Garantie für dein Erbe.**

Du erkennst Jesus als die Wahrheit an, und er hat dich mit seinem Licht erfüllt. Du brauchst keine Angst davor zu haben, mit Traditionen zu brechen oder von deinen Mitmenschen verurteilt zu werden. Es ist besser, sich der Wahrheit hinzugeben, als mit frommem Eifer erfüllt zu sein, der ohne Leben ist. Liebes Kind, ich bin voller Freude darüber, daß ich durch die Anwesenheit meines Heiligen Geistes in dir lebe!

Hes 11,19-20; Joh 5,24; Joh 5,39-40; 1.Joh 2,20-21

10

Das Leben meines Reiches

„Denn das Reich Gottes ist … Gerechtigkeit und Friede und
Freude in dem Heiligen Geist."

(Röm 14,17)

Ich gab Jesus den Auftrag, die gute Nachricht vom Kommen
meines Reiches in ganz Israel zu verbreiten. Ich wollte, daß mein
Volk mein Reich als Geschenk annahm, indem es Jesus als meinen
Sohn anerkannte. Es mußte Buße tun für seine Sünden und ihn als
seinen Herrn anerkennen. Mein Volk konnte das Leben meines
Reiches nicht empfangen, ohne sich von seiner Rebellion und
seinem Ungehorsam abzuwenden. Es konnte das neue Leben nicht
einfach über das alte ziehen. Es muß vom alten Leben befreit
werden; wenn es das zuließe, hätte es die Freiheit, das neue Leben
zu leben.

Liebes Kind, Sünde zu bedauern reicht nicht aus. Wenn Menschen Buße tun, müssen sie von ihrem sündigen Leben umkehren.
Nur dann können sie das Leben meines Reiches empfangen; nur
dann kann ich die Herrschaft in ihrem Leben übernehmen.

Jesus machte das Wesen dieses Reiches sichtbar. Es ist ein Reich
der Liebe, und es ist nur durch meine Gnade und Barmherzigkeit
zu empfangen. Es ist ein Reich übernatürlicher Kraft, ein Reich der
Gerechtigkeit.

Diejenigen, die dazugehören, sollen das Leben meines Reiches
sichtbar werden lassen – wie es bei Jesus geschah. **Ich möchte, daß
die Liebe ihr Leben bestimmt. Ich möchte, daß sie die Kraft
und die Vollmacht dieses Reiches gebrauchen. Ich möchte, daß
sie von Gerechtigkeit geleitet werden und sich dafür einsetzen,
daß allen Völkern meine Gerechtigkeit gebracht wird.**

Es ist verständlich, daß die Leute verwirrt waren. Für sie war
Jesus nur ein Mensch. Welcher Mensch könnte ein solches Reich
anbieten, es sei denn, er wäre der Sohn Gottes? Zu jener Zeit war
wenig von seiner wahren Identität sichtbar. Dabei blieb es aber
nicht lange, denn die Werke, die er tat, bestätigten die Botschaft,
die er verkündigte.

Diejenigen, die Jesus hörten und an ihn glaubten, wurden zu seinen Jüngern berufen. Von Anfang an war die Nachfolge für einige mit den Kosten verbunden, Beruf und Familie aufzugeben, um mit ihm von Ort zu Ort zu ziehen. Er überredete niemanden. Er sagte einfach: „Folge mir", und sie ließen alles zurück. Sie wußten nicht, was vor ihnen lag, aber sie folgten ihm mit kindlichem Vertrauen.

Ich habe beschlossen, dir mein Reich zu geben, mein liebes Kind. Du bist von deinem Leben der Sünde umgekehrt und bist zum Glauben an Jesus gekommen. Nun möchte ich, daß das Leben meines Reiches immer mehr in dir zu erkennen ist.

Gib zu aller Zeit der Liebe die Herrschaft über dein Herz; in allem, was du sagst oder tust, wird dann meine Liebe zum Ausdruck kommen. Ich möchte, daß du mit anderen Menschen barmherzig umgehst, so wie ich dir gegenüber barmherzig bin. Vergiß nicht, daß dir alle Kraft und alle Möglichkeiten meines Reiches zur Verfügung stehen, wenn du in dem Glauben und der Vollmacht handelst, die ich dir gegeben habe. Du kannst als ein vor mir Gerechtfertigter Gerechtigkeit üben. Du sollst als ein Kind des Königs in deinem Leben Vollmacht ausüben. Dies möchte ich dich lehren.

Joh 3,16; Mt 4,19-20; Mk 1,22; Mk 16,17; Röm 5,17

11

Ich erhöhe die Demütigen

„Er ... erhebt die Niedrigen. Die Hungrigen füllt er mit Gütern."

(Lk 1,52-53)

Mein Geist kam über Maria, und sie empfing den Sohn. Während ihrer Schwangerschaft prophezeite sie, daß ich mich über all die Menschen aller Generationen erbarme, die mich fürchten. Ich stürze die Mächtigen vom Thron und erhöhe die Niedrigen. Ich versorge die Hungrigen, die Reichen lasse ich leer ausgehen.

Verstehst du diese Dinge, Kind? Wenn es dich nach Wahrheit hungert, werde ich deinen Hunger stillen. Wenn du dich nach Gerechtigkeit vor mir sehnst, bin ich der Einzige, der sie dir gibt. Wenn du dich in deinem Leben von meinem Willen leiten lassen willst, erfülle ich dich mit den Reichtümern meines Geistes.

Diejenigen aber, die ihr Vertrauen in sich selbst, ihren Besitz, ihre eigenen Überzeugungen und ihre intellektuelle Tüchtigkeit setzen, lasse ich leer ausgehen. Der Grund ist nicht, daß ich etwas gegen den Verstand oder gegen Wohlstand habe. Ich habe den Verstand geschaffen, und die Erde und alles, was auf ihr ist, gehört mir. Wenn aber Menschen sich auf ihre intellektuellen Fähigkeiten oder ihre materiellen Besitztümer verlassen, widersetzen sie sich der Offenbarung meiner Wahrheit und verlassen sich nicht auf mich.

Jesus erniedrigte sich, um die Erlösung zu bringen; nur wer sich vor mir demütigt, empfängt diese Erlösung. Wer vor mir Buße tut und an Jesus glaubt, wird sein irdisches Leben in Vollmacht führen und und ewig an meiner Herrlichkeit teilhaben.

Liebes Kind, ich möchte, daß du verstehst, daß dies meine Absicht für dich ist. Hole dir täglich deine Nahrung aus meinem Wort. Ich möchte dir zeigen, was ich durch Jesus für dich getan habe.

Höre nicht auf Menschen, die aus ihrem Unglauben heraus versuchen, die Offenbarung meines Wortes zu untergraben. Höre nicht auf Menschen, die die übernatürlichen Elemente des Evange-

liums wegerklären. Ich lasse mich nicht in die Grenzen des Natürlichen sperren.

Mein übernatürliches Leben zog in die Welt des Natürlichen ein,
als Jesus Mensch wurde. Er führte auf der Erde das Leben meines
übernatürlichen, ewigen Reiches. Es ist dir nicht möglich, dieses
Leben aus deinem natürlichen Verstand und deiner eigenen Kraft
heraus zu führen. **Bei deiner Wiedergeburt zog das übernatürliche Leben meines Heiligen Geistes in dein natürliches Leben
ein, damit auch du am Leben meines Reiches teilhaben** *kannst.*

Weil du dich vor mir gedemütigt hast, Kind, habe ich dich
aufgerichtet. Du warst hungrig, und ich habe dich mit guten Dingen
versorgt. Ja, ich habe das, was vor der Welt töricht ist, dazu
auserwählt, die Weisen zu beschämen; was vor der Welt schwach
ist, habe ich dazu auserwählt, die Starken zu erniedrigen. Niemand
kann sich vor mir rühmen!

Lk 1,46-55; Mt 1,22-23; 1.Kor 1,27; Kol 3,16; Jak 4,10

12

Mein Reich in dir

„Das Himmelreich gleicht einem Senfkorn ...; das ist das kleinste unter allen Samenkörnern; wenn es aber gewachsen ist, ... wird [es] ein Baum."

(Mt 13,31-32)

Jesus verglich mein Reich mit einem Schatz in einem Acker und mit einer Perle von großem Wert. Etwas Wertvolleres als mein Reich kannst du nicht besitzen. Mit ihm gehören dir alle Reichtümer des Himmels; du darfst sie in deinem Leben nutzen.

Mein Reich ist nicht ein Stück Land, sondern es ist meine Herrschaft in denen, die an mich glauben. Weil mein Reich in dir ist, sind alle Reichtümer meines Reiches in dir. Ich habe beschlossen, dir mein Reich zu geben, nicht aufgrund deiner eigenen Gerechtigkeit, sondern als mein Geschenk an dich, als ein Werk meiner Gnade.

Jesus verglich mein Reich mit einem Samenkorn, das in den Boden gesät wird. Wenn jemand mir sein Leben übergibt, wird dieses Samenkorn in sein Herz gelegt und beginnt zu wachsen; zuerst entsteht der Halm, dann die Ähre, dann das volle Korn in der Ähre.

Das Leben meines Reiches ist in dich hineingepflanzt worden, mein Kind. Es wächst schon, und während es wächst, wird immer mehr von meinem Leben sichtbar, in deiner Persönlichkeit und in dem, was du tust und sagst.

Der Sämann sät den Samen meines Wortes aus. Wo er auf den Weg fällt, wird die Offenbarung, die Jesus bringt, abgelehnt. Wo er auf felsigen Boden fällt, nimmt der Mensch das Wort zunächst an, weil er sich Segen davon verspricht. Aber er lebt nicht für die Wahrheit; mein Wort kann in ihm keine Wurzeln fassen. Sobald er unter Druck gerät, vertraut er seinen eigenen Gefühlen und seinen Reaktionen auf die Probleme, anstatt sich auf meine Verheißungen zu verlassen. Was in ihn hineingepflanzt worden ist, verwelkt, statt zu wachsen und Frucht zu tragen.

In anderen Menschen wird der Same meines Wortes von Unkraut erstickt: von Sorgen, Angst und finanziellen Problemen. Die trügerischen Verlockungen des Reichtums ersticken das Leben meines Reiches in einem Menschen. Er bildet sich ein, sein Wohlergehen sei von dem abhängig, was er besitzt, und nicht von dem, was ich ihm gebe. Oder er denkt, das Leben meines Reiches führen zu können, während er mir gleichzeitig bestimmte Dinge vorzuenthalten versucht.

Im guten Boden wächst der Same zur vollen Reife und bringt das Dreißig-, Sechzig- und Hundertfache von dem hervor, was gesät wurde. **Liebes Kind, wenn du mit gutem und ehrlichem Herzen an meinem Wort festhältst, bringst du viel Frucht. Dann blühst und gedeihst du als ein Kind meines Reiches, und du streust den Samen meines Reiches überall um dich herum aus.**

Sei dankbar dafür, daß du mein Reich empfangen hast. Laß den Samen ungehindert zur vollen Reife heranwachsen. Jäte sofort alles aus deinem Leben aus, was meiner Herrschaft in dir im Wege steht. Wo Stolz oder Egoismus, Zorn, Bitterkeit oder Bosheit, Eifersucht oder Trägheit oder irgendwelche Ungerechtigkeit herrschen, kann ich nicht Herr sein.

Mein liebes Kind, wenn es dir vor allem anderen um mein Reich und meine Gerechtigkeit geht, werden andere Menschen immer mehr mein neues Leben und meine Kraft in dir sehen.

Mt 13,44-46; Mt 13,11-12; Lk 17,20-21; Mt 13,1-9; Eph 4,29; Kol 3,5-14

13

Die Schätze meines Reiches

„[Der Vater] aber sprach zu ihm: Mein Sohn, du bist allezeit bei mir, und alles, was mein ist, ist dein."

(Lk 15,31)

Mein Kind, ich bin barmherzig; Barmherzigkeit ist deshalb eine der Grundlagen meiner Herrschaft.

Im Gleichnis von den beiden Brüdern vergeudete der verlorene Sohn sein Erbe. Der Vater gab ihm, was er forderte, weil dem Sohn das Erbe zustand, auch wenn er beschloß, es zu vergeuden. Aus einem Leben im Luxus sank er so tief hinab, daß er das Futter der Schweine aß, die er versorgte. Er erkannte, daß es besser wäre, zu seinem Vater zurückzukehren, obwohl er meinte, es nicht mehr wert zu sein, als Sohn angesehen zu werden. Er erwartete, wie ein Tagelöhner behandelt zu werden. Das erschien ihm besser, als weiterhin Schweinefutter essen zu müssen.

Als sein Vater ihn kommen sah, rannte er ihm entgegen und umarmte ihn voller Vergebung, Liebe und Annahme. Er ließ dem Sohn ein kostbares Festgewand geben und sorgte dafür, daß er Schuhe an die Füße bekam und einen Ring an den Finger. Er gab den Befehl, das gemästete Kalb für ein Festmahl zu schlachten.

Der ältere Bruder vergeudete sein Erbe ebenfalls, aber auf eine völlig andere Weise. Er erhob nie Anspruch darauf! Ihn ärgerte das Fest, mit dem man die Rückkehr seines Bruders feierte, und er weigerte sich, am Feiern und Tanzen teilzunehmen. Er beklagte sich über seinen Vater, der ihm nie auch nur einen kleinen Ziegenbock gegeben habe, damit er ein Fest mit seinen Freunden feiern konnte.

Erinnerst du dich an die Antwort des Vaters? „Mein Sohn, du bist allezeit bei mir, und alles, was mein ist, ist dein."

Weil du mein Kind bist, gehört dir ein reiches Erbe. Vergeude es nicht dadurch, daß du im Fleisch lebst, statt in der Kraft meines Geistes. Sei auch nicht wie der ältere Sohn, der keinen Anspruch auf sein Erbe erhob. **Alles, was ich habe, gehört dir. Je mehr du die Reichtümer meines Reiches in Anspruch nimmst, um so größer ist meine Freude.** Schöpfe diese Quellen voll aus,

35

und du wirst Frucht bringen, indem du andere ermutigst, mich und mein Reich anzunehmen.

Und du wirst niemals die ablehnen, die tanzend und jubelnd meine Güte feiern. Du wirst selbst das Freudenfest mitfeiern!

Lk 15,11-32; Klgl 3,22-23; Eph 1,18

14

Vertreibe die Finsternis

„Zachäus, steig eilend herunter; denn ich muß heute in deinem Haus einkehren."

(Lk 19,5)

Als er Buße tat, beschloß Zachäus, alles zurückzugeben, was er sich durch Täuschung und Betrug angeeignet hatte. Mit Jesus kam das Heil in sein Haus!

Du siehst, mein Kind, Jesus war bereit, mit Sündern zu verkehren; er begegnete ihnen mit Liebe und Vergebung. Sie hatten es nötig, die gute Nachricht von meinem Reich zu hören und Gelegenheit zu bekommen, Buße zu tun und an ihn zu glauben.

Die religiösen Führer verstanden nicht, wie Jesus mit den von der Gesellschaft Geächteten oder einem Schwindler wie Zachäus essen konnte. Er war bereit, in seiner Heiligkeit überall hinzugehen, wo Menschen in Unreinheit lebten. Er wollte die Unreinen reinwaschen und ihnen Leben bringen. Er brachte sein Licht in die Finsternis, seinen Frieden dorthin, wo Unfriede herrschte, sein Mitleid dorthin, wo es Trauer und Kummer gab. Er brachte Heilung, wo Krankheit herrschte, Befreiung, wo Gebundenheit war. Er ging Sündern nicht aus dem Weg; er umfing sie mit seiner Liebe.

Jesus verkündete, daß einige Prostituierte und Betrüger eher in das Himmelreich kämen als die Frommen, die ihre Traditionen dem Leben vorzogen, das er anbot. Sie begnügten sich mit ihrer Selbstgerechtigkeit, anstatt die wahre Gerechtigkeit zu empfangen, die durch Buße und Glauben an Jesus geschenkt wird.

Jeder Sünder hat es nötig, die Wahrheit und mein Erlösungsangebot zu hören. Ich sende meine Jünger an Orte, die religiöse Leute nie betreten würden. Ich sende sie dorthin, wo Hilfe nötig ist. Mein Heiliger Geist bewegt sie dazu, mein Leben dorthin zu bringen, wo es gebraucht und begrüßt wird.

Mein liebes Kind, ich komme auch heute dorthin, wo man mich dringend braucht. Ich komme zu den Verlorenen, zu denen, die ein lasterhaftes Leben geführt haben, zu denen, die sich für völlig unannehmbar, für Geächtete, halten. Ich komme zu denen, die schwach sind, die sich als Versager sehen.

Ich komme zu denen, die durch ihre frommen Traditionen und Gewohnheiten in falsche Sicherheit gewiegt worden sind.

Ohne Ansehen ihres bisherigen Lebens mache ich alle, die sich Jesus zuwenden, eins in ihm; sie teilen dasselbe Leben und haben dasselbe Erbe.

Als mein Kind teilst du das Leben meines Reiches mit allen, die meine Söhne und Töchter sind, ganz gleich, wie ihr früheres Leben ausgesehen hat. Was sie vorher waren, zählt für mich nicht mehr, und es soll auch dich nicht interessieren. Wichtig ist nur, was ich aus euch allen gemacht habe.

Deshalb, mein Kind, lebe als der, der du jetzt bist. Laß dich nicht durch Gedanken an deine Vergangenheit belasten.

Lk 19,1-10; Mt 21,31; Mt 9,12-13; 2.Kor 5,17

15

Deine Ewigkeit

„Heute, wenn ihr seine Stimme hören werdet, so verstockt eure Herzen nicht."

(Hebr 3,15)

Vor der Tür eines reichen Mannes lebte der arme Bettler Lazarus. Der Reiche hatte alles, was er in diesem Leben brauchte, der Bettler hatte nichts. Als Lazarus starb, trugen Engel ihn zu einem Ort des Friedens in Abrahams Schoß. Als aber der reiche Mann starb, wurde er in das Feuer des Gerichts geworfen. Zwischen ihnen lag ein unüberwindlicher Abgrund.

Wie ihre Zukunft in der Ewigkeit aussieht, bestimmen die Menschen selbst durch das Leben, das sie jetzt führen. Viele glauben, daß sie die Versöhnung mit mir für die letzte Minute aufheben können oder daß sie nach ihrem Tod eine zweite Chance erhalten werden. Mein Kind, ich bitte dich, alles zu tun, was in deiner Macht steht, um zu zeigen, daß diese Vorstellung falsch ist. Es gibt keine zweite Chance. Warum hätte ich auf die Erde kommen sollen, wenn die Menschen noch erlöst werden könnten, nachdem sie diese Welt verlassen haben?

Heute ist der Tag des Heils. Im Heute liegt für die Menschen die Gelegenheit, sicherzustellen, daß sie in der Ewigkeit bei mir sein werden. Ich habe geschworen, daß diejenigen, die ihr Herz gegen mich verhärten, nie in meine Ruhe eingehen werden.

Der reiche Mann wollte, daß Lazarus zur Erde zurückkehrte, um seine Verwandten vor der drohenden Gefahr zu warnen. Menschen, die meinem eigenen Sohn nicht glauben, werden ganz sicher nicht auf andere hören!

Liebes Kind, lobe und preise mich dafür, daß mein Zorn sich von dir abgewandt hat. **Jesus hat die Strafe auf sich genommen, die du verdient hast. Ich bin dein Heil. Du brauchst das Gericht nicht zu fürchten.** Ich bin deine Stärke und dein Lied. Mit Freuden wirst du Wasser aus den Quellen des Heils schöpfen.

Deshalb juble laut, und singe vor Freude über die herrlichen Dinge, die ich für dich getan habe!

Lk 16,19-31; Hebr 9,27-28; Jes 12,1-6

16

Nachfolge oder Ablehnung

„Bei den Menschen ist's unmöglich; aber bei Gott sind alle
Dinge möglich.“

(Mt 19,26)

Mein liebes Kind, der Weg zum Heil ist eine Person. Die
Wahrheit ist eine Person. Das Leben ist eine Person: JESUS!
Er ist der einzige Weg, auf dem ein Mensch zu mir, dem Vater,
kommen kann. **In ihm allein liegt die Wahrheit. Er ist die einzige
Quelle ewigen Lebens.**

Jesus war der Weg für Petrus, Johannes und alle anderen Jünger,
für Nikodemus und die Frau, die beim Ehebruch ergriffen wurde,
für Maria Magdalena, die von dämonischen Mächten befreit wurde,
und für viele andere.

Viele Pharisäer, Sadduzäer und Gesetzeslehrer lehnten es ab,
ihn als den Weg anzuerkennen. Sie waren mehr daran interessiert,
ihre religiöse Autorität zu wahren und an ihrer eigenen Sicht der
Wahrheit festzuhalten. Deshalb verwarfen und kreuzigten sie aus
ihrer großen Selbstgerechtigkeit heraus den, der der Weg ist.

Andere lehnten die Wahrheit ab, weil ihnen die Kosten zu hoch
erschienen. Der reiche Jüngling liebte seinen Reichtum mehr als
mich. Viele redeten sich heraus, als Jesus sie aufforderte, ihr Kreuz
auf sich zu nehmen, sich selbst zu verleugnen und ihm nachzufolgen.

Mein Kind, heute nehmen viele mein Leben an und erfahren
meine Vergebung und Annahme. Sie werden in wunderbarer Weise
verändert und befreit; ich lasse in ihrem Leben Wunder geschehen.
Andere lehnen mich ab und mit mir das Leben und das himmlische
Erbe, das ihnen sonst gehören würde.

Jesus verkündete, daß er gekommen sei, um Spaltung zu bringen. Seine Worte sind wie ein zweischneidiges Schwert, das bis ins
Herz dringt. Er kündigte an, daß es bis in die Familien hinein
Spaltungen geben würde zwischen denen, die glauben, und denen,
die ihn nicht als die Wahrheit anerkennen. Das ist unvermeidlich,
weil jeder Mensch die Freiheit haben muß, auf Jesus einzugehen
und eine persönliche Entscheidung zu treffen.

Es macht mich zornig, wenn geistliche Leiter es nicht nur ablehnen, das Leben, das ich geben will, selbst anzunehmen, sondern wenn sie auch noch andere daran hindern, es zu empfangen. Sie sind mir gegenüber für ihre Handlungen verantwortlich. Sie warnen andere vor der Wiedergeburt und vor der Erfüllung mit meinem Geist. Wenn meine Liebe wirklich das Herz eines Menschen bewegt, tun sie dies als bloßen Emotionalismus ab. Sie erwecken den Eindruck, als ob am Ende alle erlöst werden, ohne sich im geringsten um das zu kümmern, was Jesus lehrt.

Sie behaupten, ich würde niemanden zurückweisen, weil ich die Liebe bin. **Sicher möchte ich, daß alle gerettet werden. Das wäre nur dann möglich, wenn alle glaubten.** Menschen, die bewußt ihre Herzen gegen mich verhärten, haben ihre Entscheidung bereits getroffen. Wenn sie nicht umkehren und das Evangelium annehmen, bleiben sie in der Verdammnis und unter meinem Zorn.

Ich löse jedesmal im Himmel Freude und Jubel aus, wenn ein Sünder erkennt, daß er mich braucht, und sich mir zuwendet. Aber auch den geistlichen Führern, die andere in die Irre geführt haben, wird Gnade zuteil und nicht Gericht, wenn sie zu mir umkehren. Anstelle ihres Stolzes, ihrer Selbstgerechtigkeit und Menschenfurcht wird mein überströmendes Leben sie erfüllen.

Mein liebes Kind, es ist lieblos, Kompromisse zu schließen, wo es um die Wahrheit meines Evangeliums geht. Stimme nicht den Meinungen von Menschen zu, um dich bei ihnen beliebt zu machen. Halte an der Wahrheit fest; dann hast du mich auf deiner Seite!

Joh 14,6; Joh 3,10; Hebr 4,12, Mt 10, 34

17

Du bist gesegnet

„Selig sind, die da hungert und dürstet nach der Gerechtigkeit;
denn sie sollen satt werden."

(Mt 5,6)

L iebes Kind, du bist gesegnet. Du bist glücklich, weil du deine
Erfüllung in mir gefunden hast.

Du bist gesegnet, weil du erkannt hast, daß du mich
brauchst. Das Himmelreich gehört dir.

Du bist gesegnet, weil du die Sünden deiner Vergangenheit
und dein Unvermögen, mich zufriedenzustellen, bereut hast.
Ich habe dich getröstet, mit meiner Vergebung und mit der Anwesenheit meines Heiligen Geistes, der jetzt in dir wohnt.

Du bist gesegnet, wenn du vor mir und anderen demütig
bist. Dann teilst du das Erbe Jesu, denn er ist sanft und von Herzen
demütig.

Du bist gesegnet, weil es dich nach Gerechtigkeit hungert
und dürstet. Du bist mit dem lebendigen Wasser meines Heiligen
Geistes erfüllt.

Du bist gesegnet, weil du meine Gnade erfahren hast und
nun anderen Menschen gegenüber barmherzig bist. Deshalb
werde ich nicht aufhören, dir meine Gnade zu schenken.

Du bist gesegnet, weil ich dir ein neues Herz gegeben habe.
Ich habe dir dein steinernes Herz genommen und dir dafür ein Herz
gegeben, in dem meine Liebe sehr lebendig ist. Wenn die Reinheit
dieses neuen Herzens dein Leben bestimmt, sollst du mich schauen,
deinen heiligen Gott.

Du bist gesegnet, wenn immer du dich bemühst, einen Menschen dahin zu bringen, daß er im Frieden mit mir und anderen
lebt. Ich nenne dich meinen Sohn – mein Kind! Du wirst mir
immer ähnlicher.

Du bist selbst dann gesegnet, wenn Menschen dir Schwierigkeiten bereiten, weil du mir gehorsam bist. Sie sind nur ein geringer
Preis, wenn du bedenkst, daß du jetzt schon mein Reich besitzt; ich
verspreche dir eine reiche Belohnung!

Liebes Kind, ich sehe es so gern, wenn du glücklich bist und all den Segen genießt, den ich dir gegeben habe.

Mt 5,1-10; Joh 15,9-11; 2.Sam 22,28; Joh 1,16

18

Du bist mein Zeuge

„Selig seid ihr, wenn euch die Menschen um meinetwillen
schmähen und verfolgen und reden allerlei Übles gegen euch,
wenn sie damit lügen. Seid fröhlich und getrost; es wird euch
im Himmel reichlich belohnt werden."

(Mt 5,11-12)

Du hast schon entdeckt, mein liebes Kind, daß es manchmal
etwas kostet, mein Zeuge zu sein. Es kann geschehen, daß du
mißverstanden, verfolgt, abgelehnt und sogar gehaßt wirst. Aber
die Freude, an meinem Reich teilzuhaben, überwiegt doch bei
weitem die Kosten, nicht wahr? Was Menschen dir auch tun mögen,
**niemand kann dir dieses Reich nehmen; dein Erbe wird dir
niemals geraubt werden.**

Wenn du meinetwegen Böses erleidest, bist du gesegnet. Du
gehst den Weg, den Jesus auch gegangen ist. Freue dich, denn dein
Lohn im Himmel wird groß sein. Ich belohne Treue. Wer überwindet, wird die Krone des Lebens empfangen; das habe ich versprochen.

Du rechnest damit, von Ungläubigen verhöhnt und verspottet
zu werden, aber manchmal trifft dich die Verfolgung derer, die sich
von ihren religiösen Philosophien und gesetzlichen Vorstellungen
leiten lassen. Fürchte dich nicht vor solchen Leuten, und gehe nie
Kompromisse ein über das, was du glaubst. Lebe in der Gerechtigkeit, die du als Wahrheit erkannt hast, und laß dich nicht vom
Widerspruch anderer beirren.

Du bist Salz für die Welt. Andere Menschen können mein
Leben durch dich empfangen. Sie sehen an deinem Beispiel, wie
man in Ehrfurcht vor mir lebt, und bekommen etwas von meiner
Liebe mit, die in deinem Leben deutlich sichtbar wird.

Du bist Licht für die Welt. Mein Licht vertreibt die Finsternis
in dir und kann aus dir hervorscheinen. Verstecke dieses Licht nicht.
Du brauchst dir keine Sorgen darüber zu machen, auf welche Weise
mein Licht von dir ausgehen kann. Anderen Menschen kann dadurch geholfen werden, daß sie mich in dir sehen können. Dein

Beispiel kann dazu führen, daß sie mich erkennen und mir die Ehre geben.

Liebes Kind, viel stärker als die Eigenschaften, die auf Jesus hinweisen, sind dir die Dinge an dir selbst bewußt, die der Offenbarung Jesu im Wege stehen. Diese Dinge müssen verändert werden, weil sie mir keine Ehre machen. Trotzdem kannst du beruhigt sein: **Weil mein Geist in dir lebt, kann Jesus durch dein Leben hindurchscheinen, trotz deines Versagens und deiner Schwäche.** Es stimmt, daß andere Menschen etwas von ihm in dir sehen. Ich auch! Und das erfüllt mich mit Freude! Ja, mein Kind, ich singe Freudenlieder über dich, und für deine Treue und deinen liebevollen Gehorsam halte ich eine reiche Belohnung für dich bereit.

1.Petr 1,3-6; Jak 1,12; Mt 5,13-16; 1.Petr 4,16; Zeph.3,17

ICH BIN

„Ich [bin] in euch."

(Joh 14,20)

Liebes Kind, du lebst in mir, und ich lebe in dir. Ich habe mich Mose offenbart als „Ich bin, der ich bin". Als Jesus kam, gebrauchte er die Formulierung „Ich bin", um die verschiedenen Aspekte seines Dienstes aufzuzeigen. Damit gewährte er auch einen Blick auf meine Person und meinen Charakter. Denn wer Jesus sieht, der sieht mich; wer ihn kennt, der kennt mich; wer ihn liebt, der liebt mich.

Jesus hat gesagt: **„Ich bin der Weg, die Wahrheit und das Leben."** Er ist dein Weg zum Heil. Er hat durch seine Worte die ewige Wahrheit offenbart. Er ist dein Leben.

Jesus hat gesagt: **„Ich bin der gute Hirte."** Er führt dich um meinetwillen die Wege der Gerechtigkeit. Er führt dich auf die saftigen Weiden, die ich dir zugedacht habe. Weil du zu meinen Schafen gehörst, kennst du seine Stimme und kannst ihm folgen.

Jesus hat gesagt: **„Ich bin die Auferstehung und das Leben."** Weil du ihm glaubst, wirst du in Ewigkeit nicht sterben; du hast die Gabe des ewigen Lebens empfangen, und er wird dich am Jüngsten Tag auferwecken.

Jesus hat gesagt: **„Ich bin das A und das O."** Er ist der Anfang und das Ende, der Erste und der Letzte, der Eine, der war und der ist und der kommen wird. Der Allmächtige. Und du lebst in ihm, Kind. Du lebst in dem Ewigen, dem Allmächtigen. Und er lebt in dir!

Jesus hat gesagt: **„Ich bin das Licht der Welt"**, und sein Licht strahlt schon jetzt in dein Leben hinein.

Jesus hat gesagt: **„Ich bin bei euch alle Tage bis an der Welt Ende."** Freue dich über diese wunderbare Tatsache, liebes Kind. Er wird immer bei dir sein.

Jesus hat gesagt: **„Ich bin das Brot des Lebens."** Seine Worte sind Nahrung für dich. Denn sein Geist und sein Leben sind in seinen Worten.

Jesus hat gesagt: „**Ich bin das lebendige Brot, das vom Himmel gekommen ist.**" Er ist in den Himmel zurückgekehrt, und wo er ist, da bist auch du, mein Kind.

Jesus hat gesagt: „**Ich bin die Tür für die Schafe.**" Du bist durch diese Tür hindurchgegangen ins ewige Leben.

Jesus hat gesagt: „**Ich bin im Vater, und der Vater ist in mir.**" Dieses Wort drückt unsere besondere Einheit aus. Halte daran fest, mein liebes Kind, daß auch du in ihm bist und er in dir; du bist in mir, und ich bin in dir. So eng sind wir miteinander verbunden.

Jesus hat gesagt: „**Ich bin der wahre Weinstock.**" Du, sein geliebter Jünger, bist eine Rebe an diesem Weinstock. Bleibe in der Liebe Jesu, dann wirst du viel Frucht bringen.

Ich habe dir noch so viele wunderbare Wahrheiten zu zeigen!

Joh 14,6; Joh 10,11; Joh 11,25; Offb 22,13; Joh 8,12;
Mt 28,20; Joh 6,35; Joh 6,51; Joh 10,7; Joh 14,11; Joh 15,1

20

ICH BIN der gute Hirte

„Er ruft seine Schafe mit Namen und führt sie hinaus."

(Joh 10,3)

Ich bin der gute Hirte. Ich möchte dich auf saftige Weiden führen und dir meine Güte in meiner liebevollen Versorgung zeigen. In Dürregebieten müssen Schafe die Stimme ihres Hirten kennen, damit sie ihm folgen und ausreichendes Weideland finden können. Ich überlasse dich nicht dir selbst, in der Erwartung, daß du deine Weide selbst findest; ich gehe vor dir her auf dem Weg, den du gehen sollst.

Mein Kind, ich rufe dich bei deinem Namen, weil du mir gehörst; du erkennst meine Stimme und folgst mir. Ich führe dich zu stillen Wassern, wo du meinen Frieden erleben kannst, auch inmitten der größten Unruhe.

Ich habe dich aus dem Reich der Finsternis herausgeführt, aus der Gewalt Satans. Ich habe dich aus Verdammnis und Gebundenheit herausgeführt. Ich habe dich aus deiner Vergangenheit, aus all ihrer Sünde und allem Versagen, herausgeführt und dich in mein herrliches Land der Verheißung gebracht. Darin sollst du nun leben.

Ich will dich nicht geistlich verkümmern lassen. Schaue also nicht zurück. Wer das tut, eignet sich nicht für das Himmelreich. Sieh nach vorn. Strecke dich nach dem aus, was vor dir liegt. **Aufgrund der großen und kostbaren Verheißungen, die ich dir gegeben habe, kannst du an meiner göttlichen Natur teilhaben. Weil ich dich liebhabe, hast du teil an meinem Leben.**

Ich bin gern dein Hirte, mein Herz ist voller Liebe für dich. Nur ein Tagelöhner läßt die Schafe in Zeiten der Gefahr im Stich; ich habe aber versprochen, immer bei dir zu sein. Ich bin ein schützender Schild um dich her. In mir findest du deine Sicherheit und Geborgenheit, und ich werde mich deiner Nöte annehmen, wenn du meinen Verheißungen glaubst. Du brauchst nur mir zu vertrauen!

Ps 23; 2.Petr 1,3-4; 2.Sam 22,31

Jesus ist die Tür

„Ich bin die Tür; wenn jemand durch mich hineingeht, wird er selig werden."

(Joh 10,9)

Jesus hat gesagt: „Ich bin die Tür für die Schafe." Es gibt nur eine Tür, die ins Leben führt: Jesus! Du bist dem einzigen Weg zum Himmel gefolgt. Alle anderen sogenannten „Wege" stehen in entschiedenem Widerspruch zur Wahrheit.

Es gibt nur eine Wahrheit, und Jesus ist gekommen, um diese Wahrheit zu verkünden. Es gibt nur einen Erlöser, und er ist dieser Erlöser. Es gibt nur ein Opfer für Sünde, und er ist dieses Opfer. Es gibt nur eine Tür, durch die die Schafe gehen können. Er ist diese Tür.

Es macht mich traurig, daß einige nicht hindurchzugehen wagen, weil sie denken, ihre Unwürdigkeit schließe sie aus. Ich möchte sie als neue Mitglieder meiner Familie in Empfang nehmen, ohne daran zu denken, wie unwürdig sie gewesen sind. Ich habe kein Verlangen danach, sie anzuklagen.

Einige zögern, weil sie glauben, ich würde sie abweisen. Warum sollte ich diese Tür offenhalten, wenn ich nicht wünschte, daß Menschen durch sie hindurch in mein Reich gelangen? Warum sollte ich ein Opfer für die Sünde bringen, wenn ich nicht wollte, daß unwürdige Sünder zu mir kommen? **Niemandem, der zu mir kommen will, wird die Tür vor der Nase zugeschlagen. Ich werde niemanden abweisen, der durch Jesus zu mir kommt.**

Natürlich gibt es auch Menschen, die nicht durch diese Tür gehen wollen, weil sie es vorziehen, an ihrem alten sündigen Leben festzuhalten. Sie haben erkannt, daß ich von meinen Kindern ein Leben in Gerechtigkeit erwarte. Andere möchten sich nicht meiner Autorität unterstellen; sie wollen ihr eigener Herr sein.

Und es gibt Menschen, die zu stolz sind, durch diese Tür zu gehen. Sie möchten von niemandem abhängig sein und weigern sich sogar, einzugestehen, daß sie mich brauchen! Sie haben ihren Verstand und ihre natürlichen Fähigkeiten zu ihren Göttern gemacht. Ich werde sie niemals zwingen, aber ich lade sie ein. Du hast die ewige Freude entdeckt, die hinter dieser Tür wartet; ermutige nun andere, einzutreten und meine Liebe kennenzulernen. Weise sie auf Jesus hin. Versichere ihnen, daß sie nicht zurückgewiesen werden. Sie werden im Himmel freudig begrüßt werden. Bleibe geduldig und beharrlich. Viele müssen die gute Nachricht wieder und wieder hören, bevor sie die Einladung annehmen und das Leben empfangen, das ich ihnen geben möchte. Ist es dir so ergangen, mein Kind? Wenn es so war, wirst du verstehen, wie geduldig und beharrlich ich sein muß.

Joh 10,7; Joh 6,37; Lk 15,7; Apg 4,12

22

Meine Bitten an dich

„Jesus spricht zu ihr: Gib mir zu trinken!"

(Joh 4,7)

Es war ein sehr heißer Tag, und Jesus hatte eine große Entfernung zurückgelegt. Er war durstig und kam an einen Brunnen in Samarien. Eine Frau aus dem Ort schöpfte gerade Wasser, was zu dieser Tageszeit ungewöhnlich war. Er bat sie, ihm zu trinken zu geben.

Die Frau war erstaunt; es war ungewöhnlich für einen Juden, eine Samariterin anzusprechen, und noch ungewöhnlicher für einen Mann, eine Frau in der Öffentlichkeit anzusprechen. Jesus tat oft überraschende Dinge und stellte damit traditionelle Gewohnheiten in Frage!

Jesus schämte sich nicht, seine Bitte auszusprechen. Seine einfache Frage bereitete den Weg für eine Begegnung, die nicht nur die Frau veränderte, sondern ein ganzes Dorf.

Oft bitte ich dich um etwas „Wasser", um eine Kleinigkeit, die du für mich tun kannst. Manchmal tust du bereitwillig, um was ich dich gebeten habe; bei anderen Gelegenheiten weist du meine Bitte ab. Sie schien dir zu unbedeutend, und du konntest nicht voraussehen, wieviel Frucht aus deinem Gehorsam entstanden wäre. Du hast nicht erkannt, wer hinter dieser Bitte steckte, besonders dann nicht, wenn jemand anders sie aussprach.

Ich möchte, daß du immer empfänglicher für die Stimme meines Geistes wirst und mir immer bereitwilliger gehorchst, auch wenn ich dich um ganz einfache, vielleicht unbedeutende Dinge bitte. Erweise dich in kleinen Dingen als treu. Wie könnte ich dir Großes zutrauen, wenn du mir in weniger wichtigen Angelegenheiten nicht gehorchen willst? Und vergiß nicht, daß dein Gehorsam ein Glied in einer von mir geplanten Kette von Ereignissen sein kann, die für viele zum Segen werden soll!

Merke dir dies gut, mein Kind. **Du brauchst nur zu tun, was ich dir sage, und kannst dann alles, was daraus entsteht, mir überlassen.**

Grenze mich nicht durch deinen Verstand ein. Und bilde dir nicht ein, meine Sache besser zu verstehen als ich! Wenn du erkennst, daß dein Gehorchen gewisse Erschütterungen auslösen wird, sei dir im Klaren darüber, daß ich das schon eher wußte als du. Ich weiß, daß diese Auswirkungen heilsam, wenn auch unbequem, sein werden. Manchmal machst du dir Gedanken darüber, wie andere dich wohl wegen deines Gehorsams verurteilen werden. Ist dies nicht der wahre Grund für dein Zögern, Kind?

Petrus hatte Bedenken, als er aufgefordert wurde, zu Kornelius zu gehen. Sein Gehorsam führte dazu, daß viele Menschen Erlösung fanden, obwohl die Vision, die ich ihm zeigte, andeutete, daß er gegen die Tradition handeln sollte, und er wußte, daß andere ihn dafür kritisieren würden.

Jesus brach mit der Tradition; Petrus tat es, und du wirst es ebenfalls tun, wenn du mir gehorsam sein willst. Also, mein Kind, höre auf das, was ich sage, und tue es.

Joh 4,7-26; Mt 25,21; Joh 10; 3-5

23

Sei barmherzig

„Und als er das Volk sah, jammerte es ihn; denn sie waren
verschmachtet und zerstreut wie die Schafe, die keinen Hirten
haben."

(Mt 9,36)

Achte einmal darauf, wie behutsam Jesus mit der Frau am
Brunnen umging. Sie war in der Gewalt der Sünde, und er
wollte sie befreien. Der Weg zu ihrem Herzen waren nicht verur-
teilende Worte; er bot ihr das lebendige Wasser der Erlösung an.
Nur das konnte ihre geistliche Not stillen.

Die Frau fühlte seine Liebe, nicht die Art von Liebe, die sie
gewohnt war, sondern echtes Interesse an ihrer Person. Ihr ganzes
sündiges Leben hindurch hatte sie auf Liebe und Annahme gewartet, auf jemanden, der sie um ihrer selbst willen schätzte. Sie
brauchte Vergebung, um von der Schuld vergangener Jahre und
aller ihrer sinnlosen Beziehungen gereinigt zu werden.

Sie konnte Jesus nur gewöhnliches Wasser geben. Er gab ihr das
lebendige Wasser des ewigen Lebens. Aber sie gab zuerst! Mein
Kind, **ist dir schon aufgefallen, wie oft du etwas bekommst,
nachdem du selbst etwas gegeben hast?** Das, worum ich dich
bitte, ist gar nichts im Vergleich zu dem, was ich dir dafür gebe.
Trotzdem ist dies die richtige Reihenfolge: **Du gibst mir, und ich
gebe dir.**

Du kannst dir meinen Segen nicht mit einem „Becher Wasser"
kaufen, aber deine Bereitschaft, zu geben und um das zu bitten, was
du brauchst, macht es mir möglich zu geben, und macht dich fähig
zu empfangen.

Urteile nicht über diejenigen, denen du in meinem Namen
dienst; wende dich ihnen mit meiner Gnade und meinem Erbarmen
zu. Scheue nicht davor zurück, sie um Hilfe zu bitten; sei nicht zu
stolz, von ihnen etwas anzunehmen. Dies kann dir den Weg frei
machen, ihnen zu helfen. Sie geben dir vielleicht ein Glas Wasser,
und du kannst ihnen zeigen, wie sie das ewige Leben empfangen.

Mein Geist kann dir zeigen, wo ein Mensch Hilfe braucht.
Liebevoll und behutsam kannst du in diese Not hineinsprechen und

zeigen, wie sehr ich daran Anteil nehme. Laß dich nicht dadurch abschrecken, daß Leute das, was du sagst, oder die Liebe, die du anbietest, ablehnen. Mich lehnt man oft ab.

Mt 9,35-38; Joh 4,4-26; Kol 4,5; 2.Kor 9,6-11

Komm zu mir

**„Kommt her zu mir, alle, die ihr mühselig und beladen seid ...;
so werdet ihr Ruhe finden für eure Seelen."**

(Mt 11,28-29)

Ich sehe die Armen, die Notleidenden, und ich lade sie ein, zu mir
zu kommen. Ich sehe alle, die meinen, den Anforderungen des
Lebens nicht gewachsen zu sein, alle, die in tiefer Bedrückung
leben. Ich fordere sie auf, zu mir zu kommen.

Ich sehe diejenigen, die Widerstand, Verletzungen, Ablehnung
und Mißachtung erfahren haben; und ich lade sie ein, zu mir zu
kommen.

Ich sehe diejenigen, die sich für Versager halten, für völlig
nutzlos und untauglich; ich möchte, daß sie zu mir kommen.

Ich sehe die Reichen, die versucht haben, mit Hilfe ihrer Besitztümer Glück und Zufriedenheit zu erwerben, doch innerlich nur
Sinnlosigkeit und Leere empfinden. Ich rufe sie auf, zu mir zu
kommen.

Ich sehe diejenigen, für die das Leben nur Mühsal ist, nicht
enden wollende harte Arbeit für wenig Lohn, und ich lade sie ein,
zu mir zu kommen.

Ich sehe diejenigen, die nur wenig haben und kaum für ihre
Familien sorgen können.

Ich sehe diejenigen, die denken, sie seien weder für irgend etwas
begabt noch in irdendeiner Weise etwas Besonderes, Menschen, die
sich nicht vorstellen können, daß ihr Leben einen höheren Sinn hat.
Ich sage ihnen allen: „Kommt zu mir!"

Ich sehe die Kranken, Menschen, deren Körper und Empfindungen von Schmerzen zerstört werden; ich möchte, daß sie zu mir
kommen.

Ich sehe diejenigen, die in ihren Stellungen Macht und Autorität
besitzen, einige, die bemüht sind, ihrer Verantwortung gerecht zu
werden, andere, die ihr Amt mißbrauchen; und ich fordere sie auf,
zu mir zu kommen.

Einige hören meine Stimme nicht; viele andere wollen nicht
hören. Viele sind berufen, aber wenige sind auserwählt. Mein

Evangelium ist gute Nachricht für alle; nur ich kann ihren Nöten begegnen.

Ich sehe diejenigen, die sich anderen Religionen angeschlossen haben. Einige möchten etwas Besonderes sein, andere lassen sich von diesen Ideologien und Philosophien täuschen. Ich möchte, daß sie die Wahrheit kennenlernen, weil nur die Wahrheit sie aus ihrer Sünde und Gebundenheit befreien wird. Ich sehe, wie der Herrscher dieser Welt den Verstand der Ungläubigen geblendet hat, und ich bin zornig. Diese Blindheit bringt viele Menschen um meine Liebe.

Was siehst du, mein Kind? Siehst du das, was ich sehe? Ist in deinem Herzen dasselbe Erbarmen mit den Verlorenen wie in meinem?

Sage bitte anderen Menschen, daß ich möchte, daß sie zu mir kommen und mein Leben annehmen. Ich werde niemanden abweisen, der das tut.

Mt 11,25-30; Jes 55,1-3; Mt 22,14; 2.Kor 4,4

25

Gib zu, daß du Hilfe brauchst

„Der auch seinen eigenen Sohn nicht verschont hat, sondern hat ihn für uns alle dahingegeben – wie sollte er uns mit ihm nicht alles schenken?"

(Röm 8,32)

Mein liebes Kind, schäme dich nie, zuzugeben, daß du Hilfe brauchst. Schäme dich nicht, jemanden um Hilfe zu bitten. Laß dich nicht durch deinen Stolz daran hindern. Manchmal hast du dich zu „geistlich" benommen, du wolltest anderen nichts von deinen Schwierigkeiten sagen oder sie um Hilfe bitten. Gerechtfertigt hast du das mit der Ausrede, du trauest auf den Herrn.

Ich freue mich über dein Vertrauen. Aber **ich habe manches Mal dafür gesorgt, daß deinetwegen die richtige Person zur rechten Zeit am rechten Ort war.** Wenn du demütig genug gewesen wärest, um Hilfe zu bitten, wäre dir geholfen worden. Es hat wenig Sinn, zu sagen, du vertraust mir, wenn du dann die Antwort, die ich dir schicke, ablehnst. Ich weiß, daß du nicht gern etwas von anderen annimmst, weil du ihnen nichts schuldig sein möchtest. Du denkst, es könnte deine Unabhängigkeit in Gefahr bringen.

Mein Kind, ich bin in den Details deines Lebens am Werk. Kein Mensch läuft dir zufällig über den Weg!

Deine Weigerung, Bitten zu äußern, bringt andere um die Freude, etwas für dich tun zu können, und um den Segen, den sie dafür bekommen würden. Erinnere dich an die Freude, die du selbst empfunden hast, wenn du anderen einen Dienst getan hast und ihnen zum Segen geworden bist. Was für ein Chaos würde es geben, wenn jeder nur geben, aber niemand etwas von anderen annehmen wollte!

Manches Mal bist du mit deiner Not nicht zu mir gekommen, weil du gedacht hast, die Sache sei für deinen Gott nicht wichtig genug. „Ihr habt nichts, weil ihr nicht bittet." Es hat viele Situationen gegeben, in denen ich dir gern etwas gegeben hätte, wenn du mich nur gebeten hättest. Es macht mir keine Mühe, dich zu segnen, so, wie du es gerade brauchst, in kleinen oder ganz wichtigen Angelegenheiten. Als Beweis dafür habe ich dir schon so viel gegeben.

Überlege einmal: Gibt ein Vater seinem Kind nur dann etwas, wenn die Not groß ist? Kümmert er sich nicht täglich in den kleinen Dingen genauso um sein Kind wie in den bedeutenden Angelegenheiten? Ich bin dein Vater, und als dein Vater kümmere ich mich um dich!

Mt 7,7-8; Jak 4,2; 2.Kor 8,14-15

26

Die Freude am Teilen

„Und Jesus ... sprach: Ich will's tun; sei rein!"

(Mt 8,3)

Die Notleidenden klammerten sich an die Worte Jesu. Sie erkannten ihn als denjenigen, der ihnen helfen konnte.

Der Aussätzige näherte sich ihm zaghaft: „Wenn du willst, kannst du mich reinigen." Jesus antwortete ihm: „Ich will's tun", und sprach das vollmächtige Wort, das ihn frei machte: „Sei rein!" Sofort verließ ihn sein Aussatz.

Der Aussätzige kam, ohne sich der Liebe Jesu sicher zu sein. Er kam mit einem „Wenn". Jesus fegte dieses „Wenn" einfach weg.

Mein Liebes, komme mit absoluter Zuversicht und ganz ohne Hemmungen zu mir. Widerstehe dem Gedanken, daß ich andere liebe, dich aber nicht. Weil ich dich liebe, möchte ich dich beschenken. Ich möchte dich heilen und dir geben, was du brauchst. **Du hast es nicht nötig, mit einem „Wenn" vor mich zu treten:** „Wenn es dein Wille ist."

Wenn Jesus Menschen heilte oder sie von dämonischen Mächten befreite, wurden sie von Freude und Dankbarkeit erfüllt. Heute ist es nicht anders. Wenn meine Kraft das Leben von Menschen berührt, sind sie dankbar. Das Lob, das aus ihren Herzen kommt, macht mich glücklich. Möchtest du jemanden immer weiter beschenken, der dir überhaupt keine Dankbarkeit entgegenbringt?

Wie anders war die Haltung derer, die sich gegen Jesus stellten, weil ihre Herzen verhärtet waren! Ihre religiösen Gesetze beschäftigten sie mehr als das Wohlergehen der Menschen. Jesus brachte nicht Regeln und Vorschriften, sondern das Leben!

Seine Gegner erkannten in denen, die zu Jesus strömten, eine Freude, die sie selbst nicht hatten, trotz ihrer umfassenden Bildung und ihrer gründlichen Kenntnis der Gesetze. Statt selbst zu Jesus, der Quelle dieser Freude, zu kommen, waren sie wegen seiner großen Beliebtheit und seines wirkungsvollen Dienstes an den Notleidenden seine erbitterten Gegner.

Es gibt heute noch viele Menschen, die so reagieren. Sie vollbringen selbst keine Wunder, stellen sich aber denen in den Weg, die sich in ihrer Not an mich wenden. Ihre frommen Traditionen erweisen sich als kraftlos und wirkungslos.

So sollst du nicht sein, mein Kind. **Sei froh, wenn du siehst, daß andere von mir beschenkt werden.** Freue dich mit ihnen, und sei dir auch dessen bewußt, daß sie nur das empfangen konnten, was ich zu geben beschlossen hatte.

Du hast keinen Grund, eifersüchtig zu sein. Du bist genauso mein Kind; es macht mir Freude, dich zu segnen, indem ich mich deiner Nöte annehme. Und ich bin voller Freude, wenn du dich gern von mir beschenken läßt. **Es macht mich glücklich, wenn ich Segen austeile, und du wirst gesegnet, wenn du etwas von mir empfängst.**

Mt 8,1-4; Hebr 10,19-23; Hebr 4,16; Röm 2,11; Mt 10,8; Hebr 6,10

27

Der Glaube eines Hauptmanns

„Sondern sprich ein Wort, so wird mein Knecht gesund."

(Lk 7,7)

Mein liebes Kind, einen solchen Glauben möchte ich auch bei dir sehen! Der Hauptmann kam mit der klaren Erwartung, Jesus würde seinen Knecht heilen. Als Jesus ihm anbot, in sein Haus zu kommen, erkannte der Hauptmann, daß er kein Anrecht darauf hatte. Er sagte, Jesus brauchte nur den Befehl zu geben, und sein Knecht würde gesund.

Hier handelte es sich um einen Mann, der wußte, was Vollmacht bedeutet. Der Hauptmann wußte, was es hieß, Befehle zu erteilen und ihnen zu gehorchen. Er erkannte, daß Jesus uneingeschränkte Vollmacht besaß; er brauchte nur ein Wort zu sagen, und die Heilung würde über die Entfernung hinweg geschehen.

Kein Wunder, daß Jesus erstaunt war. Dieser Heide hatte eine klarere Vorstellung von seiner Vollmacht als alle Juden, seine eigenen Jünger eingeschlossen! Der Hauptmann bewies einen Glauben, den niemand von ihnen hatte.

Siehst du nicht, mein Kind, daß jemand, der an mich glaubt, die Vollmacht anerkennt, mit der ich spreche? Er diskutiert nicht über meine Worte; er glaubt sie. Er weiß, daß ich nur den Befehl zu geben brauche, und die Kranken werden geheilt, die Blinden sehen, die Verkrüppelten gehen, und sogar die Toten werden zum Leben erweckt. Mehr noch, **ER ERWARTET VON MIR, DASS ICH DEN BEFEHL GEBE.** Ja, er kommt mit dieser Erwartung zu mir. **Er weiß nicht nur, daß ich es kann, sondern er erwartet, daß ich es tun will.**

Ich möchte, daß du diesen erwartenden Glauben hast, mein Kind. In einem solchen Glauben sehe ich keine Anmaßung; er beweist, daß du meinem Wort gehorchst, daß du meine Vollmacht anerkennst und daß du meinen Verheißungen traust.

Seine Zuhörer reagierten erstaunt und bestürzt auf die Aussage Jesu, Menschen aus anderen Völkern würden kommen und an meinem himmlischen Festmahl teilnehmen, während die, für die ich gekommen bin, sich wegen ihres Unglaubens ausgeschlossen finden würden.

Jesus sagte dem Hauptmann, daß es genau so geschehen sollte, wie er glaubte. Dieses Wort gilt für mich immer noch, mein Kind. Es ist heute und an jedem Tag mein Wort an dich. **Dir wird geschehen, wie du geglaubt hast. Solche Kraft hat der Glaube an meine Vollmacht und an meine Liebe.**

Lk 7,1-10; Hebr 10,22; Hebr 4,16; Mt 10,8; 1.Joh 5,14-15

28

Meine Berührung bringt Heilung

„Am Abend aber brachten sie viele Besessene zu ihm; und er trieb die Geister aus durch sein Wort und machte alle Kranken gesund, damit erfüllt würde, was gesagt ist durch den Propheten Jesaja, der da spricht (Jesaja 53,4): 'Er hat unsre Schwachheit auf sich genommen, und unsre Krankheit hat er getragen.'"

(Mt 8,16-17)

Ich heile gern. Jede einzelne Heilung ist ein Beweis meines Erbarmens und meiner zärtlichen Liebe. Ich bin voller Erbarmen mit den Leidenden, das habe ich in der Weise, wie Jesus Kranke heilte und befreite, zu erkennen gegeben.

Erbarmen ist mehr als Mitleid. Jesus hatte nicht nur Mitleid mit den Menschen; er gab sich auch nicht damit zufrieden, daß er ihnen in ihrer Not beistand. Weil er Erbarmen mit ihnen hatte, heilte er sie und führte sie damit aus Unfreiheit und Gefangenschaft heraus. Solche Handlungen Jesu machten meine Liebe sichtbar.

Wo Menschen an Jesus glaubten, konnte nichts seiner Vollmacht widerstehen. Wo Unglaube herrschte, wie in Nazareth, konnte aber selbst Jesus nicht viele heilen. Hier werden die Kraft des Glaubens und die negative Wirkung des Unglaubens sichtbar.

Jesus sorgte dafür, daß seine Kraft zu heilen nicht der einen Generation, in der er auf der Erde lebte, vorbehalten blieb. Als er ans Kreuz ging, nahm er die Sünde aller Menschen in allen Generationen auf sich. Er **trug auch alle ihre Krankheiten und Gebrechen. Er überwand alle Macht der Finsternis. Was er während der Zeit seines Wirkens für eine Generation getan hat, ist allen Generationen zugänglich gemacht worden.**

Deshalb ist alles, was er damals gesagt und getan hat, auch heute gültig. Wo jemand glaubt, ist es genau wie in biblischen Zeiten: Es geschehen Heilungen und Wunder. Jesus ist der gleiche – gestern, heute und in Ewigkeit. Im Unglauben liegt das größte Hindernis für meine Heilungsabsichten.

Du wirst verstehen, daß ich mich über den Glauben meiner Kinder freue, denn er erkennt an, daß meine Absichten sich nicht geändert haben. Es ist immer noch mein Wille zu heilen. **Der Auftrag, den ich meiner Kirche gegeben habe, ist immer noch der gleiche: Heilt die Kranken.** Ich erwarte immer noch, daß dieses Gebot befolgt wird.

Ich freue mich jedesmal, Kind, wenn du in deinem eigenen Leben Hilfe nötig hast und mir glaubst, daß ich handeln werde, und wenn du andere durch das Weitergeben meines Wortes zum Glauben ermunterst. Laß dich nicht von denen beirren, die sich meiner Absicht zu heilen wegen ihres Unglaubens und ihres falschen Schriftverständnisses entgegenstellen. Halte an deinem Glauben fest, im Vertrauen auf die Gültigkeit meines Wortes.

Jes 53,4-5; Mk 16,17-20; Jak 5,14-15

Die Auferweckung der Tochter des Jairus

„[Er ging] hinein und ergriff sie bei der Hand. Da stand das Mädchen auf.“

(Mt 9,25)

Zunächst sorgte Jesus dafür, daß die Trauernden das Zimmer verließen. Es ist ein geistliches Prinzip, daß Unglaube weichen muß, damit der Glaube wirksam werden kann.

Die Leute, die ihr Augenmerk auf das Problem gerichtet hatten, lachten Jesus aus. Wie sollte jemand dieses Kind von den Toten erwecken können? Für Jesus war es ganz einfach. Er ging in den Raum, in dem sie lag, nahm ihre Hand und sagte: „Mädchen, ich sage dir, steh auf!“ Und sie stand auf und ging umher.

Für die, die dabeistanden, war sie tot. Für Jesus lag sie nur im Schlaf. **Unglaube und Glaube betrachten das gleiche Ereignis oder die gleiche Situation aus völlig verschiedenen Perspektiven. Unglaube akzeptiert eine Situation so, wie sie sich darstellt. Glaube sieht, was sein wird, als sei es schon eingetreten.**

Jesus war bereit, seinen Glauben mitten in den Unglauben hineinzusprechen, obwohl man ihn deswegen auslachte: „Das Kind ist nicht gestorben, sondern es schläft.“

Wenn du etwas im Glauben aussprichst, wirst du oft von anderen verspottet werden, die nicht sehen, was du siehst. Laß dich davon nicht beirren, Kind. War sie tot? O ja! Als Jesus ihr befahl aufzustehen, kehrte sie ins Leben zurück.

Kannst du Tote erwecken? Ja. Ich fordere dich aber nicht dazu auf, ins nächste Leichenschauhaus zu gehen, um es zu versuchen. Vergiß nicht, Jesus tat nur, was er mich tun sah, und er sprach nur die Worte, die ich ihm gab. Du mußt auf die Stimme meines Geistes hören und dich von ihm führen lassen.

Manchmal sagen meine Kinder: „Ich werde einfach Gott glauben, daß er es tut.“ Sie werden meistens enttäuscht. So sieht lebendiger Glaube nicht aus. Glaube kommt aus dem Hören; er ist Antwort auf mein Wort.

Es wird viele Situationen geben, in denen ich dir, angesichts aussichtslos scheinender Umstände, ein Glaubenswort geben werde. Man wird dich dafür auslachen, daß du eher dem glaubst, was ich sage, als die Tatsachen zu akzeptieren. Kümmere dich nicht um den Spott. **Was ich gesagt habe, habe ich gesagt. Ich stehe zu meinem Wort. Was ich versprochen habe, wird ganz gewiß geschehen.**

Halte also an meinen Worten fest, mein Liebes. Verliere sie nicht aus den Augen. **Sage offen und entschieden, was du glaubst, ohne dich um die Reaktion der anderen zu kümmern.** Und du wirst die Erfahrung machen, daß ich meine Verheißungen erfülle.

Mt 9,18-26; Hebr 11,1; Joh 8,28; Ps 145,13; 2.Kor 4,13

30

Ich achte Glauben

„Sie antwortete aber und sprach zu ihm: Ja, Herr; aber doch fressen die Hunde unter dem Tisch von den Brosamen der Kinder."

(Mk 7,28)

Es wundert die Menschen oft, daß Ungläubige geheilt werden können, während viele, die an mich glauben, nicht geheilt werden.

Jesus wußte, daß sein Auftrag darin bestand, sich um die Verlorenen Israels zu kümmern. Er sollte zuerst meinem Bundesvolk Gelegenheit geben, Buße zu tun und der frohen Botschaft zu glauben. Die Zeit sollte noch kommen, in der das Evangelium allen Völkern zugänglich gemacht würde, aber Jesus mußte zuerst zu den Juden gehen, danach sollte die Wahrheit auch den Heiden gebracht werden.

Diese Heidin hat wirklich geglaubt. **Ich werde nie Glauben zurückweisen. Ich werde auf das Gebet des Glaubens immer antworten. Ich stehe zu meinem Wort und meinen Verheißungen und werde sie niemals widerrufen.** Der Glaube dieser Frau zeigte sich in ihrer Aussage, daß auch Hunde die Krumen fressen durften, die vom Tisch des Reichen fielen. Nur ein Krümel dessen, was ich ihr geben könne, würde ausreichen, um ihre Tochter frei zu machen. Einen solchen Glauben mußte ich achten.

Ich lehrte meine Jünger, wenn sie nur Glauben von der Größe eines Samenkörnchens hätten, wären sie in der Lage, Berge ins Meer zu werfen und Bäume zu versetzen. Es kommt auf die Art des Glaubens an. Du brauchst keinen großen Glauben, sondern nur das einfache Vertrauen, daß ich tun werde, was ich versprochen habe. Du mußt mir nur glauben. Ich bin so froh, wenn ich in dir Glauben sehe. Höre, was Jesus der Frau gesagt hat: „Laß zuerst die Kinder satt werden." Bist du etwa nicht mein Kind? Das heißt, du hast es nicht nötig, auf dem Fußboden herumzukriechen, um ein paar Krümel zusammenzusuchen. **Ich habe dir einen Platz am Tisch gegeben. Du kannst dich richtig sattessen.**

Wenn schon ein Krümel eine solche Heilung bewirkt, was könnte das ganze Festmahl erst für dich tun? Du brauchst nur mit Glauben an meinen reichgedeckten Tisch zu kommen.

Mein Liebes, zögere nicht, weil du dir nicht vorstellen kannst, daß ich dich wirklich bei mir haben möchte. **Du hast deinen Platz an meinem Tisch. Komm mit aufrichtigem Herzen und in voller Gewißheit des Glaubens!**

Mk 7,24-30; Röm 1,16; Mt 17,20-21; Lk 17,6; Hebr 10,22

31

Ich führe dich

„Geh wieder heim und sage, wie große Dinge Gott an dir getan hat."

(Lk 8,39)

Für Jesus gehörte es zum täglichen Brot, meinen Willen zu tun und den Auftrag auszuführen, den ich ihm gegeben habe. Er erfüllte alle meine Bitten. Er war nur daran interessiert, meinen Willen zu tun und meine Absichten auszuführen. **Er hatte keine eigenen Pläne. Er war mir zu jeder Zeit gehorsam und achtete auf die Stimme meines Heiligen Geistes.** Er ging, wohin ich ihn führte, und tat, was ich ihm auftrug. Seine Begegnungen mit den unterschiedlichsten Menschen gehörten zu meinem Plan für seinen Dienst. Er achtete darauf, daß er zur rechten Zeit am rechten Ort war.

Jesus überquerte den See Genezareth, um einen Besessenen zu befreien, der sich Legion nannte, weil so viele Dämonen in ihm lebten. Eine solche Reise lohnte sich um dieser einen Begegnung willen.

Der Mann war so dankbar für seine Befreiung, daß er bei Jesus bleiben wollte. Statt dessen bekam er den Auftrag, anderen zu erzählen, was an ihm getan worden war. Du siehst, eine einzige Begegnung konnte dazu führen, eine ganze Region mit dem Evangelium zu erreichen. Sein vollkommen verwandeltes Leben war ein Zeugnis für alle, die ihn kannten. Ich suche mir oft die hoffnungslosesten Fälle aus, um diese Menschen zu gebrauchen, die niemand sonst ausgewählt hätte.

Mancher hätte es als Zeitverschwendung angesehen, einen solchen Weg zurückzulegen, um einem einzigen Mann zu helfen; aber ich wollte es so. Jesus diskutierte nicht; er tat, was ich sagte. Was für eine Freude war es, den Mann frei werden zu sehen!

Wenn du für die Stimme meines Geistes empfänglich bist, wird er dich in der gleichen Weise führen. Du wirst zur rechten Zeit am rechten Ort sein. **Begegnungen, die zufällig scheinen, sind oft sorgfältig von mir geplant worden.**

Manchmal bist du derjenige, den ich ausgesucht habe, um einem anderen Menschen meine Antwort zu bringen. Ich sende dich mit meiner Liebe, meinem Erbarmen und meiner Vergebung zu anderen. Du gehst in meinem Namen, mit meiner Vollmacht.

Höre also nicht auf die Stimme des Zweifels. Ich möchte dich gebrauchen, mein Liebes. Ich gebrauche alle, die bereit sind, sich in meinem Namen anderen zuzuwenden.

Lk 8,26-39; Joh 12,49-50; Joh 6,38; Ps 139,16; Eph 2,10

Der Sturm

„Wo ist euer Glaube?"

(Lk 8,25)

Manchmal hast du zugelassen, daß Schwierigkeiten dich davon abgehalten haben, zu tun, um was ich dich gebeten habe.

Als Jesus über den See fuhr, um mit dem Besessenen namens Legion zusammenzutreffen, lag er im hinteren Teil des Bootes und schlief. Plötzlich kam ein Sturm auf, und seine Jünger bekamen große Angst, obwohl einige von ihnen erfahrene Fischer waren. Sie beschlossen, Jesus zu wecken.

Stell dir vor, sie fuhren mit Jesus über den See und hatten Angst zu ertrinken! Sie waren genau wie du, nicht wahr? Du bist schon oft voller Angst gewesen, obwohl ich bei dir war.

Jesus stand auf und gebot dem Wind und den Wellen. Sofort wurde es ganz still. Die Jünger staunten über seine Vollmacht. „Wo ist euer Glaube?" fragte er sie.

Verstehst du, worum es hier ging? Jesus war auf dem Weg zu einem von Dämonen besessenen Mann, um ihn zu befreien. Wenn mein Geist dich leitet, etwas zu tun, das dem Feind eine besondere Niederlage beibringt, kann es sein, daß dir widrige Umstände begegnen, die dich daran hindern sollen. Laß dich nicht abschrekken. **Wenn du der Leitung meines Geistes gehorchst, kannst du diese Hindernisse überwinden.** Laß dich nicht zur Umkehr zwingen.

Als Mose zwölf Männer aussandte, um das Verheißene Land zu erkunden, kehrten nur zwei mit einer positiven Einstellung zurück. Die übrigen hielten die Hindernisse für so groß, daß sie die Erfüllung meines Wortes unmöglich machen mußten. Sie ließen sich von den Umständen, auf die sie trafen, mehr beeinflussen als von den Verheißungen, die ich ihnen gegeben hatte.

Wenn du einen Auftrag von mir hast, laß dich durch nichts aufhalten, weder durch gewöhnliche Dinge, noch durch Hindernisse, die der Feind sich für dich ausdenkt. **Du hast Vollmacht, mit der du in meinem Namen überwinden kannst.** Führe die Aufgabe zu Ende, und laß nicht zu, daß irgend etwas dich davon abschreckt.

Wenn du dich meinem Willen überläßt und dem Feind widerstehst, wird er von dir fliehen. Er hat kein Recht, dich am Tun meines Willens zu hindern.

Es ist eine Frage des Glaubens, nicht wahr, Kind? Jesus hat das klar zum Ausdruck gebracht. Leiste im Glauben Widerstand gegen alle Schwierigkeiten, die sich dir in den Weg stellen. Prüfungen deines Glaubens beweisen, daß er echt ist.

Lk 8,22-25; 1.Joh 5,4-5; Jak 4,7; 1.Petr 1,7; Röm 8,31.35-37

33

Dir geschehe nach deinem Glauben

„Was willst du, daß ich für dich tun soll?"

(Mk 10,51)

Bartimäus, der blinde Bettler in Jericho, schrie zu Jesus: „Du Sohn Davids, erbarme dich meiner!" Die Menschen um ihn herum versuchten, ihn zum Schweigen zu bringen. Warum sollte sich Jesus mit Leuten wie ihm abgeben?

„Was soll ich für dich tun?" fragte Jesus ihn. Er antwortete: „Ich möchte wieder sehen können." Diese einfache Antwort zeigt, daß er glaubte, Jesus würde ihn heilen.

„Geh hin, dein Glaube hat dich geheilt," sagte Jesus.

Zu anderen sagte er: „Dir geschehe nach deinem Glauben." Dieses Wort gilt immer noch, für alle Menschen aller Generationen. Es ist auch mein Wort an dich, mein Kind: **Dir geschehe nach deinem Glauben.** Meine Barmherzigkeit, meine Gnade, meine Liebe und meine Kraft sind unveränderlich.

Meine Liebe für dich ist so groß wie meine Liebe für Bartimäus. Scheue dich nicht, mich so anzurufen, wie er es getan hat. Laß dich auch nicht durch die Ansichten anderer davon abhalten. Du kannst direkt zu mir kommen. Du glaubst, daß ich dein Erlöser und dein Herr bin. Du glaubst, daß ich dein Vater bin, der dich liebhat. Glaubst du auch, daß ich der bin, der dich heilt?

Leider glauben nicht alle meine Kinder, daß ich sie heilen will. Einige behaupten sogar, ich möchte, daß sie krank sind. Wenn sie das glauben, warum versuchen sie dann mit aller Kraft, gesund zu werden? Du siehst, mein Kind, wie unlogisch ein solches Verhalten ist. Es ist völlig inkonsequent.

Wieder andere glauben, ich benutze Krankheit dazu, meine Kinder zu läutern und zu erziehen. Was für ein Vater wäre ich denn dann? Wie könnte ich behaupten, meinem neuen Liebesbund treu zu sein, wenn ich meine Kinder so behandeln würde?

Natürlich bin ich in der Lage, jede Situation in positiver und schöpferischer Weise zu nutzen. Ich verurteile meine Kinder nicht, weil sie krank sind. Ich schenke ihnen weiter meine Liebe und mache ihnen Mut. Ich spreche zu ihnen, verändere und tröste sie. Aber dies alles tue ich in Zeiten der Gesundheit genauso wie in Zeiten der Krankheit. Ich habe es nicht nötig, meine Kinder krank zu machen, um sie im Innern zu verändern.

Halte unbeirrbar daran fest, daß ich meine Kinder heilen will. Deshalb hat Jesus alle deine Krankheiten auf sich genommen, als er ans Kreuz ging. Nimm Krankheit nicht als meinen Willen für dich an. Lerne es, ihr genauso wie allen anderen bösen Mächten zu widerstehen.

Mein Kind, höre nicht auf, für andere zu beten und ihnen in meiner Kraft zu dienen. Du sollst wissen, daß ich durch jede Heilung, die geschieht, verherrlicht werde.

Mk 10,46-52; 1.Joh 5,14-15; Eph 3,12; Jes 53,4-5

34

Rühre mich mit Glauben an

„Könnte ich nur sein Gewand berühren, so würde ich gesund."
(Mt 9,21)

Die am Blutfluß erkrankte Frau war fest entschlossen. Sie dräng-te sich durch die Menge, um Jesus zu berühren. Als sie das tat, ging Kraft von ihm aus, denn er war mit Glauben in Berührung gekommen.

Ich werde vom Glauben angerührt, wenn meine Kinder mit Glauben beten; ich antworte darauf mit meiner Kraft. Die Frau dachte, Jesus würde ärgerlich reagieren, aber ganz im Gegenteil freute er sich über die Kühnheit und Entschlossenheit des echten Glaubens, der sich hier zeigte.

Ich sehne mich danach, heute solchen Glauben in meinen Kindern zu sehen. Sie können mich nicht körperlich berühren, aber sie können mich mit ihrem Glauben anrühren. Ich bin für dich jetzt leichter erreichbar als Jesus für diese Frau. Du brauchst dich nicht durch eine Volksmenge zu wühlen, bis an den Ort, an dem ich mich aufhalte. Ich bin immer bei dir. Alles, was dich hindert, kann durch das Blut Jesu und durch dein Bekenntnis überwunden wer-den.

Verstehst du, was das bedeutet? Im Opfertod Jesu habe ich alle Sünde und alles Leid, alle Krankheit und Gebrechlichkeit, alle Not und alles Böse überwunden. **Dir steht alles zur Verfügung, was durch das Vergießen jenes unschuldigen Blutes erworben wur-de.**

Du brauchst mich nicht bitten zu tun, was ich bereits getan habe. Ergreife im Glauben den Sieg, den Jesus schon für dich errungen hat.

Wenn du das tust, wird dein Reden sich ändern – du wirst nicht von Problemen sprechen, sondern von der Lösung, nicht von der Not, sondern von den Verheißungen, nicht von der Krankheit, sondern von der Heilung, nicht von der Sünde, sondern von meiner Gnade. Die Worte deines Zeugnisses werden bestätigen, daß du an meinen Sieg glaubst und jemand bist, der überwindet.

Liebes Kind, **rühre mich im Glauben an, und ich versichere dir, daß jedesmal, wenn du das tust, Kraft von mir ausgeht und in dein Leben kommt.**

Mt 9,20-22; Offb 12,11; Jes 53,4-5; 1.Joh 5; 4-5

35

Vergeben und geheilt

„Damit ihr aber wißt, daß der Menschensohn Vollmacht hat, auf Erden Sünden zu vergeben – sprach er zu dem Gelähmten: Ich sage dir, steh auf, nimm dein Bett und geh heim!"

(Lk 5,24)

Ich sehe im Leben meiner Kinder gern einen Glauben, der handelt. Die Männer, die den Gelähmten zu Jesus brachten, konnten wegen der großen Menschenmenge nicht an ihn herankommen. Also deckten sie einen Teil des Daches ab und ließen den Mann zu Jesus hinunter. In dieser Tat wurde ihr Glaube sichtbar.

Sie glaubten, sie müßten ihren Freund nur zu Jesus bringen, damit er geheilt würde. Diese Männer waren so entschlossen, daß sie sich von den Umständen, die gegen sie waren, nicht abhalten ließen. Folge diesem Beispiel. Ich sehe auch dich gern mit solcher Entschlossenheit handeln.

Wenn du wirklich glaubst, kann dich nichts davon abbringen, mit Ausdauer an dem Wort festzuhalten, das ich zu dir gesprochen habe, bis mein Versprechen erfüllt ist.

Jesus vergab dem Gelähmten; das war es, was dieser am dringendsten brauchte. Sünde kann Krankheit verursachen. Sie kann auch Menschen davon abhalten, Heilung zu empfangen.

In den Augen der religiösen Führer war es Blasphemie, daß Jesus Sünden vergab. Sie wußten, daß ich allein vergeben kann. Wenn Jesus diese Vollmacht bekommen hatte, mußte es wahr sein, daß er in meinem Namen handelte. Diesen Anspruch wollten sie nicht anerkennen, weil sie sich ihm hätten unterwerfen müssen; vieles in ihrem Leben hätte sich ändern müssen. Wie es bei vielen religiösen Leuten der Fall ist, waren sie nicht bereit, sich zu ändern. Sie suchten Anerkennung bei den Menschen und erwarteten, daß ihre Autorität und ihre Sonderstellung respektiert wurden. Weil sie seine größere geistliche Autorität als Bedrohung empfanden, haßten sie Jesus, und sie faßten den Plan, ihn zu töten. Leute mit derartigen religiösen Haltungen stehen immer in Opposition zu wahrem Glauben.

Manchmal wirst du feststellen, daß andere Menschen, vor allem die frommen, nicht gern sehen, daß du in Vollmacht handelst. Sie neiden dir deine Glaubensgewißheit und halten dich für dumm, weil du an den Verheißungen festhältst, die ich dir gegeben habe. Sie fordern dich auf, die Umstände ernster zu nehmen als mein Wort und eher das zu glauben, was du mit den Augen siehst, als das, was du mit dem Herzen hörst. Sie erwarten, daß du die Überzeugungen bestimmter Menschen mehr respektierst als die Autorität meiner Worte. Durch eine solche falsche Autoritätsgläubigkeit ist nie jemand gesund geworden.

Jesus zeigte seine wahre geistliche Vollmacht, indem er dem Mann vergab und ihn dann heilte. Dazu brauchte er nur einige Worte.

Mein Kind, ich freue mich, wenn du dich auf meine Autorität verläßt, wenn du das Wort, das ich dir zuspreche, im Glauben annimmst. Und wundere dich nicht, wenn sich „fromme" Leute gegen dich stellen. Sie haben sich auch gegen mich gestellt! Sie haben sogar meinen Sohn gekreuzigt.

Lk 5,17-26; Röm 4,18-21; 2.Petr 1,3-4; Kol 2,8; Mk 7,1-13

36

Deine Gewißheit

„Denn es ist der Wille meines Vaters, daß, wer den Sohn sieht und glaubt an ihn, das ewige Leben habe; und ich werde ihn auferwecken am Jüngsten Tage."

(Joh 6,40)

Ich heile nicht nur Kranke; ich wecke Tote auf. **Die Kraft meines ewigen Reiches ist größer als der Tod.**

Jesus hatte Lazarus sehr lieb. Als Jesus von seiner Krankheit hörte, erklärte er sofort: „Diese Krankheit wird nicht zum Tod führen." Der Feind sollte in dieser Situation nicht Sieger sein. Ist dir aufgefallen, daß Jesus hier ein Glaubenswort sprach? Er eilte nicht außer sich vor Unglauben an den Ort des Geschehens, sondern er hatte die Gewißheit, daß Lazarus auferweckt werden würde. **Er glaubte und sprach mit Vollmacht, und es geschah so, wie er es sagte.**

Zwei Tage später brach er mit seinen Jüngern nach Bethanien auf. Er sagte: „Ich gehe hin, um ihn aufzuwecken." **Wieder gab er damit seinem Glauben Ausdruck.** Maria und Marta glaubten beide, der Tod ihres Bruders hätte verhindert werden können, wenn Jesus nur bei ihnen gewesen wäre. Er war nicht gekommen, um seinen verlorenen Freund zu betrauern, sondern um ihn aufzuwekken. Er gab den Befehl, den Stein vom Grabeingang wegzurollen. Zu Marta sagte er: „Habe ich dir nicht gesagt: Wenn du glaubst, wirst du die Herrlichkeit Gottes sehen?"

Jesus betete vor dem Grab im Glauben: **„Vater, ich danke dir, daß du mich erhört hast. Ich weiß, daß du mich allezeit hörst."** Ja, ich hatte jedes Wort gehört. Und jedes Wort Jesu, *ganz gleich, zu wem er auch sprach*, war eine Bestätigung seines Glaubens.

Jesus rief laut: „Lazarus, komm heraus!" Er sprach den „Berg" der Not an. Lazarus kam aus dem Grab, mit seinen Grabtüchern gebunden. Die Menschen waren von Ehrfurcht ergriffen. **Beachte, daß Jesus mir gedankt hat, bevor etwas geschehen war. Das ist Glaube.**

Mein Kind, beachte die Beständigkeit, mit der Jesus in dieser Situation seinem Glauben Ausdruck verlieh, ob er nun

zu mir oder zu Menschen sprach. Oft sagen meine Kinder im Gebet etwas zu mir und widersprechen diesem dann durch das, was sie im Gespräch mit anderen sagen. Glaube ist eine Haltung, eine Einstellung des Herzens, und Jesus hat in seinem Glauben nicht gewankt!

Jesus weckte nicht nur Lazarus auf, sondern auch den Sohn der Witwe und die Tochter des Synagogenvorstehers. Einige werden auch heute von den Toten auferweckt, wenn sich in den Herzen meiner Kinder Glaube findet, der ein solches Wunder erwartet. Ich bin der Geber eines solchen Glaubens.

Wer an mich glaubt, braucht jedoch auch den Tod nicht zu fürchten; er ist nichts weiter als das Tor zur Herrlichkeit!

Am Jüngsten Tag wird Jesus alle auferwecken, die ihr Vertrauen und ihre Zuversicht in ihn gesetzt haben. Weil du an ihn glaubst, ist deine Auferstehung gewiß, und du hast mein ewiges Leben jetzt schon in dir.

Joh 6,36-40; Joh 11,1-44; Hebr 12,2; 1.Kor 15,54-55

37

Ich heile dich

Fürwahr, er trug unsre Krankheit ..., und durch seine Wunden sind wir geheilt.

(Jes 53,4-5)

Jesus mußte durch sein Leiden teuer dafür bezahlen, daß du Heilung empfangen kannst. Er wurde geschlagen, Hieb auf Hieb traf seinen Leib. Jeder einzelne bedeutete Heilung für meine Kinder. Die Schmerzen, die er, der Gerechte, trug, erlitt er für die Ungerechten. Er sündigte nie, aber er nahm alle Sünde auf sich. Er war nie krank, aber er nahm alle Krankheit auf sich.

Der Prophet Jesaja sagte voraus, daß der Messias die Krankheiten der Menschen tragen würde und daß sie durch die Striemen, die er davontragen würde, geheilt werden sollten.

Er kam, um Gesundheit für Geist, Seele und Leib zu bringen. Durch das Wirken meines Geistes werden Menschen wiedergeboren und in mein Bild verwandelt. Durch dieselbe mächtige Kraft werden Krankheiten geheilt. Und durch dieselbe Kraft werden Tote auferweckt.

Mein Kind, weil ich die Macht habe, solche Dinge zu tun, bin ich ganz gewiß in der Lage, jeder Not in deinem Leben zu begegnen. Ich kann weit mehr tun, als du bitten oder dir vorstellen kannst, **durch die Kraft meines Geistes, die in dir wirksam ist.**

Es ist verwunderlich, daß viele zwar die Tatsache anerkennen, daß Jesus in der Zeit seines Wirkens Menschen geheilt hat, daß sie aber nicht damit rechnen, daß er heute heilt. Dieselben Leute erwarten, durch die Kraft meines Geistes von den Toten auferweckt zu werden. Sie gehen davon aus, daß ein Teil meiner göttlichen Kraft und Herrlichkeit verlorengegangen ist oder seine Wirkung verloren hat. Damals hat Jesus gerettet, geheilt und auferweckt. Heute, behaupten diese Menschen, rettet er und weckt Tote auf, aber er heilt nicht mehr! Dies ist Unglaube.

Ich habe dich beten gelehrt, daß mein Reich auf Erden komme, so wie es im Himmel ist. Es gibt im Himmel keine Krankheit. Alles Leid und alle Tränen sind vergangen. **Wenn es im Himmel also**

keine Krankheit gibt, dann ist es ebensowenig mein Wille, daß es sie auf der Erde gibt.

Ganz gleich, was dir fehlt, es ist meine Absicht, dich zu heilen. Meine heilende Kraft ist immer für dich da. Gebrauche deinen Glauben und nimm das an, wofür Jesus sterben mußte, um es dir zu geben. Komm zu mir, und empfange meine Heilung.

Ist deine Not etwa zu groß für mich? Schaust du auf entstellte Gliedmaßen und verkrüppelte Körper und sagst, solche Heilungen seien unmöglich? Nur die Grenzen deines Glaubens setzen mir Grenzen.

„Aber wer glaubt dem, was uns verkündet wurde, und wem ist der Arm des Herrn offenbart?"

Jes 53,4-5; Eph 3,20; 2.Kor 5,21; Mt 21,22; Jes 53,1

38

Sprich ein Glaubenswort

„Wenn ihr Glauben habt wie ein Senfkorn, so könnt ihr sagen zu diesem Berge: Heb dich dorthin!, so wird er sich heben; und euch wird nichts unmöglich sein."

(Mt 17,20)

Genau wie Jesus wirst du dich nicht nur an mich wenden, sondern auch direkt in Situationen hineinsprechen. **Du mußt im Glauben und mit Vollmacht sprechen, entschlossen, daß das, was du sagst, gewiß geschehen wird.** Wenn du zu Bergen der Not sprichst, gebiete ihnen, sich hinwegzuheben. Laß keinen Zweifel in deinem Herzen sein, sondern glaube.

Viele erliegen der Versuchung, über ihre Not zu reden, statt ihre Worte gegen sie zu richten, mit Glauben und in Vollmacht. Über die Not zu sprechen verschlimmert die Situation, weil du nur die Realität des Problems bestätigst. Wende dich in meinem Namen dagegen; befiehl ihm zu gehen.

Deine Worte besitzen große Kraft – zum Guten oder zum Bösen. Sie können dir Freiheit oder Verdammnis, Wahrheit oder Täuschung, Heilung oder Krankheit bringen.

Oft sprichst du aus Furcht oder Angst heraus statt aus dem Glauben, vor allem, wenn es um Krankheit oder eine besondere Notlage geht. Furcht ist ein Werkzeug, das der Feind einsetzt. Er möchte, daß du dich eher mit der Krankheit beschäftigst als mit dem, der dich heilen kann und will. Lerne, dem Teufel zu widerstehen.

Bedenke, daß das, was du zu mir und zu anderen und das, was du in eine Situation hinein sprichst, im Einklang miteinander stehen muß. Wenn dein Herz bis zum Überfließen von Glauben erfüllt ist, wird auch dein Reden vom Glauben bestimmt sein. Nur jemand, der selbst hin- und hergerissen ist, ändert immer wieder seine Meinung. Ein solcher Mensch kann von mir keine Antwort erwarten; er weiß ja selber nicht, was er glaubt.

Wenn du dich krank fühlst, fängst du dann an, dir Sorgen zu machen, oder gehst du in meinem Namen gegen das Krankheitssymptom an und befiehlst ihm zu verschwinden? Setze deinen Glauben und deine Vollmacht ein, um Krankheiten abzuwehren.

Liebes Kind, was du allgemein über deine Situation sagst, muß mit dem übereinstimmen, was du betest. Und was du betest, muß mit dem übereinstimmen, was ich sage. Dann wirst du mit äußerster Zuversicht beten und reden können.

Mt 17,19-20; Lk 6,45; 1.Joh 5,14-15; Jak 1,6-8

39

Die Macht deiner Worte

„Mit [der Zunge] loben wir den Herrn und Vater, und mit ihr
fluchen wir den Menschen ... Das soll nicht so sein, liebe
Brüder."

(Jak 3,9-10)

Mein Kind, gebrauche deine geistliche Vollmacht. Was meinst
du, warum ich sie dir gegeben habe?

Nachdem Jesus den Feigenbaum verflucht hatte, stellten die
Jünger am folgenden Tag erstaunt fest, daß er schon eingegangen
war. Warum hat es sie so sehr überrascht? Was immer Jesus segnete,
war gesegnet; was immer Jesus verfluchte, war verflucht. Er sprach
immer mit meiner Vollmacht.

Dein Reden kann Segen oder Fluch sein. Du hast Vollmacht, im
Namen Jesu zu reden und zu beten. Was du sagst, hat großen Einfluß
auf das, was geschieht, ganz gleich, ob du dir dieser Tatsache
bewußt bist oder nicht.

Du lernst es, Menschen Segen, Heilung und Befreiung zuzu-
sprechen. Du kannst aber auch Kritik, Versagen, Gericht, Verdammnis aussprechen – sogar Verfluchungen. **Sei dir der Macht
bewußt, die in allem liegt, was du sagst, zum Guten oder zum
Bösen.**

Ich möchte, daß du im Glauben sprichst und ohne Furcht, und
zwar Segen und nicht Fluch! **Je mehr du in meiner Vollmacht
redest, umso mehr kann meine Kraft in einer Situation wirksam werden. Du hast Vollmacht, das, was du sagst, wahr werden zu lassen.**

Wenn du eine falsche Aussage über dich selbst machst, stellst
du dein Leben unter diese Worte. Viele verfluchen sich selbst durch
die Dinge, die sie über sich sagen, anstatt dem zuzustimmen, was
mein Wort über sie sagt. Es ist nötig, daß sie Buße tun.

Am Tag des Gerichts werden alle Rechenschaft geben müssen
für jedes Wort, das sie leichtfertig gesprochen haben. **Sei dir der
Macht deiner Worte bewußt und bedenke, daß alles, was du
sagst, von Bedeutung ist.**

Jesus sprach nur dann einen Fluch aus, wenn es seine Absicht war. Er sprach nur dann ein Urteil aus, wenn es nötig war. Wenn er jemanden zurechtwies, geschah es in Liebe. Er sprach nicht hinter dem Rücken der Leute negativ oder gedankenlos über sie. Er wollte immer segnen. Willst du das nicht eigentlich auch? Du möchtest Segen über dich und andere bringen. **Bedenke also, welche Auswirkung deine Worte haben, auf dein eigenes Leben und das der Menschen, mit denen du sprichst.**

Liebes Kind, deine Zunge ist wie das Ruder, das den Kurs eines Schiffes bestimmt. Halte dein Leben auf dem Kurs meines Wortes, denn wo deine Rede meinem Wort widerspricht, weichst du vom Kurs ab; du entfernst dich von dem Ziel, das ich für dich habe. **Stimme meinen Worten zu, denn durch die Erneuerung deines Denkens wird in deinem Leben die Veränderung eintreten, nach der wir uns beide sehnen, du und ich. Achte darauf, daß dein Denken mit meinem Wort übereinstimmt, mein Kind.**

Jak 3,3-12; Mt 21,18-22; Röm 12,14; Mt 12,34-37; 1.Petr 4,11; Röm 12,2

40

So soll es geschehen!

„Sondern sprich ein Wort, so wird mein Knecht gesund."

(Lk 7,7)

W as ich in dein Leben hinein spreche, wird gewiß geschehen. Manchmal spreche ich unmittelbar durch mein Wort, manchmal durch meinen Geist. Manchmal benutze ich einen Menschen als mein Sprachrohr. Entscheidend ist nicht die Stimme, sondern das Wort, das ich an dich richte.

Was möchtest du von mir hören? Möchtest du, daß ich dir mein Mitgefühl mit deiner Krankheit ausspreche? Erwartest du Erklärungen für das Vorhandensein bestimmter Symptome? Möchtest du wissen, warum dein Leib oder deine Seele krank ist? Hilft es dir wirklich, wenn du dies alles weißt? Habe ich den Menschen denn auf diese Weise geholfen, als Jesus auf der Erde war?

Nein, er hat sich nicht mit detaillierten Situationsanalysen aufgehalten. Er sprach einfach ein Machtwort, und die Kranken wurden gesund. Ist es das nicht, was du möchtest – gesund werden? Ist es das nicht, was du brauchst – das einfache vollmächtige Wort, das dich erlöst und dir Heilung bringt? Ich bin ganz gewiß bereit, das Wort zu sprechen. Bist du in der Lage, es anzunehmen?

Jesus hat gesagt: **„Dir geschehe, wie du geglaubt hast." – „Dir geschehe nach deinem Glauben."**

Dieser Grundsatz gilt heute noch. Glaubst du, daß ich in Kraft und Vollmacht zu deinem Herzen sprechen werde und daß das, was ich sage, gewiß geschehen wird? Oder wäre das zu einfach für dich, zu direkt und unmittelbar? Richtest du deine Hoffnung eher auf Menschen oder auf Methoden? Erkennst du die Autorität meines Wortes an? Hörst du auf die Stimme meines Geistes?

Ich gebrauche Menschen, aber ich lasse mich nicht auf ihre Methoden festlegen. Mein Geist weht, wo er will, und er weht bereits durch dein Leben, mein Kind. Glaube den Worten, die er zu dir spricht. Denn wahrlich: Wie du glaubst, so soll es geschehen!

Lk 7,1-10; Mt 9,29; Mt 8,13; Joh 3,8

41

Sei geheilt!

„Ich bin der Herr, dein Arzt."

(2.Mose 15,26)

„Fürchte dich nicht, glaube nur!"

„Tu dich auf!"

„Steh auf und geh."

„Dein Glaube hat dich geheilt."*

Mein Kind, nimm meine Heilung an. Ich sage dir ganz klar: „Ich will es tun." Ich habe dich lieb und rühre dein Leben mit meiner Liebe an. Dies ist das Werk meiner Gnade und die Antwort auf deine Sehnsucht. Du kannst nun empfangen, worauf du gewartet hast. Mein Geist ist in dir am Werk, in diesem Augenblick. Ich spreche mein vollmächtiges Wort. Die Krankheit verläßt deinen Leib. Heilung strömt in dich hinein. Sei geheilt in meinem Namen, zu meiner Verherrlichung.

Mk 5,36; Mk 10,52

---

* Mk 10,52 in der englischen Übersetzung (New International Version) und in der Revidierten Elberfelder Bibel.

42

Ein Glaubensschritt

„Und Petrus stieg aus dem Boot und ging auf dem Wasser und kam auf Jesus zu."

(Mt 14,29)

Als Jesus Petrus berief, wußte er, daß Petrus ein Hitzkopf war. Aber er hatte ein gutes Herz und war ein natürlicher Leiter. Er besaß vielversprechende Eigenschaften. Er war bereit, Glaubensschritte zu wagen und hatte keine Angst, Fehler zu machen; durch persönliches Versagen ließ er sich nicht beirren.

Petrus ging über das Wasser! Er war der einzige, der die Kühnheit besaß, aus der Sicherheit des Bootes herauszutreten. Jesus tadelte ihn wegen seines Unglaubens, als er anfing zu sinken. Petrus ging im Glauben los und wäre weiter über das Wasser gegangen, wenn sein Glaube fest geblieben wäre und sich nicht von Wind und Wellen hätte beeindrucken lassen. Er lernte in dieser Situation, daß dem, der im Glauben an mich handelt, nichts unmöglich ist.

Setzt du mir manchmal Grenzen, Kind?

Petrus war der erste, der Jesus als meinen Sohn erkannte. Zunächst konnte er jedoch nicht akzeptieren, was Jesus über sein Leiden und seine Kreuzigung voraussagte. Er hörte statt dessen auf die Stimme der Vernunft, die oft der Wahrheit widerspricht.

Durch diese Erfahrung lernte er eine weitere wichtige Lektion: Er konnte in einem Augenblick noch mein Sprachrohr sein und im nächsten Moment die Meinung des Feindes vertreten, der die Wahrheit bekämpft.

Verschließt du dich vielleicht manchmal gegen meine Wahrheit, weil du eher auf deinen Verstand hörst? Fängst du im Glauben an mich an, um dann den Umständen mehr zu glauben als mir?

Als Jesus bei seiner Festnahme von allen Jüngern verlassen wurde, blieb Petrus wenigstens noch in seiner Nähe. Er war sich so sicher gewesen, daß er Jesus nie im Stich lassen würde. Aber schließlich, nachdem er ihn verlassen hatte, verleugnete er ihn dreimal.

Aber Jesus hat ihn nicht verurteilt. Er begegnete ihm mit Erbarmen und nicht als Richter.

Du hast mich manchmal verleugnet, nicht wahr, mein Kind? Und du hast dich nicht getraut, aus dem Boot zu steigen. Manchmal hast du im Glauben einige Schritte getan und hast dann aufgehört, auf mich zu sehen. Manchmal hast du zunächst meine Worte gesprochen, hast dich dann aber gegen die Wahrheit gestellt.

Das Scheitern von Petrus ist in der Schrift festgehalten worden, damit du daraus lernen kannst. **Du sollst erkennen, daß ich dich nicht verdamme oder aus der Gemeinschaft mit mir ausschließe, weil du versagst.** Ich will dir vergeben, dich annehmen und dich wieder aufrichten und zu mir ziehen.

Der Anblick Jesu in seinem Auferstehungsleib wusch in Petrus alle Gefühle der Angst und der Enttäuschung über sich selbst weg. Bei dir ist es nicht anders, nicht wahr? Eine einzige Begegnung mit mir reißt dich aus deinen Selbstanklagen und befreit dich von dem Eindruck, versagt zu haben. Du erkennst, daß ich mit dir gewesen bin, auch dann, wenn du mir nicht vertraut hast. Weil du in diesen Zeiten meine Hand losgelassen hast, ist manches schiefgegangen, aber ich habe dich nie verlassen. Ich habe darauf gewartet, daß du zu mir kommen und mich um Hilfe und Vergebung bitten würdest.

Verdamme dich nicht selbst zu einem Leben, in dem du ständig mit deinem Versagen rechnest.

Sieh dir die Veränderungen an, die an Petrus geschahen, als er mit dem Heiligen Geist erfüllt wurde! Er wurde ein kühner und unerschrockener Verkünder der Wahrheit. Ich gebrauchte ihn, um gewaltige Wunder zu tun. Er trat den Machthabern, die sich gegen ihn stellten, mutig gegenüber. Er machte immer noch Fehler, er schloß Kompromisse, und Paulus mußte ihn korrigieren, aber er gehorchte, als ich ihn zu Kornelius schickte. Er hatte gelernt, eher mir zu gehorchen als auf seinen eigenen Verstand zu hören.

Jeder meiner Jünger absolviert ein Trainingsprogramm, das ich persönlich überwache. Du bist mit einem Glauben ausgerüstet worden, der die gleiche Qualität hat wie der Glaube des Petrus und der anderen Apostel. Solcher Glaube ist in dir. Wenn du dein Vertrauen in mein Wort setzt, wirst du viel größere Zuversicht haben als bisher. Du wirst nicht mehr so leicht aus der Haut fahren oder entmutigt sein, wenn du in schwierige Situationen gerätst oder auf Widerstand stößt. Wie Petrus im Gefängnis wirst du mir mitten in den Schwierigkeiten vertrauen und wirst wieder und wieder mein rettendes Eingreifen erfahren.

Finde dich sowohl in den Erfolgen als auch in den Mißerfolgen dieser Männer wieder. Derselbe Geist, der in ihnen gewohnt hat, wohnt auch in dir.

Mt 14,25-32; Mt 16,21-23; Joh 21,15-19; Apg 3,1-16; 2.Petr 1,1; Ps 34,20

43

Ich habe dich lieb

„... weil du in meinen Augen so wert geachtet und auch herrlich
bist und weil ich dich liebhabe."

(Jes 43,4)

Weil ich dich liebhabe, habe ich Jesus gesandt, um für **dich** zu
sterben. Weil ich dich liebhabe, werde ich dich zum ewigen
Leben bei mir in der Herrlichkeit auferwecken. Weil ich dich
liebhabe, möchte ich dich immer bei mir haben.

Ich bitte dich, mein Kind, nicht an meiner Liebe zu zweifeln.
Du hast meine Vergebung und bist von mir angenommen. Du
brauchst keine Angst zu haben, daß ich zu viel von dir verlange. Du
bist kein Versager; du bist mein Kind.

Alle Jünger Jesu haben Fehler gemacht, trotzdem wurde allen
vergeben und neu Mut gemacht, außer dem einen, der verloren
gehen mußte. Aber du bist kein Judas! Im Gegensatz zu ihm hast
du meinen Geist empfangen, die Garantie dafür, daß du mir ange-
hörst und ein ewiges Erbe hast.

Ich möchte das Allerbeste für dich. Das Zweitbeste ist nicht
gut genug, weil du mir gehörst! Ich habe für dein Leben einen Plan,
so, wie ich ihn auch für das Leben Jesu hatte. Ich verschweige dir
nicht, daß das Ausführen meines Planes manchmal Opfer verlangen
wird. Es erfordert die Hingabe deines ganzen Lebens. Du sollst
mich von ganzem Herzen lieben, ohne Einschränkungen. Aber was
bedeuten schon die Kosten, verglichen mit dem Gewinn?

Du bist mit mir zusammen in ein Joch gespannt. Mein Joch
ist sanft. Meine Last ist leicht. Verstehst du, was ich damit sagen
will? Selbst wenn du meinst, dem Streß und dem Druck der
Anforderungen nicht mehr gewachsen zu sein, werde ich die Last
tragen, weil wir gemeinsam in ein Joch gespannt sind. Ich werde
dem Druck standhalten. Wieviel du mir auch auflädtst, es wird mich
nie erdrücken. Du kannst dich sogar selbst ganz auf meine Schultern fallen lassen, und ich werde dich tragen.

Liebes Kind, es werden Zeiten kommen, in denen du dich zu
schwach fühlst, um weiterzugehen. Was vor dir liegt, wird dir so
schwer erscheinen, daß du keinen Weg mehr siehst. **Ich verspreche**

dir, ich werde dich tragen. Sei nicht wie ein störrisches Kind, das nicht getragen werden will. Bestehe nicht auf deiner Unabhängigkeit. Laß es zu, daß ich dich auf meine Arme nehme, die nie ermüden. Ich gebe dir Schutz im Schatten meiner Flügel. Ich berge dich bei mir. **Weil ich dich liebhabe, möchte ich dich ganz nahe bei mir haben.** Scheue dich nicht davor, mir nahezukommen. Ich werde immer auf dich warten.

Röm 5,8; 1.Joh 3,1; Eph 1,13-14; Mt 11,28-30; Jes 43,1-7; Jes 40,11; Jes 41,9-10

44

Ich heile die Verzweifelten

„Er heilt, die zerbrochenen Herzens sind, und verbindet ihre Wunden."

(Ps 147,3)

Mein liebes Kind, vielleicht ist jemand plötzlich von dir genommen worden, der dir sehr lieb war. Ich konnte sehen, wie dein Herz brach. Ich habe deine Tränen gesehen; ich wußte, daß du wie betäubt warst, daß du dich völlig leer fühltest. Ich habe dein Schreien gehört: „Warum? Warum?"

Eine Zeitlang schien dein Schmerz dich von mir getrennt zu haben. Aber dann hast du mich im Schmerz entdeckt. Ja, ich war noch mit dir, wenn du auch nicht verstehen konntest, was geschah. Du hast dich mit letzter Kraft an meine Verheißungen geklammert, nicht wahr?

Und dann hast du allmählich erlebt, wie ich gebrochene Herzen heile. Selbstmitleid hat dir nicht geholfen, nicht wahr? Es hat nur der Bewältigung deines Schmerzes im Weg gestanden. Eine Zeitlang hast du dich gefragt, was dein Leben überhaupt noch für einen Sinn haben konnte. Plötzlich schien alles ins Wanken gekommen zu sein. Erinnerst du dich an den Augenblick, in dem dein Leben nur noch an einem Faden zu hängen schien? Du dachtest, es wäre am einfachsten, wenn der Faden durchgeschnitten würde und alles zu Ende ginge.

Aber ich habe dich durch diese Zeit hindurchgebracht. Ich habe dir Menschen an die Seite gestellt, die dich getröstet haben, als du dachtest, niemand könnte verstehen, was du gerade durchmachtest. **Das Entscheidende war, daß du allmählich begriffen hast, daß ich dich verstanden habe, daß mir dein Schmerz nicht gleichgültig war, daß ich allein die Leere in dir füllen konnte, daß nur ich die Wunde heilen konnte, die du tief in dir trugst.**

Und so ist deine Heilung allmählich vorangeschritten. **Der Wendepunkt kam, als du aufgehört hast zurückzuschauen und dich nach vorn gewandt hast. Das war der Moment, in dem dein Selbstmitleid nachließ und wieder Raum entstand für Glauben.**

94

Erinnerst du dich, wie ich dich getragen habe, als du dachtest, du könntest keinen Glauben mehr aufbringen? Ich habe dich an den Punkt zurückgebracht, an dem du wieder Vertrauen haben kannst. Jetzt weißt du, daß dein Leben nicht vorbei ist, daß ich noch etwas mit dir vorhabe. Du bist durch die Erfahrung, durch die ich dich geleitet habe, sogar gewachsen, Kind. Inzwischen bist du feinfühliger im Umgang mit anderen, und du bist gegen alltägliche Probleme widerstandsfähiger geworden. Du hast erlebt, daß ich dich durch eine sehr schwere Zeit geführt habe; nun weißt du, daß ich dich nie verlassen werde, was die Zukunft auch bringt.

Mein Kind, ich heile die, deren Herz zerbrochen ist. Freue dich, ich habe dich geheilt.

Ps 147,3; Jes 43,18-19

45

Er starb, um dich heil zu machen

„Er war so verachtet, daß man das Angesicht vor ihm verbarg; darum haben wir ihn für nichts geachtet."

(Jes 53,3)

Ich habe meinen Sohn gesandt, um ihn an deiner menschlichen Schwachheit teilhaben zu lassen. Ich habe ihn gesandt, um für dich zu leiden, damit du aus allen Bindungen befreit werden konntest. Ich habe zugesehen, wie er am Kreuz gelitten hat, ohne selbst einzugreifen, weil dieses Opfer notwendig war, um dich von deiner Sünde und aus allen anderen Bedrängnissen zu befreien. Es war notwendig, daß mein Sohn stellvertretend für die vielen litt, die in nachfolgenden Generationen meine Kinder werden sollten.

Am Kreuz war er bis zur Unkenntlichkeit entstellt. Die Mächte der Finsternis und die Menschen, die sich im Bann solcher Mächte befanden, hatten ihr Äußerstes getan. Nun sollte er sich als der Sieger erweisen.

Ich möchte, daß du das volle Ausmaß dessen verstehst, was geschah, als Jesus für dich starb. Ich möchte, daß du siehst, wie vollkommen er sich mit jeder Not deines Lebens identifiziert hat.

Er war aller seiner Schönheit beraubt, als er dort hing. An seiner Erscheinung war nichts Anziehendes mehr. Und doch war und blieb dies mein Sohn!

Erkennst du, daß er sich vollkommen mit denen identifizierte, die sich in ihrer Erscheinung oder in ihrer Persönlichkeit für unattraktiv halten? **Er war eins mit den Verkrüppelten und Mißgebildeten.** Er starb, um sie heil zu machen.

Er ist nicht nur von denen verachtet worden, die die Kreuzigung veranlaßt haben, sondern auch von Männern und Frauen nachfolgender Generationen. Ja, **er ist für die gestorben, die ihn verachtet haben!** Sieh doch nur, wie viele ihn heute noch verachten. Sie lästern ihn; sie ziehen seine Lehre ins Lächerliche und ignorieren seinen Anspruch, mein Sohn zu sein. Immer noch gibt es unzählige Menschen, die anderen Göttern dienen und damit den einen wahren

Gott verachten, der sein Leben für sie gegeben hat. In der Opfertat Jesu zeigt sich das ganze Ausmaß meiner Liebe.

Er verlangt von dir, daß du sogar deine Feinde liebst, weil er das auch getan hat.

Er lebte als ein Ausgestoßener im Angesicht derer, die sich gegen ihn stellten. Die endgültige Ablehnung, die er erfuhr, war grausamer als jede von Menschen erlittene Ablehnung. Er war ein Mann der Schmerzen und mit Leiden vertraut. Und er hat nichts von alledem verdient.

Alle Verachteten können ihre Annahme in ihm finden. Alle, die abgelehnt worden sind, werden von ihm angenommen. Alle, die Leid erfahren haben, finden ihren Trost in dem Einen, der in ihr Leiden hineingekommen und ihnen darin begegnet ist. Alle, die ein Leben voller Leid geführt haben, können ihre Antwort in ihm finden.

Mein liebes Kind, von mir wirst du nun nicht mehr verachtet oder abgewiesen. Ich will nicht, daß du von Kummer und Leid gequält wirst. Du lebst in ihm, meinem geliebten Sohn; er hat gelitten, damit du von mir angenommen werden konntest und damit du dein Leben erfüllt vom Leben meines Geistes führen kannst.

Gibt es nun noch einen Preis, den du für deine Erlösung bezahlen mußt? Nein, er ist bereits bezahlt worden. Gibt es jetzt, wo du erlöst bist, Kosten, die du tragen mußt? Ja, es gibt einen Preis, den du als Erlöster zahlst: jetzt am Leiden Jesu teilzuhaben.

Weil du ihn liebhast, werden manche dich verachten und dich wegen deiner Treue zu ihm ablehnen. Aber was bedeutet das schon, verglichen mit der Freude darüber, daß du weißt, ich habe dich für ewig angenommen?

Wie Jesus wirst du dich mit Trauer nach den Verlorenen umsehen; du wirst über die Unerlösten weinen, die die Rettung, die ich ihnen durch Jesus anbiete, verschmähen.

Bete, mein liebes Kind, daß mein Reich ausgebreitet wird, daß andere Menschen anfangen, an die erlösende Liebe meines Sohnes zu glauben, damit sie aus der Finsternis in sein wunderbares Licht gebracht werden können.

Jes 53,1-12; Kol 2,15; Mt 5,44; 1.Joh 4,13; Röm 8,17

46
Zeichen und Wunder

„Die Zweiundsiebzig aber kamen zurück voll Freude und sprachen: Herr, auch die bösen Geister sind uns untertan in deinem Namen."

(Lk 10,17)

Die Jünger waren angesichts der Wunder und Heilungen, die Jesus vollbrachte, von Ehrfurcht ergriffen. Es war üblich, daß sich Scharen von Menschen um ihn drängten, die geheilt werden wollten.

Als ihr Glaube und ihre Erwartungshaltung stark genug geworden waren, gab Jesus den Jüngern Vollmacht zu heilen. Einige waren zunächst etwas zaghaft. Selbst in seinem Namen ausgesandt zu sein, um ähnliche Dinge zu tun wie er, war etwas ganz anderes, als Jesus zuzusehen.

Die Wunder, die durch sie geschahen, waren Zeugnis für die Wahrheit, die sie verkündigten, wenn sie vom Reich Gottes sprachen. Während sie die gute Nachricht vom Kommen meines Reiches weitergaben, übten sie ihre Vollmacht aus, Menschen im Namen Jesu zu heilen und zu befreien, und sie waren voller Freude über das, was geschah. Sie waren begeistert, zu erleben, daß ihnen in der Kraft seines Namens sogar die Dämonen gehorchten.

Kind, ich gebe heute meinen Jüngern dieselbe Vollmacht, denn es ist dasselbe Evangelium, das sie verkündigen. Alle, die in meinem Namen gesandt werden, erhalten den Auftrag, das Reich Gottes im Wort und in der Kraft zu verkündigen. Ich möchte, daß sie glauben, daß ich ihre Botschaft durch Zeichen und Wunder bestätigen werde, die ihre Verkündigung begleiten.

Sie brauchen keine Angst zu haben, daß ich sie im Stich lassen werde. Weshalb also nutzen nur so wenige Prediger heute meine Kraft und meine Vollmacht? Einige sind nicht wirklich von mir beauftragt, andere glauben nicht, daß ich sie in dieser Weise gebrauchen will. Wieder andere meinen, die Botschaft selbst sei genug; sie sind nicht dazu bereit, durch Erweise meiner Macht zu zeigen, daß sie wahr ist. Es ist traurig, daß dadurch meinem Volk viel Segen vorenthalten wird.

Jesus predigte wirksamer als jeder andere; trotzdem hat er die Wahrheit seiner Botschaft mit Zeichen seiner Macht bekräftigt. In den frühen Jahren der Kirche blieben die Apostel dabei zu glauben, daß Zeichen und Wunder ihre Predigt begleiten würden. Viele machen auch heute noch diese Erfahrung, weil ich meiner Kirche heute immer noch dieselbe Vollmacht gebe. Die Kraft, mit der ich ausrüste, ist uneingeschränkt wirksam. Wer mein Wort glaubt und diese Vollmacht gebraucht, erlebt mein Handeln, das vielen Menschen Segen bringt und die verkündigte Botschaft bestätigt.

Es macht mich traurig, mein Kind, einige sagen zu hören, sie seien damit zufrieden, das Evangelium ohne Zeichen und Wunder zu predigen. Es freut mich zwar, daß sie das Evangelium verkündigen wollen, aber ich möchte meinem Volk in seinen Nöten mit meiner Barmherzigkeit und Liebe begegnen. Ich möchte erlösen, heilen und befreien. Je mehr ich im Leben meiner Kinder tue, um so mehr werde ich in ihnen verherrlicht. Jedes Werk meiner Gnade verherrlicht mich. Der Dank meiner Kinder steigt zu meinem Thron auf.

Lk 10,16-20; Mt 14,35-36; Mk 16,17-20; Joh 14,11-14; 1. Kor 2,4-5

Glaube schafft Resultate

„Er bitte aber im Glauben und zweifle nicht."

(Jak 1,6)

Manchmal war Jesus von seinen Jüngern enttäuscht. Er lehrte sie die praktische Anwendung von Glauben: Sie sollten meine übernatürlichen Kraftquellen nutzen und mit meinem Eingreifen als Antwort auf ihre Gebete rechnen.

Als Jesus vom Berg der Verklärung herabkam, versuchten seine Jünger, einen epileptischen Jungen zu heilen. Offensichtlich war auf ihr Gebet hin nichts geschehen. Sie sahen zu, wie der Junge sich auf dem Boden herumwälzte; sie schenkten den Symptomen mehr Glauben als meinem Sieg über sie.

Was wird in solchen Situationen gesagt? – „Sie können es nicht." – „Gott will ihn nicht heilen." – „Diese Krankheit ist unheilbar."

Was hat Jesus gesagt? – „O du ungläubiges und verkehrtes Geschlecht, wie lange soll ich bei euch sein? Wie lange soll ich euch ertragen? Bringt den Jungen her zu mir!"

Er war empört; **ihm war alles möglich, und das gleiche gilt für jeden, der an ihn glaubt!**

Nachdem Jesus den Jungen geheilt hatte, fragten ihn die Jünger, warum sie keinen Erfolg gehabt hatten. Er verheimlichte ihnen die Wahrheit nicht: **Der Grund war ihr Kleinglaube.** Eine solche Krankheit konnte nur durch das Gebet des Glaubens geheilt werden.

Als Jesus sich gegen die Dämonen wandte, die die Ursache der Krankheit waren, waren sie sofort besiegt, und der Junge war geheilt. **Glaube bringt immer Resultate, er äußert sich in Vollmacht.** Jesus erreichte das, was er erwartet hatte.

Das gilt auch für dich, mein Kind. **Glauben heißt, eine sichere Erwartung zu haben. Glaube ist eine feste Zuversicht auf das, was man hofft, und ein Nichtzweifeln an dem, was man nicht sieht.** Der Glaube kennt kein Fragezeichen.

Du fragst dich, wie du eine solche Sicherheit erlangen kannst. Nur dadurch, daß du mein Wort hörst, es in dein Herz aufnimmst und glaubst, was ich sage, weil ich es bin, dein Herr, der gesprochen hat.

Mein Kind, du sollst deinen Glauben nicht in Ereignisse, in Heilungen und Befreiungsgeschehen setzen. Ich muß der Mittelpunkt deines Glaubens sein. **Du glaubst an mich, und deshalb glaubst du, was ich sage.**

Himmel und Erde werden vergehen, aber meine Worte werden niemals vergehen. Halte an meinen Worten fest. Glaube mir, was ich über dich sage, über deine Lebensumstände und über meinen Plan mit dir.

Jak 1,5-8; Mt 17,14-21; Joh 14,12; Hebr 11,1

48

Mein Sieg in dir

„Gott aber sei Dank, der uns den Sieg gibt durch unsern Herrn Jesus Christus!"

(1.Kor 15,57)

Jesus hat mehr als nur deine Sünde mit ans Kreuz genommen. Er hat dich selbst, den Sünder, mitgenommen. Er hat nicht nur deine Krankheiten ans Kreuz gebracht, sondern den, der krank ist, selbst. Er hat nicht nur deine Not mit ans Kreuz genommen, sondern den, der die Not hat. Jesus ist nicht für Sünde, Krankheit und Not gestorben. Er starb für die Menschen, um sie daraus zu befreien. Er ist für dich gestorben. Er hat dich ganz, mit allem, was zu dir gehört, ans Kreuz gebracht, damit du ganz und für immer mir gehören kannst.

Du bist mit Christus gekreuzigt worden. Jetzt lebst nicht mehr du, sondern Christus lebt in dir. Dies ist an dem Tag, an dem du dich entschieden hast, an mich zu glauben, für dich zur Wirklichkeit geworden. **Der alte Mensch, der du einmal warst, ist tot und begraben. Ich habe dich zu einem völlig neuen Leben auferweckt; du bist eine neue Schöpfung.**

Ich habe dich in Christus hineinversetzt, damit dir all das zugute kommen kann, was er getan hat. Sein Leben wird dein Leben. Du lebst in ihm und er in dir.

Freue dich über die wunderbare Nachricht von deiner Erbschaft. Ich habe dich mit jedem geistlichen Segen des Himmels gesegnet, denn alle diese Segnungen sind in Christus, und du bist in ihm. Ich verspreche dir, daß ich all deinem Mangel abhelfen werde, aus dem Reichtum meiner Herrlichkeit heraus. **Du lebst in ihm, der herrlich und siegreich ist.**

Erkennst du, daß du in seinem Sieg lebst, daß ich dich immer im Triumphzug Christi mitführe*? Viele verdammen sich selbst zu einem Leben voller Versagen, Angst und Niederlagen, weil sie glauben, sie müßten selbst den Sieg erringen. Wenn sie kämpfen,

---

*   Siehe 2.Kor 2,14: Die Gute Nachricht und Revidierte Elberfelder Bibel; Einheitsübersetzung: im Siegeszug Christi.

scheinen sie jedesmal zu verlieren. **Es ist schwierig, einen Sieg erringen zu wollen, der schon gewonnen ist! Wahrer Glaube überwindet die Welt, weil er sich auf die Tatsache beruft, daß Jesus gesiegt hat und daß er niemanden im Stich läßt, der sein Vertrauen in ihn setzt.**

Laß diese Offenbarung jeden Tag in deinem Herzen brennen: Du bist in Christus, und er ist in dir. In jeder Situation, in der du dein Vertrauen in ihn setzt, wird sein Sieg zu deinem Sieg. **Jesus hat die Sünde besiegt. Jesus hat die Krankheit besiegt. Jesus hat den Teufel besiegt. Jesus hat alle Not überwunden. Ich führe dich IMMER in seinem Siegeszug mit.**

Mein liebes Kind, du wirst Schwierigkeiten bekommen und Verfolgung erleiden müssen, das ist unvermeidlich. Wenn du die Wahrheit begreifst, von der ich rede, kannst du guten Mutes sein, weil Jesus die Welt überwunden hat. Glaube meinem Wort, und deine Situation wird sich ändern. Du brauchst nicht mehr im Versagen und in der Niederlage zu leben.

Röm 6,8; Gal 2,20; Eph 1,3; Phil 4,19; 2.Kor 2,14; 1.Joh 5,4; 1.Joh 4,4

Ich kenne dich

„Herr, du erforschst mich und kennst mich."

(Ps 139,1)

Ich weiß alles über dich, Kind. Ich weiß, wann du dich hinsetzt und wann du aufstehst. Ich erkenne deine Gedanken von fern. Nicht einmal einen Gedanken kannst du vor mir verbergen.

Ich weiß, wann du die negativen Dinge glaubst, die der Teufel und dein eigenes Fleisch dir einreden wollen. Ich weiß, wann du dir Sorgen machst und über die Situation, in der du dich befindest, beunruhigt bist. Ich weiß, wann du dir die negativen, anklagenden Dinge zu Herzen nimmst, die andere dir sagen, statt dich mit dem Schild des Glaubens zu schützen.

Ich weiß, wann du ausgehst und wann du dich schlafen legst. Ich kenne alle deine Gewohnheiten. Bevor ein Wort auf deine Zunge kommt, weiß ich es schon. Ja, ich kenne dein Herz, Kind.

Ich weiß, daß du nicht plötzlich deine Denkweise und dein Herz ändern kannst, wenn du betest.

Viele verrichten Gebete, die sie für Gebete des Glaubens halten, und wundern sich dann, warum sie offenbar keine Antwort bekommen. Ich allein weiß, ob jemand glaubt. Ich merke, wann echter Glaube in einem Herzen ist, denn er bleibt auch außerhalb der Gebetszeiten bestehen.

Hast du noch nicht bemerkt, daß manchmal meine Hilfe eingetroffen ist, bevor du gebetet hast? Das geschieht, wenn ich den Glauben in deinem Herzen gesehen habe. In diesen Situationen brauche ich nicht auf deine Gebetszeiten zu warten, um dir zu antworten!

Du wunderst dich manchmal über mein Gebot, ohne Unterlaß zu beten. Das erscheint dir unrealistisch, und du meinst, solches Beten sei nur weit geistlicheren Menschen möglich, als du es bist.

Aber siehst du, mein Kind, weil ich alle deine Gedanken kenne, ist in einer gewissen Weise schon dein Denken eine Art ständiges Beten. Siehst du jetzt, wie wichtig es ist, daß du jeden negativen Gedanken, der sich gegen mein Wort auflehnt, sofort zurückweist?

Es ist nötig, daß du jeden Gedanken ergreifst und dafür sorgst, daß er Christus gehorcht.

Bedenke, daß ein kleines Hefestückchen einer negativen Einstellung ausreicht, um den ganzen Teig zu durchziehen. Ich sage dir dies, um dir zu helfen.

Siehst du, mein Kind, ich umgebe dich von allen Seiten mit meiner Liebe, die das Beste für dich will. Ich hülle dich darin ein. Fällt es dir schwer, dir das vorzustellen? Es gibt keinen Ort, an dem du dich meiner Gegenwart entziehen kannst. Ich werde meinen Geist nicht von dir nehmen, auch dann nicht, wenn ich in deinem Herzen Kritik, negative Gedanken und Unglauben sehe.

Meine Hand liegt auf dir. Ich habe dich berufen und für mich erwählt. Ich habe dein Innerstes so angelegt, daß ich in dir wohnen kann. Du bist ganz wunderbar gemacht, mein liebes Kind!

Mein Liebes, ich habe dich für den Glauben geschaffen und nicht für den Unglauben, für die Liebe und nicht für die Selbstsucht, für die Freude und nicht für die Schwermut, für den Frieden und nicht für die Unruhe, für Erfüllung und nicht für Unzufriedenheit. Bleibe in mir.

Ps 139,1-4; 1.Thess 5,17; 2.Kor 10,5; Joh 15,4

50
Ich verändere dich

„Ändert euch durch Erneuerung eures Sinnes, damit ihr prüfen könnt, was Gottes Wille ist, nämlich das Gute und Wohlgefällige und Vollkommene."

(Röm 12,2)

Mein Kind, wenn du dich selbst betrachtest, siehst du noch so viele Dinge, in denen du Jesus nicht ähnlich bist, Gewohnheiten, die nicht das Leben und die Gerechtigkeit meines Sohnes widerspiegeln.

Genauso wie es meine Absicht war, dich in Jesus hineinzuversetzen, ist es mein Plan, dich in sein Ebenbild zu verwandeln.

Als Jesus mit Petrus, Jakobus und Johannes auf dem Berg der Verklärung war, veränderte sich plötzlich seine Erscheinung. Bis dahin hatten sie ihn nur als Mensch gesehen, plötzlich stand er ihnen in seiner Herrlichkeit gegenüber.

Weil er vollkommen war, konnte diese Veränderung in einem Moment geschehen. Bei dir ist das anders. Weil du unvollkommen bist, muß ich dich allmählich verändern, von einem Grad der Herrlichkeit zum andern. Mein Geist lebt in dir, um diese Veränderungen zu bewirken.

Wie wird dies geschehen? Durch die Erneuerung deines Denkens. Ich gebe dir mein Wort: **Du wirst durch die Erneuerung deines Denkens verändert werden. Ich möchte dein Denken immer mehr an mein Denken angleichen. Je mehr du denkst wie ich, desto ähnlicher wirst du mir.**

Deshalb möchte ich, daß du mein Wort verstehst. Ich möchte, daß es dir zur Offenbarung wird. Dein Denken muß an den Stellen erneuert werden, wo es nicht mit meinem Wort übereinstimmt.

Weit davon entfernt, dein Denken einzuengen, wird mein Wort dich herausfordern, die engen Grenzen deines Denkens zu durchbrechen. Mein Geist wird dich ermutigen, in Bahnen zu denken, die über die Grenzen des Natürlichen hinausgehen. Er wird dein Denken erweitern und nicht unterdrücken.

Die Stolzen setzen ihren Intellekt über mein Wort und machen sich so des Unglaubens schuldig. **Die Demütigen erkennen, daß meine Gedanken höher sind als ihre Gedanken.** Mein Kind, glaube meinem Wort. Laß es zu, daß dein Denken erneuert und deine gewohnten Gedankenmuster verändert werden, damit du meinen guten, annehmbaren und vollkommenen Willen erkennst.

2.Kor 3,18; Mt 17,1-8; Kol 3,2

51
Eine neue Schöpfung

„Denn ihr seid gestorben, und euer Leben ist verborgen mit Christus in Gott."

(Kol 3,3)

Du bist gesegnet, weil du in ihm lebst, der Segen austeilt, und er lebt in dir!

Du bist gerecht, weil du in ihm lebst, der gerecht ist, und er lebt in dir! Er hat dich von all deiner Ungerechtigkeit gereinigt.

Du bist heilig, weil du in ihm lebst, der heilig ist, und der Heilige lebt in dir.

Du bist mit Liebe erfüllt, denn du lebst in ihm, der die Liebe ist, und er, der die Liebe ist, lebt in dir.

Du lebst in ihm, der mächtig ist, und seine Kraft ist in dir.

Du lebst in ihm, der die Freude ist, und er lebt in dir.

Du lebst in ihm, der der Friedefürst ist, und er lebt in dir.

Du lebst in ihm, der barmherzig ist, und er lebt in dir.

Fängst du an, das zu verstehen, mein Kind? Was zählt, ist nicht, was du einmal warst, sondern das, was du jetzt bist! Sieh dich als die neue Schöpfung, die du bist. Deshalb hat Jesus gesagt: Bleibt in mir, so wie ich in euch bleibe.

Kol 3,1-3; 1.Kor 1,30; Joh 15,4

Das Brot des Lebens

„Ich bin das Brot des Lebens. Wer zu mir kommt, den wird nicht hungern."

(Joh 6,35)

L iebes Kind, ich habe dir das wahre Brot gegeben, das vom Himmel kommt: Jesus! Iß täglich davon, indem du seine Worte der Wahrheit und des Lebens in dich aufnimmst. Er hat dich gelehrt zu beten: „Unser täglich Brot gib uns heute." Denkst du, das bezieht sich nur auf Nahrung für deinen Leib? Ich möchte nicht nur deinen Leib, sondern auch deinen Geist ernähren. Hole dir die Nahrung, die ewiges Leben bringt, die Nahrung, die Jesus dir gibt.

Jeder, der auf meine Stimme hört, kommt zu Jesus und empfängt das ewige Leben durch ihn. Er ist der Weg des Heils, den ich bereitet habe.

Wie kannst du deine Nahrung aus den Worten Jesu bekommen? Höre auf das, was er sagt. Glaube ihm. Setze das, was er sagt, in die Tat um. Empfange das Leben, das in seinen Worten ist.

„So viele ihn aber aufnahmen, denen gab er das Recht, Kinder Gottes zu werden, denen, die an seinen Namen glauben."

„Denn aus seiner Fülle haben wir alle empfangen Gnade um Gnade."

„Wer an ihn glaubt, der wird nicht gerichtet."

„Wer an den Sohn glaubt, der hat das ewige Leben."

„Das ist Gottes Werk, daß ihr an den glaubt, den er gesandt hat."

„So wird auch, wer mich ißt, leben um meinetwillen."

„Wer dieses Brot ißt, der wird leben in Ewigkeit."

Kind, ich habe dir ein Festmahl bereitet, du brauchst nie mehr zu hungern. Und diese Schriftstellen sind nur ein winziger Teil des Mahls!

Joh 6,32-40; Joh 1,12; Joh 3,16-18; Joh 3,36; Joh 6,29; Joh 6,57; Joh 6,58

Jesus ist die Wahrheit

„Ich bin dazu geboren und in die Welt gekommen, daß ich die Wahrheit bezeugen soll. Wer aus der Wahrheit ist, der hört meine Stimme."

(Joh 18,37)

Jesus ist die Wahrheit. Seinem Wort zu widersprechen heißt, mir zu widersprechen. **Man kann Jesus nicht von den Worten trennen, die er in meinem Auftrag gesagt hat. Wenn man seine Worte ablehnt, lehnt man den Weg ab, den ich gewählt habe, um mich zu offenbaren.** Seinen Worten nicht zu gehorchen heißt, einen anderen Weg zu wählen.

Der Einzug meiner Worte in dein Herz bringt dir Licht. Wer glaubt, was meinen Worten widerspricht, öffnet sich der Finsternis. Stelle deinen Verstand nicht über das, was ich durch Jesus über mein Wesen offenbart habe. Wandle in meiner Wahrheit; das ist so, als ob du meine Hand genommen hast, damit ich dich führe und leite.

Du merkst allmählich, daß dich vor allem vier Dinge daran hindern wollen, zu glauben, was ich sage. **Das erste ist dein Verstand. Er soll Diener meines Wortes sein und nicht sein Richter.** Denn mein Wort erweitert dein Denken; aber dein Verstand schwächt die Wirkung der Wahrheit in deinem Leben immer wieder ab. Ich habe dir die Fähigkeit zu denken gegeben, **damit du die Offenbarung meines Wortes fassen kannst.** Dein Verstand zeigt dir auch, wie du das Gehörte anwenden kannst, damit das, was ich sage, in die Tat umgesetzt wird.

Zweitens sind es die Umstände, die oft gegen mein Wort sprechen. Du lernst allmählich, daß dein Glaube an das, was ich sage, die Umstände verändert. Ich werde mein Wort nicht deinem Erfahrungshorizont anpassen. **Ich möchte vielmehr deinen Erfahrungshorizont so erweitern, daß er auf die Ebene meines Wortes gehoben wird.**

Drittens stehen deine Gefühle oft im Widerspruch zu meinem Wort, weil sie von deinen Lebensumständen abhängig sind. Du weißt, wie schnell Gefühle sich verändern, mein Wort dagegen wird sich nie ändern. Worauf ist demnach also mehr Verlaß? Wenn du glaubst, was ich sage, wird mein Wort sich auf deine Gefühle auswirken. **Es gibt kein großartigeres Gefühl als das aus dem vollkommenen Vertrauen in mein Wort herrührende, keine größere Freude als die mit dem Glauben einhergehende.**

Viertens versucht der Feind, dein Vertrauen in mein Wort zu untergraben. Du mußt den Schild des Glaubens ergreifen, mit dem du alle seine feurigen Pfeile ersticken kannst, alle seine verlogenen Anklagen und Anspielungen.

Du lernst langsam, mein Kind, wie nötig es ist, daß du mein Wort kennst, mein Wort studierst, mein Wort annimmst, meinem Wort glaubst und nach meinem Wort lebst. Und du hast mein Versprechen: „Wenn du in mir bleibst und meine Worte in dir bleiben, wirst du bitten, was du willst, und es wird dir widerfahren."

Joh 18,37; Jak 1,22; Joh 8,31-32; Eph 6,16

54

Die Jünger verlassen Jesus

„Daran merken wir, daß wir ihn kennen, wenn wir seine Gebote halten... Wer sagt, daß er in ihm bleibt, der soll auch leben, wie er gelebt hat."

(1.Joh 2,3.6)

Viele seiner Jünger kehrten um und hörten auf, Jesus nachzufolgen, als er Dinge sagte, die sie nicht akzeptieren konnten. Er lief ihnen nicht nach und versuchte sie nicht zum Bleiben zu überreden. Er schlug ihnen nicht vor, ihnen zuliebe in seinen Worten und im Stil seines Dienstes Kompromisse einzugehen. Er sah zu, wie sie gingen, und es waren viele.

Dann fragte er die Zwölf, ob sie ihn auch verlassen wollten. Verstehst du, was hier geschah?

Jesus würde nie jemandem seinen Willen aufzwingen. Er würde nie jemanden zwingen, seinen Worten zu glauben oder der Wahrheit zu gehorchen. Die Zustimmung jedes Einzelnen muß freiwillig und aus Liebe gegeben werden.

Viele wollen sich ihre eigene Religion schaffen, sie glauben das, was ihnen zusagt, und lassen alles andere aus. Das genügt mir nicht! Wahre Jünger wissen, daß ein Christ jemand ist, der an Jesus glaubt und deshalb **alles** akzeptiert, was er sagt. Was ich durch meinen Sohn sage, läßt keinen Raum für Widerspruch. Es liegt bei jedem Einzelnen, das, was er sagt, entweder anzunehmen oder abzulehnen. Wer seine Worte ablehnt, lehnt ihn ab. Und wer ihn ablehnt, lehnt mich ab.

Ich führe dich **immer** im Triumphzug Christi mit.* Dies ist nur deshalb möglich, weil du glaubst, was ich sage. Einige mögen diese Sprache nicht. Sie lehnen sie als triumphalistisch ab. Es geht aber um die Offenbarung meines Wortes. Es ist meine Absicht, dich von Sieg zu Sieg zu führen. Du erwartest doch nicht etwa, daß ich dich von Versagen zu Versagen führe, Kind?

---

*   vgl. Kapitel 48

Wer das Reden vom Sieg nicht mag, führt offensichtlich selbst kein siegreiches Leben. Der Grund ist mangelnder Glaube an das, was ich sage.

Weil du mir glaubst, kannst du erwarten, daß ich dich durch jede Situation siegreich hindurchbringe, ganz gleich, wie schwierig sie dir erscheint. Reagiere nicht wie die, die weggegangen sind, bleibe vielmehr unter denen, die nachfolgen. Ich werde dich durch alle Zeiten der Angst, des Mißerfolgs, der Schwierigkeiten und des Widerstandes zu meinem Sieg führen!

Jesus war fähig zu erkennen, wie es in den Herzen derer aussah, die sich von ihm abwandten. Er wußte, daß sie, ohne wahre Liebe für ihn zu empfinden, seinem Wort weder glauben noch gehorchen würden.

Bei dir ist es anders, Kind, nicht wahr? Du liebst Jesus. Du willst seinem Wort glauben und gehorchen, nicht wahr? Ich weiß, daß du das nicht immer schaffst, aber ich bin barmherzig. Ich lasse nie jemanden fallen, der zu mir kommt. Wenn einige sich bewußt abwenden, so ist das ihr eigener Entschluß; ich lasse ihnen die Freiheit der Entscheidung. Wenn sie beschließen, meinen Worten nicht zu glauben, können sie den Lohn des Glaubens nicht ernten. Wenn sie sich entscheiden, meinen Worten nicht zu gehorchen, gehen ihnen die Belohnungen, die dem Gehorsam zustehen, verloren.

Mein liebes Kind, ich möchte, daß du den Lohn für deinen Glauben und deinen Gehorsam erntest. Du glaubst an mich. Ich rufe dich dazu auf, ein treuer Jünger zu sein, aber ich werde dir nie meinen Willen aufzwingen. Ich gehe voran, und du folgst mir.

1.Joh 2,3-6; Joh 6,60-68; Lk 10,16; 2.Kor 2,14

55
Die Autorität meines Wortes

„Seid aber Täter des Worts und nicht Hörer allein; sonst betrügt ihr euch selbst."

(Jak 1,22)

Nie zuvor hatten Menschen jemanden mit solcher Autorität sprechen hören. Und doch waren nicht alle bereit, Jesus zu gehorchen. Die geistlichen Führer waren durch seine Worte in Frage gestellt. Sie hatten nur die Autorität, die ihnen ihr geistliches Amt verlieh; Jesus besaß, für alle sichtbar, Autorität aus dem Himmel. Dieser waren sie nicht gewachsen, deshalb beschlossen sie, ihn zu töten.

Sie waren eifersüchtig auf seine Wunder und Heilungen. Sie zogen eine Frömmigkeit, die sich in äußerlicher Pflichterfüllung erschöpfte, wahrer Heiligung oder dem Gehorsam gegen meinen Willen vor. Sie waren mehr am Gesetz als an meiner Liebe interessiert. Ihnen war weltliches Prestige wichtiger als übernatürliche Kraft zum Abwenden der Nöte meines Volkes.

Im Gegensatz zu seinen frommen Gegnern erkannten die Dämonen Jesus sehr wohl. Wenn er sprach, schrien sie auf und konnten ihre Anwesenheit nicht verbergen. Sie wußten, daß er der Heilige Gottes war. Er brachte sie zum Verstummen, indem er ihnen Redeverbot gab. Er befahl ihnen, die Menschen zu verlassen, die sie gebunden hatten. Er bewies, daß die Kraft und die Autorität meines Reiches größer sind als jede von Menschen erfundene fromme Geschäftigkeit oder irgendwelche bösen Mächte oder Dämonen.

Liebes Kind, du erkennst an, daß Jesus meine Autorität besitzt. Du achtest mich als deinen Herrn. Du entdeckst allmählich, daß mir nichts an einer Religion liegt, die sich mit äußerem Schein und Traditionen zufriedengibt. Die Autorität meines Wortes muß über allen Traditionen stehen. **Nur wenn du die Autorität meines Wortes für dein Leben ernst nimmst, erkennst du meine Autorität wirklich an.**

Sei also nicht wie die Pharisäer, die ablehnten, was Jesus gesagt hat. Bringe jeden Aspekt deines Lebens in Einklang mit meinem Wort. Sorge dafür, daß dein Denken mit dem übereinstimmt, was ich sage, daß dein Reden in keiner Weise meiner Wahrheit widerspricht und daß dein Handeln das widerspiegelt, was Jesus in deiner Situation tun würde.

Mein Kind, je mehr du dich so meiner Autorität unterstellst, um so vollmächtiger wirst du reden und handeln können. Menschen, die im Glauben an Jesus leben, besitzen Autorität.

Jak 1,19-25; Mt 7,28; Mt 12,9-14; Mt 9,28-32; Joh 14,12-14

56

Wer sagt denn ihr, daß ich sei?

**„Da antwortete Simon Petrus und sprach: Du bist Christus, des
lebendigen Gottes Sohn!"**

(Mt 16,16)

Es war eine einfache Frage: „Wer sagt denn ihr, daß ich sei?"
Der Glaube der Jünger Jesu hing an ihrer Antwort. Petrus
erklärte kühn, daß er der Christus, der Messias, mein Gesalbter,
mein Sohn, sei.

Kannst du dir seine Freude und Erleichterung vorstellen, als
Jesus ihn wegen dieser Antwort lobte? Diese Männer hatten sich
ihre Gedanken über ihn gemacht; sie hatten kaum zu glauben
gewagt, es könne wahr sein, und hatten sich nicht getraut, ein
derartiges öffentliches Bekenntnis abzulegen – bis zu diesem Augenblick! Kannst du dir vorstellen, wie erleichtert Petrus war und
welche Ehrfurcht diese Männer erfüllte?

Simon Petrus wurde durch den Empfang einer solchen himmlischen Offenbarung gesegnet und durch die Kühnheit, sie auszupre-
chen. Jesus nannte ihn Petrus, das heißt „Felsblock". Jesus wollte
seine Kirche bauen, nicht auf irgendeinen Felsen, sondern auf sich
selbst, den unermeßlichen Felsengrund. Dieser Felsblock ruhte auf
dem Felsengrund, Jesus. Die Hölle kann gegen die Kirche, deren
Fundament Jesus selbst ist, nichts ausrichten.

Dann sagte Jesus zu Petrus: „Ich will dir die Schlüssel des
Himmelreichs geben." Die Schlüssel sind das Symbol für Autorität.
Weil er Jesus als meinen Sohn anerkannte und an ihn glaubte, wurde
ihm die Autorität meines Reiches gegeben, die die Macht des
Feindes weit übersteigt.

Du erkennst Jesus als den Christus an; du glaubst, daß er mein
Sohn ist, nicht wahr, Kind? Damit sind die Voraussetzungen erfüllt.
Ich gebe dir die Schlüssel, die Autorität meines Reiches, damit
auch du im Bauen meiner Kirche deinen Platz einnehmen kannst.

**Du hast Autorität über alle Macht des Bösen; nichts wird
dir schaden**, wenn du mit dieser Autorität allem begegnest, was
sich dir in den Weg stellt. Du hast die Macht, zu binden und zu

lösen. Du hast die Vollmacht, Schuld zu erlassen oder nicht zu erlassen.

Du hast die Macht und die Autorität, im Namen Jesu zu beten und zu handeln. Ich möchte, daß du verstehst, wie groß die Kraft ist, die dir als Gläubigem zur Verfügung steht.

Ich möchte aber nicht, daß du den gleichen Fehler machst wie Petrus. Die Jünger wußten jetzt, daß Jesus der Messias war, und Jesus nutzte diesen Moment, um ihnen zu sagen, daß er abgelehnt und getötet werden, am dritten Tage aber auferstehen würde.

Dies paßte überhaupt nicht zu den Vorstellungen, die Petrus vom erwarteten Messias hatte. Er nahm ihn beiseite und machte ihm Vorwürfe, weil er solche Aussagen gemacht hatte.

Jesus sagte zu Petrus: „Geh weg von mir, Satan! Du bist mir ein Hindernis; denn du meinst nicht, was göttlich, sondern was menschlich ist."

Kannst du nachvollziehen, wie das getroffen hat? Kannst du dir vorstellen, wie Petrus sich gefühlt haben muß? Nachdem er gerade für seine göttliche Offenbarung gelobt worden war, wurde ihm nun vorgeworfen, er sei ein Sprachrohr Satans!

Diese Bemerkungen trafen Petrus mitten ins Herz, und das sollten sie auch. Jesus mußte ihm eine sehr wichtige Lektion erteilen. Wenn er ihn als meinen Sohn anerkannte, hatte er nicht das Recht, ihn zurechtzuweisen oder ihm zu widersprechen. Es war nötig, daß er alles, was Jesus ihm sagte, glaubte.

Petrus dachte jetzt menschlich und nicht mehr unter dem Eindruck einer Offenbarung. Als er Jesus zurechtwies, sah er die Dinge nicht mehr aus Gottes Sicht.

Liebes Kind, ich möchte, daß du alles glaubst, was Jesus sagt. Ich möchte, daß du an seine Worte denkst und ihm nicht widersprichst, auch wenn es dir schwerfällt, zu verstehen oder mit dem einverstanden zu sein, was er sagt. Er ist die Wahrheit!

Natürlich hat sich das, was Jesus sagte, erfüllt, und wegen dieser Ereignisse bist du mein Kind geworden. Alle seine Worte werden ganz gewiß in Erfüllung gehen!

Mt 16,13-19; Joh 20,23; Mt 16,21-23; Mt 24,35

57

Binden und lösen

„Alles, was du auf Erden binden wirst, soll auch im Himmel
gebunden sein, und alles, was du auf Erden lösen wirst, soll
auch im Himmel gelöst sein."

(Mt 16,19)

Mein Kind, wenn Jesus sagt, du kannst eine bestimmte Sache
tun, dann kannst du es auch! Widersprich ihm nicht.

Du hast die Vollmacht derer, die zu meinem Reich gehören.
Was du auf der Erde bindest, wird im Himmel gebunden sein. Das
bedeutet: Was du auf der Erde nicht zuläßt, wird im Himmel nicht
zugelassen. Verstehst du das? **Du hast die Vollmacht, auf der Erde
zu verhindern, was ich im Himmel nicht erlaube.** Übe diese
Vollmacht aus, im Namen Jesu.

Was du auf der Erde löst, wird auch im Himmel gelöst. **Du
kannst zulassen und möglich machen, was im Himmel erlaubt
ist.**

**Du hast die Vollmacht, zu verhindern, was Jesus verhindert
hat, und zuzulassen, was er zugelassen hat.** Wenn du das tust,
wirst du in der Tat mein Wort erfüllen: Alles, was du tust, soll im
Namen des Herrn Jesus getan werden, und du sollst mir durch ihn
danken. Du hast die Macht des Himmels hinter dir, wenn du die
Vollmacht, die ich dir gegeben habe, richtig gebrauchst.

Dies ist die Vollmacht, in der meine Kirche handeln soll, um
Einfluß auf die Gesellschaft, in die sie gestellt ist, auszuüben. Das
Problem liegt darin, daß das Handeln vieler meiner Kinder von
mangelndem Selbstvertrauen und nicht von wahrer Autorität be-
stimmt ist. Sie erkennen nicht, welche große Kraft ihnen zur
Verfügung steht, besonders, wenn sie sich im Glauben eins machen.

Jesus hat versprochen, daß ich tun werde, worüber sich zwei
meiner Kinder – wer auch immer das sein mag – im Glauben einig
sind. Wiederhole nicht den Fehler, den Petrus gemacht hat, Jesus
zurechtzuweisen. Ordne dich dem unter, was er sagt, und widersprich ihm nicht!

Stimmt das nicht mit deinen Erfahrungen überein? Ich allein kann sehen, was in den Herzen meiner Kinder vorgeht; ich weiß, wann zwei sich wirklich einig sind.

Und beachte, Kind, dies gilt für **JEDEN**, der sich mit einem anderen eins macht. Damit bist auch du gemeint!

Wenn zwei sich im Glauben einig sind, üben sie die Vollmacht aus, die ich ihnen gegeben habe, um zu verhindern, was sich meinem göttlichen Willen widersetzt. Sie sind bereit, die Situation mit Autorität anzugehen und dem Berg den Befehl zu geben, sich wegzuheben. Sie sind sich einig darüber, daß meine Kraft oder Hilfe in diese Situation hineingebracht werden soll. Dies geschieht im sicheren Wissen, daß das, was sie sagen, auch geschehen wird. Sie lassen keinen Zweifel darüber aufkommen, wie die Sache ausgehen wird, so stark ist ihr Vertrauen in mein Wort und meine Treue.

Die beiden sind in dieser Situation nicht allein, denn weil sie in seinem Namen zusammen sind, ist Jesus bei ihnen, wie er es versprochen hat. Er ermuntert sie dazu, übereinzustimmen, mit Vollmacht zu sprechen und mit Glauben zu beten.

Mein Kind, Glaube ist kühn. Erinnerst du dich an das, was ich Josua gesagt habe? Er sollte kühn und mutig sein. Und ich habe ihm versprochen,wenn er alles halten würde, was mein Wort sagte, sollten ihm Wohlergehen und Gelingen geschenkt werden. Ich würde ihm das Land zum Erbe geben.

Mt 16,13-19; Mt 18,19; Jak 1,6; Jos 1,7

58

Dein Sieg über den Feind

„Seht, ich habe euch Macht gegeben ... über alle Gewalt des Feindes."

(Lk 10,19)

Der Feind ist ein Betrüger. Er ist der Dieb, der tötet, stiehlt und zerstört. Er bringt Streit, Chaos und Gewalt in das Leben von Menschen. Doch ich habe dir Vollmacht über alle Mächte des Bösen gegeben.

Früher hast du zu seinem Herrschaftsbereich gehört. Aber als du dich für Jesus entschieden hast, habe ich dich seiner Herrschaft entzogen und in das Reich meines Sohnes versetzt. **Das bedeutet, daß Satan nun keine Macht mehr über dich hat, und er hat kein Anrecht auf dein Leben.**

Ich freue mich jedesmal, wenn jemand errettet und aus seinen Fängen befreit wird. Das ist einer der Gründe dafür, daß ich im Himmel Freude auslöse über jeden Sünder, der umkehrt. Wer durch seinen Glauben an Jesus frei geworden ist, muß seine Autorität über den Bösen ausüben. Wenn er ihm widersteht, muß Satan vor ihm fliehen.

Laß dich nicht von seinen Tricks täuschen. Laß dich von seinen falschen Anklagen nicht unter Druck setzen. Hör' nicht auf die negativen Gedanken, mit denen er ständig versucht, dein Denken zu beeinflussen. Er will dir einreden, daß ich dich nicht wirklich liebe, daß du nicht von mir angenommen bist und daß ich nicht möchte, daß du mein Kind bist. Er erinnert dich immer wieder an dein Versagen, versucht, dir dein Selbstvertrauen zu nehmen, und ermuntert dich dazu, auf deine Vergangenheit zurückzusehen.

Rede nicht so, als ob du glaubst, der Feind habe ein Anrecht auf dich oder halte dich in irgeneiner Weise gebunden oder habe das Recht, dich zu bedrängen.

Lebe in der Freiheit, die ich dir in Jesus gegeben habe. Du bist ein Kind des himmlischen Königs. Du bist an meiner Herrschaft beteiligt, weil du zu meinem Reich gehörst. Jesus soll Herr über dich sein, und nicht Satan. Du hast Anteil am Sieg und an der Vollmacht Jesu über jede dämonische Macht. Du bist in der Lage, auf jede Versuchung, mit der der Feind dich konfrontiert, mit „Nein" zu antworten.

Du hast die Kraft, den Feind in jeder Situation deines Lebens zu überwinden, weil Jesus die Mächte und Gewalten entwaffnet hat. Er hat sie öffentlich bloßgestellt, als er sie durch das Kreuz besiegt hat.

Mein Kind, du lebst in der Kraft seines Sieges!

Lk 10,18-20; Joh 8,36; Jak 4,7; Kol 2,13-15

59
Deine Autorität über den Feind

„Widersteht dem Teufel, so flieht er von euch."

(Jak 4,7)

Liebes Kind, es ist dir zweifellos bekannt, daß viele Menschen heute nicht an die Existenz von Dämonen glauben. Sie benutzen Ausdrücke der Psychologie, um Probleme von Besessenen zu beschreiben, können sie aber nicht befreien. Die fehlende Bereitschaft, an die Existenz von Dämonen zu glauben, geht Hand in Hand mit ihrer Weigerung, mit der Existenz des Teufels als Person zu rechnen.

Ich möchte, daß du über den Teufel Bescheid weißt, aber du sollst keine Angst vor ihm haben. Ich möchte, daß du die Taktiken dessen verstehst, der sich gegen dich stellt.

Mein Wort zeigt ihn von verschiedenen Seiten. Er ist eine Person; als Person trat er Jesus gegenüber. Er ist der Feind, der sich gegen mich und gegen die stellt, die zu mir gehören. Er ist der Herrscher dieser Welt, der versucht, seine eigene Weltordnung aufzurichten, die sich meinem Reich entgegenstellt. Er betrügt die Menschen, sogar die Gläubigen, meine Kinder. Er klagt sie an und versucht, sie unter Verdammnis zu bringen.

Er ist der Feind, der die Menschen zur Sünde verführt. Er ist der Vater der Lüge, ein Lügner von Anfang an, der Böse.

Er ist der Fürst dieser Welt. Er ist ein Engel mit Körper, Seele und Geist, wie alle anderen Engel auch. Sein Reich besteht aus Fürstentümern und Gewalten in himmlischen Regionen. Er regiert über alle gefallenen Engel, verschiedene Arten von Dämonen und gefallene Menschen.

Doch der, der in dir lebt, ist größer als er! Darum brauchst du ihn nicht zu fürchten. Sein Reich kann gegen mein Reich nicht bestehen. Er ist ein schon besiegter Feind.

Einst war er ein Erzengel im Himmel, aber Jesus sah seinen Fall, als er sich gegen mich erhob. Er sah ihn fallen wie einen Blitz. Seitdem ist es Satan erlaubt, sich auf der Erde frei zu bewegen. Seine Angriffe auf meine Kinder dienen dazu, ihre Herzen zu testen, um zu sehen, ob sie mir vertrauen. Verliere aber die Tatsache nie aus den Augen, daß er ein Dieb ist, der stiehlt, tötet und zerstört.

Wenn du es ihm erlaubst, stiehlt er dir deine Freude, deinen Frieden und deine Gesundheit. Er versucht, dein Vertrauen in mein Wort und deinen Glauben an meine Liebe zu untergraben. Aber er kann dich nicht aus meiner Hand reißen. **Du hast den Schild des Glaubens, mit dem du alle feurigen Pfeile, die er auf dich abwirft, auslöschen kannst. Wenn du ihm widerstehst, wird er von dir fliehen.**

Siehst du, Kind, du besitzt eine größere Autorität als er. Du hast den ganzen Himmel hinter dir. Aber du mußt immer noch wachsam sein. Der Teufel streicht umher wie ein zorniger, tödlich verwundeter Löwe und sucht jemanden, den er verschlingen kann.

Jesus hat ihm diese tödliche Wunde beigebracht, als er am Kreuz starb. Der Feind hat keine Möglichkeit, dem Schicksal zu entkommen, das ihn erwartet. **Er hat Angst vor dir, wenn du deine königliche Autorität gebrauchst, weil du ihm eine Niederlage nach der anderen beibringen kannst.**

1.Joh 4,4; Joh 8,44; Eph 6,10-17; 1.Petr 5,8-9

Deine Autorität über Dämonen

„In meinem Namen werden sie böse Geister austreiben."
(Mk 16,17)

Dämonen sind so real wie der Teufel selbst. Es sind körperlose Geister, die einen Körper suchen, in dem sie leben und durch den sie wirken können.

Es gab einige Situationen, in denen Jesus diesen bösen Geistern in Menschen entgegengetreten ist. Sie konnten ihn als den Heiligen Gottes erkennen, noch bevor die Menschen wußten, daß er vom Himmel gekommen war und Macht über sie hatte.

Jesus brachte die Dämonen zum Schweigen. Die Offenbarung seiner Identität würde zur rechten Zeit und in der rechten Weise kommen, und sicherlich nicht durch Dämonen!

Beachte, daß Jesus nicht gegen diese Dämonen gekämpft hat; er hat ihnen Befehle erteilt. Er hatte größere Autorität als der, der über sie herrschte.

Es hat keinen Sinn, daß du mit Lügengeistern sprichst, Kind. Wenn du es mit Dämonen zu tun hast, folge dem Beispiel Jesu und befiehl ihnen, in seinem Namen zu gehen. **Wenn du einen Kampf erwartest, wirst du einen Kampf erleben; wenn du mit dem Sieg rechnest, wirst du siegen.**

Du hast diesen Sieg in Jesus. In jeder Auseinandersetzung verkündest du den Sieg, den er schon errungen hat. Das ist damit gemeint, daß du den Namen und die Autorität Jesu gebrauchen sollst.

Ich sende dich nicht aus, damit du nach Dämonen suchst. Ich trage dir auf, sie zu überwinden, wenn du ihnen begegnest.

Der Feind versucht, diese Dinge wegzuerklären. Menschen, die sich von ihm haben täuschen lassen, behaupten, Jesus habe Dämonen nur deshalb erwähnt, weil er die Denkmuster seiner Zeit übernommen habe. Eine solche Behauptung ist Gotteslästerung. Jesus ließ sich weder selbst täuschen, noch täuschte er andere. Er hätte nicht Mächte angesprochen, die nicht existierten, oder von Dämonen geredet, wenn sie nur Erfindungen menschlicher Phantasie wären. Er hat oft falsche Vorstellungen, die Menschen sich machten, korrigiert. Wenn sie sich darin geirrt hätten, daß sie an die Existenz von Dämonen glaubten, hätte Jesus diesen Irrtum sofort korrigiert. Und sicherlich hätte er sich nicht gegen geistige Mächte gewandt, die es gar nicht gab!

Sieh dir an, was geschah, wenn er diesen Mächten Einhalt gebot. Menschen kamen sofort von ihrer Herrschaft und ihrem Einfluß los. Jesus hat niemanden einem Psychoanalyse-Prozeß unterzogen; er hat die Menschen einfach befreit! Und es war nicht ungewöhnlich, daß dies unter heftigen Manifestationen geschah.

Am dramatischsten war die Befreiung des Mannes, der Legion genannt wurde, weil so viele Dämonen in ihm lebten. Jesus hat nicht jedem einzelnen von ihnen befohlen, den Mann zu verlassen. Sie erhielten alle gemeinsam den Befehl, sofort zu gehen. Jesus erlaubte ihnen, in die Schweine zu fahren, die sofort in den See rannten und ertranken.

Dies zeigt die zerstörerische Natur des Wirkens Satans, es zeigt aber auch, daß es zwischen Gut und Böse keinen ausgewogenen Kampf gibt. **Die Macht und die Autorität meines Reiches sind der Macht und der Autorität des Feindes weit überlegen.** Wenn Licht auf Dunkelheit trifft, setzt sich immer das Licht durch. Die Finsternis kann Jesus oder die, die ihr Vertrauen in ihn setzen, nicht überwinden.

Mk 16,15-18; Lk 4,35; Joh 8,12

Meine Salbung verleiht dir Autorität

„Aber ihr werdet die Kraft des Heiligen Geistes empfangen, der auf euch kommen wird."

(Apg 1,8)

Mein liebes Kind, weil du meinen Geist empfangen hast, hast du wie Jesus meine göttliche Salbung. Meine Salbung ist auf dir. Ja, derselbe göttliche Geist, der in Jesus lebte, lebt in dir.

Ich möchte, daß du in der Fülle dessen lebst, was ich dir möglich gemacht habe. Du hast die Kraft und die Autorität, so zu leben wie Jesus. Er sagte, daß alle, die an ihn glaubten, das Gleiche tun könnten wie er und noch Größeres, weil er zu mir in den Himmel zurückkehren würde. Als das geschehen war, bat er mich, meinen Geist auf alle auszugießen, die an ihn glaubten.

Mein Kind, du glaubst an ihn. Laß, was ich dir gegeben habe, nicht ungenutzt. **Du kannst die gleichen Dinge tun wie er und noch größere,** das ist sein Versprechen. Du hast die Vollmacht, im Namen Jesu zu beten und zu handeln. Höre nicht auf die Stimme des Unglaubens. Glaube, was ich sage!

Glaube, daß ich dir das gegeben habe, von dem mein Wort sagt, daß ich es dir gegeben habe. Tue das, wovon ich dir sage, daß du es tun kannst. Die Kraft meines Geistes in dir befähigt dich, zu tun, was ich von dir erwarte. Gebrauche den Glauben und die Vollmacht, die ich dir gegeben habe, und du wirst mich nicht enttäuschen.

Du hast die Vollmacht, alles zu tun, was ich dir in meinem Wort zu tun auftrage. Diese Vollmacht ist größer als jede weltliche oder kirchliche Autorität.

Du hast Vollmacht über alle Macht des Bösen. Deine Autorität ist größer als jede dämonische Macht, die sich dir in den Weg stellt.

Du hast die Vollmacht, im Namen Jesu zu beten, in Erwartung der Antwort, die du brauchst.

Übe diese Vollmacht heute aus, wenn du auf die Situationen reagierst, in die du kommst, wenn du gegen die anklagenden Taktiken des Feindes Widerstand leistest, wenn du mit anderen sprichst und mit Zuversicht betest. Fange im Kleinen an, wenn du es nicht gewohnt bist, solche Vollmacht auszuüben, und dein Glaube wird wachsen. Du wirst bald feststellen, daß du viel größere Probleme mit größerer Zuversicht und Entschlossenheit angehen kannst, als je zuvor.

Meine göttliche Salbung gibt dir die Vollmacht, Kranke zu heilen und Dämonen auszutreiben; du kannst sogar Tote auferwecken! Du wirst solche Vollmacht nur dann wirksam ausüben, wenn du wie Jesus in treuem Gehorsam der Leitung meines Heiligen Geistes folgst. Er gibt dir Kraft und Vollmacht für das, was er dir aufträgt, aber nicht für das, was du aus selbstsüchtigen Beweggründen tun willst.

Ich erwarte nichts weiter von dir, als auf meinen Geist der Wahrheit zu hören und zu tun, was er sagt. Du wirst staunen über das, was geschieht!

1.Joh 2,20; Joh 12,49; Joh 14,12-14; Joh 16,13-15

62
Mein Name ist erhöht

„Denn du hast deinen Namen und dein Wort herrlich gemacht über alles."

(Ps 138,2)

Mein liebes Kind, ich erhebe meinen Namen und mein Wort über alle Dinge. Ich möchte, daß du siehst, was dies für dich bedeutet.

Du weißt, daß mein Name höher ist als alle anderen Namen; meine Autorität ist deshalb größer als jede andere Autorität. Ich rate dir, alles in meinem Namen zu tun, das heißt, mit meiner Vollmacht. Wenn du etwas, was du tun möchtest, nicht mit meiner Vollmacht tun kannst, ist dies ein sicherer Hinweis darauf, daß ich nicht damit einverstanden bin. Du läufst Gefahr, diese Sache über meinen Namen zu stellen. Wenn du das tust, wirst du keinen Erfolg haben. Alles in deinem Leben muß meiner Autorität unterstellt sein.

Mein Name ist über **alles** erhoben. Schließe in dieser so wichtigen Sache keine Kompromisse. **Über alle Dinge.** Erkenne meine Herrschaft und Souveränität auf **jedem** Gebiet deines Lebens an. Dies sage ich, weil es gut für dich ist.

Weil ich dich liebhabe, mein Kind, möchte ich das Allerbeste für dich. Ich kann dir aber nicht mein Bestes geben, während du dich gegen meine Autorität auflehnst.

Warum fordere ich dich auf, dich allezeit in mir zu freuen? Weil du damit zeigst, daß du meinen Namen über deine Umstände und Gefühle erhebst. Dann ist es mir möglich, einzugreifen und die Umstände zu verändern.

Sage ich dir nicht, daß du mir in allen Situationen danken sollst? Warum? Weil du dann meinen Namen über deine eigenen Gedanken erhebst. Du erkennst, daß ich größer bin als die Situation, daß ich mit dir bin, mitten in allem Durcheinander, Wirrwar und Chaos, das ab und zu über dich hereinzubrechen scheint. Dein Vertrauen ruht in mir und ist nicht von den äußeren Umständen abhängig. Ich freue mich darüber.

Siehst du, mein Kind, wenn ich meinen Namen über alles erhöhe, stelle ich ihn über alle Probleme und alle Situationen,

die dir in deinem Leben begegnen. Wenn ich das tue, sollst du es auch tun. Dann kann meine Herrschaft in diesen Situationen wirksam werden.

Endlich beginnst du zu sehen, daß ich das Beste für dich will. Aus diesem Grund fordere ich dich auf, den Bergen der Not zu gebieten und ihnen zu befehlen, sich wegzubewegen. Ich würde dich nicht auffordern, Dinge aus dem Weg zu räumen, die ich selbst verursacht oder als gut für dein Leben erachtet habe.

Deine Fähigkeit, wirksam gegen die Berge anzugehen, ist von deiner Autorität abhängig. Diese Autorität kommt aus dem Glauben. **Und dieser Glaube entsteht daraus, daß du glaubst, daß mein Name größer ist als jede Situation und deshalb über alle Dinge erhoben werden muß.**

Erst wenn du dich in mir freust und mir dankst, fängt dein Glaube an, aktiv zu werden. Und ich antworte immer, wenn ich Glauben sehe.

Bis zu diesem Augenblick hast du deine Zweifel, deine Angst und deinen Unglauben über meinen Namen gestellt. Sobald du meinen Namen über alle Dinge erhebst, wirst du erleben, daß etwas geschieht!

Phil 4,4; 1.Thess 5,18; Mt 17,20

Mein Wort ist erhöht

„Und ich wandle fröhlich; denn ich suche deine Befehle."
(Ps 119,45)

Ich erhebe auch mein Wort über alles. Deshalb sollst du das ebenfalls tun. **Wenn du meinen Namen über alles andere erhebst, wirst du unausweichlich auch mein Wort über alles erheben. Ebenso erhebt derjenige, der mein Wort über alles erhebt, auch meinen Namen.** Das eine läßt sich nicht vom anderen trennen.

Was heißt es, mein Wort über alles andere zu erheben?

Du hast während deiner Entwicklung den Gebrauch von natürlichen Gedankenmustern eingeübt, von denen viele negativ sind. Es ist dir beigebracht worden, deinen Verstand über alles zu erheben.

Einige meiner Kinder meinen, neue Seelsorgetechniken entdeckt zu haben, die das, was ich in meinem Wort sage, übertreffen sollen. Sie nehmen für sich in Anspruch, mehr Erkenntnis darüber zu haben, was in den Menschen vorgeht, als Jesus! Sie gehen so ganz anders vor als er, wenn sie die Leute in ihre Vergangenheit zurückführen und darin nach Wegen suchen, sie freizusetzen. Würdest du an deine Mülltonne gehen, wenn du vorhast, ein gutes Essen zuzubereiten? Würdest du nicht vielmehr an deinen Vorratsschrank gehen und frische Lebensmittel verwenden? Die Überreste vergangener Mahlzeiten werden zu Recht weggeworfen.

Menschen werden nur dann frei sein, das neue Leben, das ich ihnen gegeben habe, in seiner Fülle zu leben, wenn sie zur Vorratskammer meines Wortes kommen und sich ihre Nahrung aus meiner Wahrheit holen. **Ein Zurückgehen ins alte Leben kann niemals Glauben für das neue Leben schenken.**

Wenn du mein Wort über alle Dinge erhebst, erhebst du mein Wort über deine Vergangenheit, über deine Gefühle, über deine Zweifel, über deine Verletzungen und deine Angst, manchem nicht gewachsen zu sein; du erhebst mein Wort über die Ablehnung, die du erfahren hast, und über dein Versagen, über

alle Krankheit und Symptome. Welche Auswirkungen hat es, wenn du das tust?

Deine Vergangenheit ist tot, begraben und erledigt; du bist neu gemacht worden. Warum solltest du die Leiche wieder ausgraben? Das ist es, was der Feind möchte; ihm ist jede Sache recht, die dich dazu verleitet, anzuzweifeln, daß Christus dich schon zur endgültigen Freiheit befreit hat!

Deine Gefühle sind nicht die Wahrheit, wenn sie im Widerspruch zu meinem Wort stehen. Wenn du auf deine Zweifel und Ängste hörst, hast du aufgehört, auf mich zu hören.

Meine Worte sind Heilung für deine Verletzungen, für jede Krankheit des Geistes, der Seele oder des Leibes. Du bist nicht mehr abgelehnt, sondern angenommen in meinem lieben Sohn.

Mein Kind, grabe die Vergangenheit nicht wieder aus, das Verweste, in seiner stinkenden Verdorbenheit. Nimm im Glauben an, was ich für dich getan habe. **Erhebe mein Wort über deine vergangenen und gegenwärtigen Lebensumstände.** Nur so kannst du das Leben des Glaubens führen, zu dem ich dich berufe. So sieht ein Leben in Freiheit aus.

Wer glaubt, daß er die Wahrheit über sich selbst in der Vergangenheit findet, lebt als Gefangener seiner Vergangenheit. **Wer aber glaubt, was mein Sohn am Kreuz für ihn getan hat, ist von seiner Vergangenheit befreit!**

Ps 138,2; 2.Kor 5,17; Gal 5,1; Röm 6,3-4

Welch eine Liebe!

„Wer mich aber liebt, der wird von meinem Vater geliebt werden, und ich werde ihn lieben und mich ihm offenbaren."
(Joh 14,21)

Es war ein Ausdruck äußerster Hingabe. Sie verwendete sehr teures Salböl. Sie salbte Jesu Füße und trocknete sie mit ihrem langen Haar. Was für eine Liebe!

Judas war empört und sagte: „Was für eine Verschwendung! Das Geld hätte man den Armen geben können."

Maria verschwendete ihre Liebe an Jesus, ohne an die Kosten zu denken. **Nur wahre Liebe konnte solche Großzügigkeit auslösen.**

Was man mir bringt, wenn man mich anbetet, ist niemals verschwendet. Judas hat überhaupt nicht verstanden, was hier geschah. Er hatte keine solche Liebe zu mir.

An Maria wird man sich immer wegen ihrer Liebestat erinnern, an Judas, weil er meine Liebe verraten hat. Ich bin voller Freude darüber, mein Kind, daß du mich liebhast. Halte nichts für zu wertvoll, um es mir zu geben. Liebe mich mit deinem ganzen Herzen, deiner ganzen Seele, deinem ganzen Verstand und all deiner Kraft. Und sei dir dessen bewußt, daß du mich nur lieben kannst, weil ich dich zuerst geliebt habe.

Joh 12,1-8; Phil 3,7-9

65

Meine Liebe

„Wie mein Vater mich liebt, so liebe ich euch auch. Bleibt in meiner Liebe!"

(Joh 15,9)

Ich habe Jesus vollkommen geliebt. Er wußte, daß ich ihn niemals allein lassen würde. Er konnte sich immer auf meine Treue verlassen.

Wenn er Krankheiten befahl zu weichen, habe ich geheilt. Als er Lazarus aus dem Grab hervorrief, habe ich Lazarus auferweckt. Als er dem Sturm gebot, habe ich die Wellen und den Wind beruhigt. Als er selber in der Kälte seines Grabes lag, habe ich ihn auferweckt.

Er konnte nichts aus sich selber tun; er wußte, wie wichtig es deshalb war, auf mich zu hören. Weil er sich ganz auf mich verlassen hat, gab ich ihm die Worte, die er sagen sollte, und zeigte ihm, was er tun sollte.

Obwohl er wußte, daß es ihn auch seine Verbindung mit mir kosten würde, konnte er sich dem Kreuz stellen, weil er meiner unerschöpflichen Liebe vertrauen konnte, der vollkommenen Liebe, die ihn nie verlassen würde.

Und nun, mein liebes Kind, liebt dich Jesus mit der gleichen Liebe, mit der ich ihn liebe. Du kannst ihm völlig vertrauen, er wird dich nie im Stich lassen. Er wird immer bei dir sein. Es ist wichtig, daß du auf die Stimme seines Geistes hörst und dir von ihm zeigen läßt, was du tun sollst.

So wie er nichts aus sich selbst heraus tun konnte, stimmt es, daß du ohne ihn nichts tun kannst. **Er wird dir die Worte geben, die du reden sollst, und dir zeigen, was du tun sollst.** Wenn du dich mit Glauben gegen Berge der Not wendest, wird er sie wegbewegen. Wenn du in seinem Namen Krankheiten befiehlst zu gehen, wird er sie wegnehmen. Du bist in der Lage, die gleichen Dinge zu tun wie Jesus, wenn du dir seiner Liebe sicher bist.

Denke nicht, daß du einsam und allein dastehst. Ich wache über dich, du liebes Kind, ich kümmere mich um dein Wohlergehen, voller Freude über das Lied der Liebe, das du mir in deinem Herzen singst. **Ich umfange dich an jedem Tag deines Lebens mit meiner vollkommenen Liebe.**

Auch wenn dich Erlebnisse zerschlagen und verletzt haben, bin ich bei dir, bereit zu reden, zu ermutigen und deine Wunden zu heilen.

Diese vollkommene Liebe ändert sich nicht mit den Umständen; sie bleibt Tag für Tag gleich. Du kannst ganz sicher sein, mein Kind, daß es nicht einen Augenblick geben wird, in dem ich nicht mit meiner vollkommen Liebe bei dir bin.

Joh 11,43; Joh 12,49; Joh 15,1-17; Joh 14,12-14

66
Liebe deinen Gott

„Du sollst den Herrn, deinen Gott, liebhaben von ganzem Herzen, von ganzer Seele und mit all deiner Kraft."

(5.Mose 6,5)

Mein liebes Kind, ich liebe dich mit ewiger, vollkommener Liebe. Liebe möchte erwidert werden, sonst ist sie enttäuscht. Mach dir einmal bewußt, wie sehr meine Liebe für so viele Menschen durch deren Gleichgültigkeit und sogar Haß enttäuscht wird. Und doch höre ich nicht auf, sie liebzuhaben, weil es mein Wesen ist zu lieben.

Diese Liebe ist in Jesus sichtbar geworden, als er für die gebetet hat, die für seine Kreuzigung verantwortlich waren. Noch während sie ihn ans Kreuz nagelten, bat er mich, ihnen zu vergeben, weil sie nicht wußten, was sie taten.

Ich habe dir meine Liebe offenbart, Kind, und habe dich immer wieder Beweise dieser Liebe sehen lassen, nicht wahr? Verstehst du nicht, daß ich mich danach sehne, daß du mich auch von ganzem Herzen liebhast?

Das Gesetz enthielt den Befehl, mich von ganzem Herzen, von ganzer Seele und mit aller Kraft zu lieben. Ich weiß sehr wohl, daß das Gesetz über das informiert, was ich verlange, daß es aber niemanden befähigen kann, meinen Willen zu tun. Du hast aber meinen Geist empfangen, und er ist Liebe. Durch ihn hast du die Fähigkeit, mich so zu lieben, wie ich es mir wünsche.

Möchtest du mich von ganzem Herzen lieben? Oder schätzt du andere Menschen oder Dinge mehr als mich?

Möchtest du mich mit deinem ganzen Verstand lieben? Oder schätzt du deinen eigenen Verstand, deine Überzeugungen und Gedanken immer noch höher ein als die Autorität meines Wortes?

Möchtest du mich mit deiner ganzen Seele lieben? Bist du damit einverstanden, deinen Willen meinem Willen zu unterstellen, so daß du in Liebe bereit bist, mir zu gehorchen?

Möchtest du mich mit deiner ganzen Kraft lieben? Oder gibt es andere Dinge, die dich ablenken, deine Kräfte aufbrauchen und dazu führen, daß du für mein Reich weniger effektiv bist?

Ich kann dich nicht zur Liebe zwingen; es muß deine eigene Entscheidung sein, meine Liebe zu dir zu erwidern.

Auf das Tun kommt es an. Auch wenn du diese Fragen mit Ja beantwortest, heißt das noch nicht, daß du dies alles auch tust. Es mag sein, daß du es mit deinen Antworten sehr ernst meinst, **aber Gehorsam erfordert mehr von dir als Aufrichtigkeit.** Dein Wille ist beteiligt, nicht nur beim Beantworten dieser Fragen, sondern auch während du diese Aussagen Tag für Tag in die Tat umsetzt.

Jer 31,3; Lk 23,32-34; Jak 1,22

67

Liebe ist geduldig und freundlich

„Die Liebe ist langmütig und freundlich."

(1.Kor 13,4)

Mein Kind, ich stelle keine Ansprüche. Sieh doch, wieviel Geduld ich mit dir gehabt habe, in der Erwartung, Liebe zu mir wie eine Flamme in deinem Herzen entstehen zu sehen. Ich habe dich durch Zeiten begleitet, in denen deine Liebe abgekühlt war; du warst zu deinen eigenen Wegen zurückgekehrt, statt auf meinen zu gehen.

Ich habe dir vergeben und zugesehen, wie meine Liebe wieder in deinem Herzen entzündet wurde. Du hast mich wieder ganz neu liebgewonnen. Du möchtest wieder beten, deine Begeisterung für mein Wort kehrt zurück, und du sehnst dich danach, etwas für mich zu tun. Dann meldet sich das Fleisch wieder mit seinen Ansprüchen, und viel zu oft ist deine Liebe zu mir auf der Strecke geblieben, nicht wahr?

Manchmal hast du dein Handeln gerechtfertigt, hast behauptet, daß es mit meiner Liebe vereinbar sei. Aber schon die Notwendigkeit, dich zu rechtfertigen, ist ein Hinweis darauf, daß du selbst weit davon entfernt bist, dein Handeln richtig zu finden.

Wieder habe ich geduldig darauf gewartet, daß du deine inneren Konflikte bewältigst und dich wieder von ganzem Herzen meinem Willen überläßt.

Du siehst, mein Kind, dein Verhalten mir gegenüber beeinträchtigt meine Liebe zu dir überhaupt nicht. Meine Liebe äußert sich in Freundlichkeit und in Geduld. **Ich möchte, daß deine Liebe zu mir genauso beständig ist, wie meine Liebe zu dir, und daß diese Liebe ganz praktisch wird im Gehorsam gegenüber meinem Wort und der Leitung meines Heiligen Geistes. Ich möchte, daß deine Liebe mit anderen Geduld hat, wie ich mit dir Geduld habe. Ich möchte, daß sie gegen andere freundlich und großzügig ist, denn so gehe ich auch mit dir um.**

Sieh doch, wie sanft ich mit dir umgehe! Die größte Erfüllung findest du in deinem Leben, wenn du mir aus Liebe gehorsam bist, wenn du andere so liebst, wie ich dich liebe. In solchen Zeiten fühlst du dich sehr wohl und hast großen Frieden, weil du weißt, du bist eins mit mir und hast mir Freude gemacht. Und ist das nicht kostbarer als alles andere?

Laß also nicht zu, daß irgendwelche Dinge dich ablenken, die dir deinen Frieden nehmen und dazu führen, daß du in deiner Liebe zu mir lau wirst. Dies ist guter Rat für dich, mein Kind.

1.Kor 13,1-13; Röm 7,22; 1.Joh 3,11-24

68

Das Wesen meiner Liebe

„Sie neidet nicht; die Liebe tut nicht groß, sie bläht sich nicht auf."*

(1.Kor 13,4)

Mein liebes Kind, wenn du das Wunder meiner Liebe für dich und das volle Ausmaß des Erbes, das ich dir gegeben habe, erkannt hast, gibt es keinen Grund mehr für dich, irgend jemanden zu beneiden. **Ich habe dich lieb. Weil nichts, was ich tue, unvollkommen sein kann, liebe ich dich mit einer vollkommenen Liebe, so, wie ich Jesus geliebt habe.** Es ist mir nicht möglich, daß ich jemanden im Himmel oder auf der Erde mehr liebe als dich.

Dies ist die Wahrheit, und sie ist nicht von Gefühlen abhängig. Manchmal denkst du, ich liebe andere mehr als dich, weil du siehst, wie ich sie segne, ihre Gebete erhöre, sie heile und für ihren Dienst salbe. Du bewunderst die Kühnheit ihres Glaubens und ihre Gewißheit. Du fragst dich, wie es sein kann, daß andere offensichtlich eine so wunderbare Beziehung zu mir haben und daß es ihnen so leicht fällt, meine Stimme zu hören.

Höre dies, Kind: Ich liebe sie nicht mehr, als ich dich liebe. Es stimmt, daß einige mehr Glauben und Vertrauen in meine Liebe haben als du; das ist der Grund dafür, daß ich sie so gebrauchen kann, wie ich es tue. Sie sollten aber für deinen Glauben kein Hindernis sein.

Es wäre viel hilfreicher für dich, auf mich zu sehen, statt dich auf andere zu konzentrieren und neidisch zu sein. Je mehr du dich auf meine Liebe verläßt, um so mehr sollen die Qualitäten, die du an anderen bewunderst, in deinem eigenen Leben sichtbar werden.

Und ich möchte, daß du dich darüber freust, wie ich im Leben anderer sichtbar werde. Sei dankbar für ihre Liebe und Treue. Laß dich von ihrem Beispiel anstecken.

Nimm dir auch diese Warnung zu Herzen: Was mein Geist in anderen tut, gibt ihnen kein Recht zu prahlen. Wenn sie stolz

---

*   Revidierte Elberfelder Bibel

werden, höre ich auf, sie weiter in der gleichen Weise zu gebrauchen. **Nur diejenigen, die demütig bleiben und mir alle Ehre geben, werde ich für immer größere Dinge gebrauchen können.**

Vergiß nicht, was Jesus gesagt hat: „**Wer sich selbst erhöht, der soll erniedrigt werden; und wer sich selbst erniedrigt, soll erhöht werden.**"

Mein Kind, du wirst sehen, daß die, die ich wirklich gebrauchen kann, nicht diejenigen sind, die selbst den höchsten Platz für sich beanspruchen. Sie würden einen niedrigeren Platz vorziehen, aber ich habe sie erhöht, weil ich ihr schlichtes Vertrauen in meine Liebe sehe. Sie suchen keine eigene Ehre, sie möchten zur Ehre meines Namens beitragen.

1.Kor 13,1-13; 1.Petr 5,5; Lk 14,11

Du machst Fortschritte!

„Sie verhält sich nicht ungehörig, sie sucht nicht das Ihre, sie läßt sich nicht erbittern."

(1.Kor 13,5)

Es gibt Dinge, mein Kind, die verhindern, daß meine Liebe offenbar wird. Unfreundlichkeit gehört dazu. Meine Liebe ist sanft, freundlich und fest. Sie hat sich in Jesus gezeigt, in Verbindung mit großer Vollmacht, aber nie in Verbindung mit Unfreundlichkeit.

Manchmal drückte er Ärger und Enttäuschung sehr deutlich aus. Sein Ärger war aber keine ungerechte Reaktion auf Ereignisse; er gab lediglich meinem gerechten Zorn Ausdruck.

Er warnte die Pharisäer und andere religiöse Führer vor der Gefahr, sich selbst unter einen Fluch zu bringen, weil sie ihm feindlich gesinnt waren, und weil sie versuchten, andere daran zu hindern, das Angebot meines Reiches anzunehmen. Er trieb die Händler und Geldwechsler mit den Worten aus dem Tempel: „Es steht geschrieben: 'Mein Haus soll ein Bethaus heißen'; ihr aber macht eine Räuberhöhle daraus."

Dies geschah aus Liebe: Liebe zu meinem Volk, dem das Evangelium gebracht wurde, Liebe zu mir und Liebe für den Ort, an dem ich unter meinem Volk gegenwärtig war.

Jesus wurde nicht leicht ärgerlich, aber wenn es nötig war, brachte er meinen gerechten Zorn zum Ausdruck. Sünde machte ihn zornig, weil sie mich zornig macht. Sei froh, mein Kind, daß mein Zorn nur einen Augenblick anhält, meine Gnade aber dein Leben lang!

Zu den Jüngern sagte Jesus: „O du ungläubiges und verkehrtes Geschlecht, wie lange soll ich bei euch sein und euch erdulden?" Als Petrus sich zum Sprachrohr des Feindes machen ließ, sagte Jesus: „Geh weg von mir, Satan! Denn du meinst nicht, was göttlich, sondern was menschlich ist."

Diese Worte kamen aus einem liebenden Herzen. Es war Jesus wichtig, daß die Jünger immer aus dem Glauben heraus handelten und daß Petrus seinen Worten niemals widersprach.

Dies ist die Frage, die du dir stellen mußt, mein Kind: **Wenn du ärgerlich bist, ist dies eine sündige Reaktion auf Geschehnisse, oder geht es dir um die Ehre meines Namens?** Gibt es einen guten, gerechten Grund für deinen Zorn?

Wenn andere unfreundlich zu dir sind, gib es ihnen nicht in gleicher Weise zurück. Sei liebevoll und freundlich. Laß es nicht zu, daß deine Reaktionen von egoistischen Motiven gesteuert werden. Manchmal ärgerst du dich, weil du deinen Willen nicht durchsetzen kannst oder weil deine Pläne durchkreuzt worden sind. Du bist sogar auf mich schon ärgerlich gewesen, weil die Anforderungen, die meine Liebe an dich stellt, deinen egoistischen Wünschen ins Gehege gekommen sind!

Ich möchte dich ermutigen, mein Kind. Sieh doch nur, wie sehr du dich in der Art, wie du reagierst, verändert hast, seit du mich kennst. Mein Geist hat wirklich an dir gearbeitet, siehst du das? Unfreundlichkeit, Egoismus und Zorn sind im Vergleich zu früher zurückgegangen, nicht wahr? Du siehst, du machst Fortschritte. Gut!

1.Kor 13,1-13; Jak 1,19-20; Eph 4,26; Phil 2,3; Mt 17,14-21

Liebe führt nicht Buch über geschehenes Unrecht

„Vor allen Dingen habt untereinander beständige Liebe; denn die Liebe deckt auch der Sünden Menge."

(1.Petr 4,8)

Mein liebes Kind, **die Liebe hält geschehenes Unrecht nicht fest.** Wenn ich dir vergebe, vergesse ich, was du getan hast. Ich bewahre in meinem Gedächtnis keine Liste deiner Sünden auf, um dich später deswegen zu verurteilen. Du wirst niemals für die Sünden gerichtet werden, die ich dir vergeben habe. Wenn ich vergebe, vergesse ich.

Du hast wieder und wieder meine Gnade erfahren. Deshalb möchte ich, daß du mit anderen gnädig umgehst, daß du vergibst, wie ich dir vergebe.

Du hältst das Unrecht nicht fest, das dir von denen zugefügt wurde, die du liebhast. Du vergißt nur zu gern, was eure Beziehung vorübergehend gestört hat. Und du bist erleichtert, wenn Menschen, die dich lieben, dir ihre Vergebung zusprechen. Du hast entdeckt, daß solche gegenseitige Vergebung Beziehungen untereinander vertieft.

In manchen Fällen mußt du dich jedoch erst zur Vergebung durchringen. Du weißt, daß du vergeben müßtest, aber es fällt dir schwer. Wenn du dann vergibst, kommt es dir oberflächlich und unaufrichtig vor. Du erkennst, daß deine Liebe zu dieser Person Gefahr läuft, verloren zu gehen; du hältst das erlittene Unrecht immer noch in deinem Herzen fest.

Manchmal meinst du, mit Recht darauf bestehen zu können, daß jemandem wegen der Schwere seines Vergehens gegen dich nicht zu leicht vergeben werden darf. Nur gut, daß ich diese Haltung nicht einnehme, wenn du meine Vergebung brauchst, nicht wahr? **Ich verlange nicht von dir, daß du dir meine Vergebung erarbeitest, und ich warte nicht so lange, bis du sie verdient hast!**

Ich weiß, daß es dir schwerfällt, jemanden weiter zu lieben, der deine Liebe und dein Vertrauen immer wieder mißbraucht. Daß du vergibst, ist aber für dich selbst genauso nötig, wie für den, der dich verletzt hat. Was bringt es dir, ihm diese Vergebung zu verwehren? Du kochst innerlich vor Ärger und wirst bitter und rachsüchtig. Allmählich werden dann auch deine Beziehungen zu anderen Menschen vergiftet.

Du fürchtest, dich der Gefahr auszusetzen, wieder verletzt zu werden, wenn du zu schnell vergibst. Hast du eine andere Wahl? Bedenke, wie sehr ich mich Verletzungen ausgesetzt habe. Als ich meinen Sohn gesandt hatte, wurde er ständig beschimpft und abgelehnt. Sogar die, die ihm nahestanden, enttäuschten ihn, verließen und verrieten ihn. **Doch in seiner Liebe hat er immer wieder vergeben.**

Mein Geist lebt in meinen Kindern, auch wenn sie ihn immer wieder übergehen und durch ihr Handeln betrüben. Trotzdem ziehe ich meine Gegenwart nicht zurück und höre nicht auf, sie zu lieben, auch dann nicht, wenn sie durch Phasen des Ungehorsams und der Rebellion gehen.

Wie oft sollst du deinem Bruder vergeben? Siebenmal siebzigmal. Wenn ein einzelner Mensch sich am gleichen Tag siebenmal gegen dich versündigt, sollst du ihm trotzdem siebenmal vergeben und ihm nichts nachtragen. Wenn du das tust, wirst du in meinem Frieden bleiben und mir Freude machen.

Mein Kind, mir liegt nichts über das vor, was du an Unrecht getan hast; es ist völlig und für immer ausgelöscht durch die Liebe meines Sohnes, der sein Leben für dich gegeben hat! Läßt dich das nicht aufatmen?

1.Kor 13,4-5; Röm 4,7-8; Mt 18,21-22; Kol 3, 12-14; 1.Joh 1,9

144

Liebe freut sich nicht am Bösen

„Laßt uns ablegen alles, was uns beschwert, und die Sünde, die uns ständig umstrickt, und laßt uns laufen mit Geduld in dem Kampf, der uns bestimmt ist. "

(Hebr 12,1)

Kind, ich bin froh, daß du mich liebhast. Ich möchte gern, daß du liebst, was ich liebe, und daß du haßt, was ich hasse. Jesus war so voller Freude, weil er die Gerechtigkeit liebte und alles Böse haßte.

Liebe freut sich nicht am Bösen; ich möchte deshalb nicht, daß du an irgend etwas Bösem Freude hast. Du hast dich von vielen unrechten Dingen abgewandt, aber ich sehe, daß gewisse Sünden immer noch Anziehung auf dich ausüben. Es gibt Bereiche, in denen du lieber deine eigenen Wege gehen würdest als meine.

Sünde lockt mit falschen Verprechungen. Sie bringt kurzzeitig Spaß, wenn man sich auf sie einläßt, und endet schließlich in der Katastrophe. Es ist besser, sich vom Geist bestimmen zu lassen als vom Fleisch, denn mein Geist bringt dir Leben und Frieden.

Die Wahl überlasse ich aber dir; **ich zwinge dich niemals, mir zu gehorchen.** Manchmal wünschst du dir, ich täte es! Das würde aber der Liebe keinen Raum lassen. Du würdest dich bald dagegen auflehnen, tun zu müssen, wozu ich dich zwinge. **Aber nur wenn meine Kinder in Liebe auf meine Erwartungen eingehen, werde ich verherrlicht.** Ihr Gehorsam muß freiwillig sein, ein Zeichen ihrer Liebe zu mir.

Wieder einmal möchte ich dir zeigen, wieviel Geduld ich mit dir habe. Mein Geist ist in dir am Werk, er verändert deine Wertvorstellungen. Er ermutigt dich in allem, was gut und richtig ist, und warnt dich vor allem, was mich betrübt. Nimm diese Warnungen ernst. Glaube mir: **Alles, was mich traurig macht, ist nicht gut für dich!** Es ist besser für dich, mir Freude zu machen, auf meinen Wegen zu bleiben und in meinem Frieden zu leben.

Und dies mußt du wissen, mein Kind: Wenn eine bestimmte Versuchung dir immer wieder zu schaffen macht, liegt es daran, daß du diese bestimmte Sünde nicht haßt. Es mag sein, daß du dich selbst wegen deiner Schwäche und Anfälligkeit auf diesem Gebiet haßt, aber du haßt noch nicht die Sünde selbst. Wenn das aber geschieht, wird diese Sünde keine Anziehungskraft mehr auf dich ausüben.

1.Kor 13,4-7; 2.Tim 2,22; Röm 8,10; Röm 8,6; 1.Petr 2,24; 1.Joh 3,9

72
Liebe sucht die Wahrheit

„Wenn ihr bleiben werdet an meinem Wort, so seid ihr wahr-
haftig meine Jünger und werdet die Wahrheit erkennen, und
die Wahrheit wird euch frei machen."

(Joh 8,31-32)

Mein liebes Kind, Liebe sucht die Wahrheit, auch wenn sie unbequem ist. Und manchmal ist sie unbequem, nicht wahr? Mein Wort enthält einige Aspekte, denen du gern aus dem Weg gehst. Du möchtest am liebsten glauben, daß ich in diesen Passagen nicht wirklich dich meine, und du suchst dir schnell andere Stellen, die dich mehr ansprechen und ermutigen. Ich kann das gut verstehen.

Ich ermutige dich mit dem, was du jetzt schon aufnehmen und verstehen kannst, und erwarte noch keine Vollkommenheit von dir. Mein Geist leitet dich aber in **ALLE** Wahrheit, deshalb wird er dich mit anderen Aspekten der Wahrheit konfrontieren, denen du dich stellen mußt. Er wird das zur rechten Zeit und in der richtigen Weise tun.

Du brauchst die ganze Schrift als Quelle der Offenbarung, wenn du mich und meine Wege verstehen willst. Begegne meinem Wort mit Ehrfurcht und Respekt. Wenn deine Ansichten dem widersprechen, was ich sage, muß dir klar sein, daß es deine Ansichten sind, die verändert werden müssen.

Jesus ist das Brot des Lebens. Ich möchte dich dahin bringen, daß du das ganze Mahl, das er anbietet, in seiner Fülle genießt! Wenn du dich mit meinem Wort ernährst, wirst du immer mehr mit Jesus erfüllt, mit der Wahrheit, die dich von Bindungen befreit und Glauben erzeugt, der dich fähig macht, mit jeder Situation fertig zu werden.

Du hast jetzt schon einen großen Teil der Wahrheit begriffen:

Du weißt, daß dir vergeben ist – diese Wahrheit wird dir in meinem Wort offenbart.

Du weißt, daß ich dich annehme – das sagt dir ebenfalls mein Wort.

Du bist eine neue Schöpfung – das Alte ist vergangen, alles ist neu geworden.

Du bist ein Kind meines Königreiches.

Du hast ewiges Leben.

Du hast in Jesus Anteil an jedem geistlichen Segen des Himmels.

Ich führe dich immer in meinem Siegeszug mit, weil du in Jesus bist.

Ich werde durch den Reichtum seiner Herrlichkeit alle deine Bedürfnisse stillen.

Ich habe dir alles gegeben, was du für ein gottesfürchtiges Leben brauchst.

Mein Geist lebt in dir.

Ich habe dir in Jesus überfließendes Leben geschenkt.

Alle diese Aussagen sind Wahrheiten, die mein Wort offenbart und die sich positiv auf dein Leben auswirken. Je mehr du der Offenbarung meines Wortes glaubst, um so mehr wird deine Erfahrung mit dem Wort übereinstimmen.

Joh 16,13; 2.Tim 3,16; Eph 1,3; 2.Petr 1,3; 2.Kor 2,14

73
Liebe beschützt

„Sie deckt alles zu."*

(1.Kor 13,7)

Liebe nimmt immer in Schutz. Meine Liebe ist ein Schild um dich herum. Ich beschütze dich, weil du mein Kind bist. Ich bin dein Zufluchtsort und deine Festung, ich bin dein Fels, deine Burg und dein Befreier.

Du beschützt die, die du liebst, besonders die, für die du Verantwortung trägst. Liebende Eltern sind Beschützer ihrer Kinder. Wieviel mehr werde ich der Beschützer derer sein, die ich liebe!

Kinder können sich durch Leichtsinn oder Unkenntnis oder durch das Mißachten von Warnungen in gefährliche Situationen bringen. Das gilt auch für meine Kinder. **Solange sie meinem Wort vertrauen und auf meinen Wegen bleiben, sind sie sicher.** Sobald sie den Gehorsam gegen mein Wort aufgeben, verlassen sie meinen Schutz und machen sich verwundbar.

Einige Male habe ich dich vor deiner eigenen Dummheit bewahrt. Ich habe den Feind daran gehindert, dir Schaden zuzufügen. Es war für dich offensichtlich, daß ich auf wunderbare Weise eingegriffen habe, um den Lauf der Ereignisse zu verändern.

Der Feind geht umher wie ein brüllender Löwe und sucht Opfer, die er verschlingen kann. Solange du auf dem Weg der Heiligung bleibst, bist du in Sicherheit. Wenn du dich aber von mir entfernst, wird der Feind versuchen, das auszunutzen. Wie oft habe ich dich schon retten müssen!

Achte einmal darauf, wie Jesus vor dem Bösen, das Menschen ihm zufügen wollten, bewahrt wurde. Mehrere Male wollten sie ihn töten. Aber keiner der Menschen, die der Feind in seiner Gewalt hatte, konnte Jesus etwas antun, weil Jesus in enger Gemeinschaft mit mir lebte. Er hat sich in allem nach meinem Willen gerichtet.

Er konnte erst dann festgenommen werden, als er sich freiwillig der Gefangennahme und der darauf folgenden Kreuzigung unter-

---

*   Revidierte Elberfelder Bibel; Übersetzung des englischen Textes (New International Version): Sie nimmt immer in Schutz.

warf. Er hätte Scharen von Engeln rufen können und Hilfe und Schutz von ihnen bekommen. Aber er wollte es nicht tun, weil er wußte, daß die Stunde seines Opfertodes gekommen war.

Bleibe in meiner Nähe, in der Wahrheit meines Wortes, und genieße meinen Schutz. Und beschütze die, die ich deiner Liebe anvertraue. Kritisiere sie nicht; sei bereit, sie zu verteidigen, wenn andere sie verurteilen. Warne diejenigen, die Gefahr laufen, mich zu betrüben, und ermuntere die Angst- und Sorgenvollen dazu, ihr Vertrauen in meine beschützende Liebe zu setzen.

1.Kor 13,1-13; Ps 18,31; 1.Petr 5,8-9; 1.Joh 5,18

74

Liebe vertraut immer

„Sie glaubt alles."*

(1.Kor 13,7)

Mein liebes Kind, Liebe vertraut immer. In dem Maße, wie deine Liebe zu mir wächst, lernst du es, mir in jeder Situation zu vertrauen. Allmählich entdeckst du, daß du nicht scheiterst, und erlebst, daß meine Verheißungen sich erfüllen, wenn du dich auf meine Worte verläßt.

Immer wieder sage ich dir, du sollst dich nicht fürchten. Wenn du dich fürchtest, zweifelst du an meiner Liebe zu dir; meine vollkommene Liebe treibt alle Furcht aus. Jesus hat gesagt: **„Euer Herz erschrecke nicht! Glaubt an Gott und glaubt an mich!"**

Meine Liebe zu dir ist beständig, Kind. Sie ist verläßlich und vertrauenswürdig. Sie ändert sich nicht mit deinen Gefühlen und deinen Lebensumständen. **Es ist eine ewige, unveränderliche, unerschütterliche Liebe.** Und eine solche Liebe und einen solchen Glauben möchte ich in dir wachsen sehen, damit dein Glaube an meine Liebe fest sein kann, auch mitten in großen Schwierigkeiten.

Viele machen den Fehler, nur ganz allgemein an mich zu glauben, ohne im einzelnen das zu glauben, was ich versprochen habe. Ich bin meinen Verheißungen treu. Du zweifelst an meiner Liebe, wenn du an dem zweifelst, was ich sage. **An den Worten meiner Verheißungen festzuhalten ist nichts anderes, als dich an mir und meiner Liebe zu dir festzuhalten.**

Meine Liebe strömt auf alle herab, die mich anrufen. „Alles, um was ihr auch betet und bittet, glaubt, daß ihr es empfangen habt, und es wird euch werden."** Es gibt Zeiten, in denen es richtig ist, für die Erhörung zu danken, auch wenn noch nichts zu sehen ist, was deine Zuversicht rechtfertigen würde. Du weißt ganz einfach,

---

*   Die Übersetzung des englischen Textes (New International Version) lautet: Sie vertraut immer.
**   Mk 11,24 in der Revidierten Elberfelder Bibel; diese Übersetzung entspricht der englischen (NIV).

daß ich mich in dieser Situation als treu erweisen werde und daß das, was ich versprochen habe, gewiß geschehen wird.

Wenn du im Glauben betest, bist du sicher, daß ich dich gehört habe, und du bist dir meiner Antwort so sicher, daß du glaubst, sie empfangen zu haben.

Mein liebes Kind, du bist gesegnet, weil du dein Vertrauen und deine Zuversicht in mich gesetzt hast. Ich werde dich nicht im Stich lassen. Ich werde dich vor dem Fallen bewahren. Weil ich zu deiner Rechten bin, wirst du nicht wanken!

Ich werde dich zur Erfüllung all dessen bringen, was ich für dich geplant habe. Vertraue mir.

1.Kor 13,1-13; 1.Joh 4,18; Joh 14,1; Mk 11,24; Hebr 11,1

75

Liebe hofft

„Sie hofft alles."

(1.Kor 13,7)

L iebe hofft immer. Mein liebes Kind, meine Augen sehen auf die, deren Hoffnung meine unerschütterliche Liebe ist; sie werden nie zuschanden werden.

Glaube heißt, dir dessen sicher zu sein, was du dir für die Zukunft erhoffst. Es steht ganz außer Zweifel, daß ich tun werde, was ich zu tun versprochen habe. **In Jesus sehe ich dich jetzt schon bei mir im Himmel; Jesus wird dich völlig rein und untadelig vor mich bringen.**

Weil es im Himmel nichts Unvollkommenes gibt, hattest du einen Erlöser nötig, jemanden, der dich in meiner Sicht vollkommen machen konnte. Ich sehe dich nicht getrennt von Jesus, sondern in ihm! Er ist deine Gerechtigkeit.

Das entspricht so gar nicht deinen Gefühlen, nicht wahr? Du bist dir dessen bewußt, daß du manchmal Wünsche hast, die mir nicht gefallen, und daß du manchmal Versuchungen nachgibst. Ich bin nicht immer mit dem einverstanden, was du tust. Deshalb erscheint es dir seltsam, daß ich dich als heilig ansehe und dir zusichere, daß du deinen festen Platz im Himmel hast!

Was du hoffst, ist dir gewiß. **Ich habe versprochen, daß Jesus wiederkommt, und es wird geschehen. Ich habe versprochen, daß du meine Herrlichkeit sehen wirst, und es wird geschehen. Ich habe versprochen, dich durch und durch zu heiligen, an Geist, Seele und Leib, und ich werde es auch tun. Ich habe versprochen, daß du in meinem Reich wie die Sonne strahlen wirst, und so wird es geschehen! Ich habe mein Wort gegeben!**

Deine Hoffnung ist völlig gerechtfertigt; es wird alles so geschehen, wie ich es gesagt habe. **„Die Hoffnung aber, die man sieht, ist nicht Hoffnung; denn wie kann man auf das hoffen, was man sieht? Wenn wir aber auf das hoffen, was wir nicht sehen, so warten wir darauf in Geduld."**

Meine Liebe zu dir wird dich zur Erfüllung deiner Hoffnung bringen. Diese Hoffnung kann nicht enttäuschen. Sie steht in scharfem Kontrast zu der Hoffnung, die die Welt kennt, die unbestimmt und ungewiß ist. Für den Ungläubigen ist Hoffnung ein großes Fragezeichen. Er erhofft sich eine gute Zukunft, ist sich ihrer aber überhaupt nicht sicher.

Manche hoffen, daß ich ihre Gebete erhören oder ihre Krankheit heilen werde, diese Hoffnung ist aber weit von der Gewißheit entfernt, die der Glaube gibt.

Dein Glaube befähigt dich, dessen gewiß zu sein, was du hoffst. Freue dich darüber, mein Kind. Ich bin der Gott der Hoffnung, der dich, wenn du vertraust, mit aller Freude und mit Frieden erfüllt, damit deine Hoffnung durch die Kraft des Heiligen Geistes überströmen kann.

Du wirst festhalten an der Liebe, am Glauben und an der Hoffnung – sie werden niemals aufhören.

1.Kor 13,1-13; Ps 25,3.5; Ps 31,25; Ps 33,18.22; Ps 62,6;
Hebr 11,1; Röm 8,24-25; Röm 15,13

Die Liebe hört niemals auf

„Sie duldet alles. Die Liebe hört niemals auf."

(1.Kor 13,7-8)

Siehst du, wie ausdauernd ich in meiner Liebe zu dir gewesen bin? Durch jeden Kampf und durch jede Krise habe ich dir geholfen, durch jede Phase des Zweifelns, durch Zeiten, in denen du über dich selbst und die Situation, in der du dich befandest, verzweifelt warst. Ich gebe die, die ich liebe, niemals auf! **Ich werde dich nie als hoffnungslosen Fall aufgeben, liebes Kind; du bist mir viel zu kostbar.** Meine Liebe zu dir ist ewig und wird niemals nachlassen.

Es ist gut, zu sehen, wie du immer mehr an mir festhältst, weil du mich liebhast. Du hast der Versuchung widerstanden, von meinem Weg abzuweichen. Allmählich lernst du, daß es besser ist, meinen Willen zu tun, als deinen eigenen Kopf durchzusetzen. Du mußt dich dazu durchringen, auch wenn du in bestimmten Situationen immer wieder scheiterst.

Bei einigen Lektionen dauert es länger, bis sie in deinem Leben zur Anwendung kommen. Ich muß mich dann wiederholen, bis du bereit bist, das, was ich sage, ernst zu nehmen. Aber ich bleibe beharrlich und stoße dich sanft und liebevoll so lange an, bis du dich in Bewegung setzt.

Meine Liebe wird dich nie im Stich lassen, ganz gleich, welche Kämpfe oder Schwierigkeiten du gerade durchmachst. Auch wenn du von meinen Wegen abweichst, bin ich immer da, wenn du zurückkehrst, bereit zu vergeben und dich wieder aufzurichten. Meine Liebe wird für alle deine Bedürfnisse ausreichen.

Diese gleiche Liebe ist in dich hineingelegt worden. Ja, du hast in dir die Liebe, die nie aufhört, die Liebe meines Heiligen Geistes. Du kannst dir deshalb sicher sein, daß deine Liebesreserven ausreichen, um jeder Situation gewachsen zu sein.

Es ist nötig, daß andere erfahren, daß deine Liebe für sie beständig bleibt, auch wenn sie dich enttäuschen. Ja, es wird Zeiten geben, in denen du frustriert und enttäuscht sein wirst über die Art und Weise, wie Menschen auf deine Liebe reagieren oder sie für allzu selbstverständlich halten. Zeige ihnen, daß du sie nicht aufgeben wirst.

Emotional unreife Menschen werden sich alles mögliche einfallen lassen, um zu testen, ob deine Liebe zu ihnen aufrichtig ist. Sie werden versuchen, dich zu manipulieren, und werden behaupten, daß du sie gar nicht liebst. Gegenüber solchen Taktiken mußt du fest bleiben. Die Grundlage für deine Liebe muß meine Wahrheit sein und nicht irgenwelche Gefühle.

Mein Kind, weil mein Geist in dir lebt, ist es dir möglich, das neue Gebot zu erfüllen, das Jesus gegeben hat, andere so zu lieben, wie er dich liebt. **Ich möchte gern, daß du dafür bekannt bist, vertrauenswürdig, zuverlässig, treu und fürsorglich zu sein – so wie ich!**

1.Kor 13,1-13; 1.Petr 4,8; Eph 4,15; 1.Petr 1,22

77

Segne andere

„Segnet, die euch verfolgen; segnet, und flucht nicht... Seid eines Sinnes untereinander."

(Röm 12,14.16)

Es ist leicht, die zu lieben, die dich lieben, Kind. Ich bitte dich, deine Feinde zu lieben, denen Gutes zu tun, die dich hassen, die zu segnen, die dich verfluchen, und für die zu beten, die dich verfolgen. Viele sehen keine Möglichkeit, meine Lehre in ihrem Leben umzusetzen, und empfinden sie als Zumutung. Und das ist sie auch für jeden, in dem nicht mein Geist lebendig ist.

Wer sich nur von seinen natürlichen Empfindungen leiten läßt, haßt seine Feinde und kann auf Haß nur mit Haß reagieren. In denen, die mich kennen, werden meine Gnade und meine Barmherzigkeit sichtbar. Mein Geist gibt ihnen die Kraft, die sie brauchen, um Haß mit Liebe, Fluch mit Segen und Verfolgung mit Gebet zu begegnen.

Mit meinem Herzen kannst du sogar die lieben, die sich gegen mich wenden und mich hassen. Du mußt sehen, daß solche Menschen gebunden sind und die Wahrheit nicht kennen. Sie haben weder die Offenbarung noch das neue Leben empfangen, das ich dir gegeben habe. Verurteile sie also nicht. **Du kämpfst nicht gegen Fleisch und Blut, sondern gegen die Mächte, die die Menschen gebunden halten, die Herrscher und Gewalten dieser finsteren Welt und die bösen Mächte in den himmlischen Regionen.**

Jeder, der sich gegen dich stellt, stellt sich gegen mich. Wer dich haßt, haßt mich. Wer dich verfolgt, verfolgt mich, weil du ein Teil des Leibes Jesu bist.

Einmal wollten die Jünger zur Strafe Feuer vom Himmel fallen lassen. Wer würde gerettet, wenn ich mein Urteil sofort sprechen würde, sobald jemand sündigt? Ich bin der Gott, der unendliche Geduld hat; ich gewähre Zeit zur Umkehr. Ich fege ihre Sünden weg, wenn Menschen zu mir kommen. In meinem Reich gibt es viele, die mich einmal gehaßt haben und sich gegen die gestellt haben, die zu mir gehören. Inzwischen sind sie durch meinen Geist selbst starke und mächtige Zeugen meiner Liebe.

Mein Kind, zeige anderen, daß mein Reich ein Reich der Liebe ist und daß ich es vorziehe zu segnen, statt zu fluchen, zu vergeben, statt zu verurteilen. Du wirst dich wundern, wie viele durch ein solches Verhalten überwunden werden.

Lk 6,27-36; 2.Kor 4,3-4; Eph 6,12; 2.Petr 3,9

Dein Wert

„Ich habe dich bei deinem Namen gerufen; du bist mein!"

(Jes 43,1)

Mein liebes Kind, du bist mir viel wichtiger, als du meinst. Du siehst dich nur als einen aus einer großen Schar von Jüngern, die ich in der ganzen Welt habe. Das bist du auch, aber jedes einzelne meiner Kinder ist mir wichtig. **Ich hätte dich nicht gerufen und würde nun nicht in dir leben, wenn du mir nichts bedeuten würdest.**

Du bist einzigartig und hast einen einzigartigen Auftrag. **Niemand sonst kann deinen Platz einnehmen.** Höre also auf, dich danach zu sehnen, jemand anders zu sein! Ich bringe dich immer an den Platz, wo ich durch dich wirken kann. Wenn es nicht meine Absicht wäre, dich zu gebrauchen, hätte ich jemand anders ausgewählt und an diesen Platz gestellt.

Ich bin immer mit dir, um dich mit allem auszurüsten, was du brauchst, und dich zu beschützen. Erlaube mir, dich da zu gebrauchen, wo du bist, und sehne dich nicht mehr danach, irgenwo anders zu sein! Ich werde es dir ganz klar sagen, wenn ich möchte, daß du irgendwo anders hingehst.

Mein Kind, überall um dich herum sind Menschen, denen du dienen kannst, denen du Liebe und Ermutigung schenken kannst. Ich habe dir genug zu tun gegeben, denn ich „verschwende" keines meiner Kinder. Verschwende du also keine Zeit damit, dich ständig zu analysieren; gehe an die Arbeit, die ich dir gegeben habe. Das Leben im Glauben ist spannend; du wirst staunen, was du alles tun kannst. Und du wirst entdecken, daß das, was ich dir zugeteilt habe, gut ist! Ja, du hast ein wunderbares Erbe; so lebe doch auch diesem Erbe entsprechend!

Ps 139,13-16; Eph 2,10; 1.Kor 7,24; Mt 9,37-38; Ps 16,5-6

Ein Herz voller Liebe

„Ihr Lieben, hat uns Gott so geliebt, so sollen wir uns auch untereinander lieben."

(1.Joh 4,11)

Mein liebes Kind, ich habe dich ergriffen und in Jesus einge-setzt. Alle meine Reichtümer gehören dir. Jesu Erbe ist dein Erbe geworden. Du bist sein Miterbe. Ein solches Vorrecht bringt Verantwortung mit sich. Wenn du meine Herrlichkeit teilen willst, mußt du mein Leiden teilen, indem du täglich dein Kreuz auf dich nimmst und mir nachfolgst. Mein Liebes, es lohnt sich!

Das Leiden, zu dem ich dich berufe, sind die Kosten, die du um meines Reiches willen aufbringen mußt. Es kostet dich etwas, dich selbst zu verleugnen und für andere zu leben. Aber wenn dein Herz voller Liebe zu mir ist, wird es auch voller Liebe zu anderen sein; und allein die Freude, zu sehen, was ich an ihnen tue, wenn du dich ihnen in meinem Namen zuwendest, wird die Kosten bei weitem übersteigen.

Du weißt doch, wie sehr ich dich schon immer geliebt habe, nicht wahr, mein Kind? Ich habe mich ganz hingegeben, ohne Einschränkung. Es hätte nicht ausgereicht, wenn ich nur einen Teil meiner selbst gegeben hätte. Ich habe mich völlig hingegeben, zuerst in meiner Menschwerdung und dann in meinem Tod am Kreuz. Es war mir nicht zu teuer, weil ich dich liebhabe.

Weil ich dich so liebe, sollst du andere auch so lieben. Du machst mir Freude, wenn du ihnen dienst.

Hast du Angst davor, daß sie deine Liebe ausnutzen? Sie werden es tun, genau so, wie sie meine Liebe ausnutzen. Glaubst du, sie werden deine Liebe als Selbstverständlichkeit hinnehmen? Sie werden es tun, genau so, wie sie meine Liebe als Selbstverständ-lichkeit hinnehmen.

Versuchst du, meine Liebe auszunutzen? Nimmst du meine Liebe manchmal als Selbstverständlichkeit hin? Sei dir bewußt, daß andere dich dann nur so behandeln, wie du mich behandelst.

Ich verurteile dich nicht, und es ist auch nicht deine Sache, sie zu verurteilen. Warne die Ungehorsamen, und ermutige die Treuen.

Bleibe dabei, andere zu lieben und dich um sie zu kümmern, auch wenn sie das nicht zu schätzen wissen und undankbar sind. Denke daran, daß sogar Jesus durch das, was er erlitten hat, im Gehorsam gewachsen ist, indem er seine Treue darin erwies, daß er sich selbst in Liebe hingegeben hat, bis hin zum Tod am Kreuz! **Ich liebe, weil es mein Wesen ist zu lieben. Ich möchte, daß es auch bei dir so ist, mein Kind.**

1.Joh 4,11-12; Röm 8,17; Mt 10,38-39

80

Ich werde dich belohnen

„Alles, was ihr tut, das tut von Herzen ..., denn ihr wißt, daß ihr von dem Herrn das Erbe empfangen werdet."

(Kol 3,23-24)

Du kannst nur dann nach den Plänen leben, die ich für dich habe, wenn du im Bewußtsein meiner Liebe zu dir lebst. Es ist nicht egoistisch von dir, meinen Segen zu erwarten und die ganze Fülle dessen anzunehmen, was ich dir geben will. **Je mehr du empfängst, um so mehr hast du, um es anderen zu geben.**

Ich würde dir nichts geben, wenn dies nicht mein eigener Wunsch wäre. Natürlich hast du meinen Segen nicht verdient. Ich gebe aber nicht, weil du meine Gaben verdient hast, sondern weil ich dich liebhabe.

Es ist dir oft schwergefallen, meine Großzügigkeit zu verstehen. Denke einmal an die Geschichte Jesu über die Arbeiter im Weinberg. Einige arbeiteten einen ganzen Tag lang in der Hitze und einige nur eine Stunde; aber alle erhielten den gleichen Lohn, weil der Herr des Weinbergs es mit jedem Arbeiter so besprochen hatte.

Einige beschwerten sich, weil ihnen dies ungerecht erschien. Habe ich aber nicht das Recht, mit dem, was mir gehört, zu tun, was ich will? Es ist niemals ungerecht, wenn ich tue, was ich versprochen habe!

Jemand, der sein ganzes Leben in meinem Dienst verbringt und Verfolgung leidet, wird die Erlösung erlangen, ebenso wie derjenige, der erst am Ende seines Lebens zu mir umkehrt.

Wer aber für mich gearbeitet und die Hitze des Tages ausgehalten hat, hat viel größere Befriedigung erfahren als derjenige, dessen ganzes Leben, bis auf die letzte Stunde, kein Ziel und keine Bedeutung hatte. **Es ist ein Segen für dich, jetzt schon für mich zu arbeiten.** Du bist gesegnet, weil du mich kennst und an mich glaubst und mich immer bei dir hast. Ich freue mich über dich mit großer und überfließender Freude!

Mein liebes Kind, **denke nicht an die Kosten, sondern an die Freude, die in dem Wissen liegt, daß du mir dienst.** Ich werde dich belohnen. Und bedenke, daß du, wenn du um meines Reiches willen leidest, mich verherrlichst, weil du bereit bist, ein lebendiges Opfer zu sein. Ich versichere dir: Du wirst kein Verlierer sein. Ich bleibe niemandem etwas schuldig. Ich werde niemals zulassen, daß du mich im Geben übertriffst! Du wirst von mir viel mehr empfangen, als du jemals geben könntest.

Mt 20,1-16; Eph 6,7-8; Mt 16,27

Die Frucht des Gehorsams

„Denn das ist die Liebe zu Gott, daß wir seine Gebote halten."
(1.Joh 5,3)

Liebes Kind, einige Lektionen sind sehr einfach, haben aber weitreichende Konsequenzen in deinem Leben. Jesus erzählte von einem Vater, der seine beiden Söhne bat, auf seinen Feldern zu arbeiten. Der erste sagte, daß er gehen würde, tat es aber nicht. Der andere lehnte es ab, besann sich aber dann und ging doch. Welcher tat den Willen des Vaters?

Viele sagen, sie wollen meinen Willen tun und tun ihn nicht. **Es sind nicht die Versprechungen, die mich beeindrucken, sondern der Gehorsam, der im Tun Frucht bringt.** Wer mich liebt, tut, was ich ihm sage.

Deshalb ist es wichtig, mein Kind, daß du dich entschieden hast, meinen Willen zu tun, daß du mir in allen Dingen Freude machen willst. Ich warte nun auf das Sichtbarwerden dessen, was du versprochen hast, die Frucht deiner Bereitschaft, meinen Willen zu tun.

Mt 21, 28-31; Joh 14,15; Lk 11,28; 2.Joh 6

82

Ich möchte keine Opfer, sondern Barmherzigkeit

„Wer unter euch ohne Sünde ist, der werfe den ersten Stein auf sie."

(Joh 8,7)

Die religiösen Führer versuchten, Jesus eine Falle zu stellen, als sie eine Frau zu ihm brachten, die beim Ehebruch gefaßt worden war. Es bestand kein Zweifel an ihrer Schuld; nach dem Gesetz mußte sie gesteinigt werden. Jesus hatte eindeutig gesagt, daß er nicht gekommen war, um das Gesetz abzuschaffen, sondern um es zu erfüllen. Wie konnte seine Lehre von der Liebe und der Vergebung mit der Strafe in Einklang gebracht werden, die diese Frau verdiente?

Die Pharisäer verstanden nicht, daß der Kern des Gesetzes, das ich meinem Volk gegeben hatte, meine Barmherzigkeit war. Sie kümmerten sich um das äußerliche Einhalten religiöser Pflichten, aber sie übersahen mein Herz!

Obwohl Jesus Sünde niemals duldete, liebte er aber die Sünder und nutzte jede Gelegenheit, um sie von ihren Sünden freizumachen. „Wer unter euch ohne Sünde ist, der werfe den ersten Stein auf sie." Der einzige unter ihnen, der ohne Sünde war, war Jesus. Er entschied sich, der Frau zu vergeben und nicht Steine auf sie zu werfen. **Ich ziehe Barmherzigkeit dem Gericht vor!**

Die Stimmung in der Menge änderte sich. Die Ältesten und Weisesten waren die ersten, die weggingen. Wie sollten sie diese Frau verurteilen, wenn Jesus die Sünden eines jeden Anwesenden offenbaren konnte, wenn er wollte?

„Hat dich niemand verdammt?" fragte er die Frau. „Niemand", antwortete sie. So ließ Jesus sie gehen mit der Ermahnung, von ihrem sündigen Leben zu lassen. Meinst du, sie hat es getan?

Nimm dir diese Lektion zu Herzen, mein Kind. Wenn du versucht bist, andere zu verurteilen und zu verdammen, vergiß nicht, daß du selbst auf Barmherzigkeit angewiesen bist.

Joh 8,1-11; Jak 2,12-13; Mt 9,13; Lk 6,37

Die Pharisäer

„Dieses Volk ehrt mich mit den Lippen, aber ihr Herz ist weit entfernt von mir. Vergeblich aber verehren sie mich, indem sie als Lehren Menschengebote lehren."*

(Mk 7,6-7)

Mein Kind, nimm dich vor dem Sauerteig der Pharisäer in acht. Sie geben gern gute Ratschläge, leben aber selbst nicht nach dem, was sie lehren. Sie sind voller Selbstgerechtigkeit und widersetzen sich meinen Absichten, obwohl sie vor mir Lippenbekenntnisse ablegen. Sie leben nicht als Kinder meines Reiches. In direktem Widerspruch zur Wahrheit, die Jesus verkündet hat, lehnen einige sogar die Wiedergeburt ab und behaupten, sie sei nicht notwendig, um mein Reich zu erben.

Pharisäer sind die Leute, die wünschen, daß man ihnen nachfolgt, ihnen Anerkennung und Beifall ausspricht. Sie sind mehr mit ihrem Status und ihrer Stellung beschäftigt als mit dem Wohlergehen meiner Kinder.

Pharisäer sind die Leute, die auf Verbindlichkeit pochen, jedoch nur den Dingen gegenüber, die ihnen wichtig sind, und nicht denen gegenüber, die mir heilig sind. Sie sind blind, weil sie ihre eigene „Weisheit" meiner Wahrheit vorziehen.

Pharisäer sind die Leute, die es mit ihren Gemeindeordnungen und ihren konfessionellen Satzungen peinlich genau nehmen, meine Kinder aber in ihrem Sehnen nach Leben und Heilung allein lassen. Sie kümmern sich nicht um die Gerechtigkeit, die Barmherzigkeit und die Treue, die Anzeichen der Gegenwart meines Reiches sind. Auch hier zeigt sich ihre Blindheit. Sie regen sich über Kleinigkeiten auf, lassen aber die wichtigen Grundordnungen meines Reiches außer acht.

Die Pharisäer reinigen das Äußere des Bechers, aber innen sind sie voller Gier und Selbstsucht. Sie sind sehr damit beschäftigt, vor anderen einen guten Eindruck zu machen, und merken überhaupt nicht, daß ihre Herzen ein offenes Buch für mich sind. Innerlich

---

*   Revidierte Elberfelder Bibel

sind sie voller Schlechtigkeit. Sie erkennen nicht, wie scheinheilig sie sind, und deshalb schreien sie nicht zu mir, daß ich ihnen das reine Herz gebe, das sie brauchen.

Sie achten ihre alten Traditionen und verehren ihre ehemaligen Lehrer, mißachten aber mein Wort. Sie lesen in der Schrift, versäumen es aber, ihr Leben nach dem auszurichten, was ich sage. Sie gehen sogar so weit, diejenigen zu bekämpfen und zu verfolgen, die wirklich im Glauben leben, und werfen ihnen Überheblichkeit vor.

Hüte dich vor solchen Leuten. Mein Geist kann nicht frei wirken, wo man solchem Pharisäertum die Leitung überläßt. **Wo dagegen meinem Geist die Führung überlassen wird, herrscht Freiheit unter meinem Volk.**

Mein Kind, du gehörst nicht unter die Pharisäer. Du bist dazu berufen, das Leben meines Reiches in der Kraft meines Geistes zu leben, und ich möchte, daß du die Freiheit hast, das zu tun. **Du sollst nicht denen unterstehen, die dich verurteilen, sondern sollst dich denen unterstellen, die dich wirklich meine Wege leiten, Männern und Frauen mit Glauben und Vision, die dich mein Wort lehren und deinen Glauben fördern.**

Mt 15,1-9; Mt 23,23-28; 1.Sam 16,7; 2.Kor 3,17; 1.Kor 4,20

84

Mein Geist gibt Leben

„Es werden nicht alle, die zu mir sagen: Herr, Herr!, in das Himmelreich kommen, sondern die den Willen tun meines Vaters im Himmel."

(Mt 7,21)

Wehe euch Pharisäern! Dies ist immer noch mein Wort. Es gibt viele moderne Pharisäer, die sich mit einem äußerlichen Anschein von Religiosität zufriedengeben und keine Erfahrung mit der Realität meines Geistes gemacht haben. Sie führen ihre Gottesdienste weiter in ihren alten Formen durch und halten mit großer Ernsthaftigkeit ihre Traditionen fest; und ihr Leben und das Leben derer, die sie lehren, ist ohne Kraft. Einige halten sogar andere davon ab, die Kraft zu empfangen, die ich in ihr Leben fließen lassen möchte.

Obwohl die Pharisäer leitende Mitglieder der Synagoge waren, warnte Jesus sie, sie würden nicht in das Himmelreich kommen. Sünder und Prostituierte kämen vor ihnen hinein, weil sie in echter Buße und im Glauben zu mir umkehrten.

Manche wollen heute nicht zugeben, daß sie umkehren müssen, sie geben sich mit ihren frommen Ritualen zufrieden. Sie glauben, daß ich Herr bin, haben aber nicht die Erfahrung gemacht, von neuem geboren zu sein, weil sie sich nicht persönlich meiner Herrschaft unterstellt haben. Sie beanspruchen für sich, meinen Geist empfangen zu haben, obwohl meine Kraft in ihrem Leben nicht sichtbar wird. Sie mögen nicht gefragt werden, ob sie wiedergeboren sind, und fangen sofort an, sich zu rechtfertigen, wenn man sie auf ihre persönliche Beziehung zu mir anspricht.

Diejenigen, die mich kennen, haben es nicht nötig, sich zu rechtfertigen. Sie sind glücklich in der Beziehung, die wir miteinander haben. Sie haben das Wirken meines Geistes in ihnen als Realität erfahren.

Ich warne alle, die das Äußere ihres Gefäßes reinhalten, deren Herzen aber verdorben sind. Ich warne alle, die an Dingen festhalten, die ich verabscheue: z. B. okkulten Praktiken, Aberglaube und Homosexualität. Sie können mich weder jetzt noch in der Ewigkeit kennenlernen, wenn sie ihr Leben nicht mir übergeben und mir erlauben, das an ihnen zu verändern, was nur ich verändern kann.

Ich werde alle zur Verantwortung heranziehen, die in meinem Namen lehren. Sie haben eine doppelte Verantwortung. **Diejenigen, die die Wahrheit lehren und mein Volk in die Wahrheit führen, sollen doppelten Lohn erhalten.** Diejenigen, die Ideen und Vorstellungen weitergeben, die ihrem eigenen Verstand entspringen, werden an denen schuldig, für die sie verantwortlich sind.

Diejenigen, die ihr Denken und Handeln in Übereinstimmung mit meiner Lehre bringen, sind wirklich meine Jünger. Ihre Freude soll vollkommen sein, und sie werden Befriedigung und Erfüllung erfahren. Sie werden selber frei sein und können andere aus Bindungen befreien, indem sie meine Wahrheit in ihr Leben hineinsprechen. Diejenigen, die die Wahrheit durch sie empfangen, werden voller Freude sein.

Mein Kind, bete für alle, die mein Volk lehren und leiten, damit sie sich als treu erweisen.

Mt 15,8-9; Jak 3,1; Mt 21,31

169

85

Meine Gerechtigkeit

„Richtet nicht, damit ihr nicht gerichtet werdet ...; und mit
welchem Maß ihr meßt, wird euch zugemessen werden."

(Mt 7,1-2)

Ich rate dir, andere nicht zu verurteilen, denn du wirst mit demselben Maß gemessen werden, das du auf andere anwendest. Ich
fordere dich nicht auf, die „Pharisäer" und diejenigen, die gegen
mich sind, zu verurteilen. Ich rate dir, dich vor ihnen und ihren
Lehren in acht zu nehmen und nichts mit toter Religiosität zu tun
zu haben. Das Recht zu urteilen aber habe ich allein.

Ich bin gerecht. Ich sorge dafür, daß du gerecht behandelt
werden wirst, und ich werde auch allen anderen Gerechtigkeit
widerfahren lassen. **Du wirst säen, was du erntest. Behandle also
andere so, wie du behandelt werden möchtest.** Sei barmherzig,
und du wirst meine Barmherzigkeit erfahren.

Manchmal wird deine Liebe abgelehnt, und deine Gaben werden zurückgewiesen. Wenn die, denen du gibst, nicht reagieren,
werde ich dafür veranlassen, daß du von anderen etwas zurückbe-
kommst. Dafür sorge ich. Ich achte auf alle Einzelheiten deines
Lebens, damit du in allen Dingen meine Gerechtigkeit erfährst.

Wenn andere dich ungerecht behandeln, brauchst du dich nicht
zu rächen. Ich werde dafür sorgen, daß dir Gerechtigkeit geschieht.
Ich werde mich derer annehmen, die dir Schwierigkeiten machen.
Entweder werden sie Buße tun und meine Barmherzigkeit erleben,
oder sie werden gerichtet, denn wer sich gegen dich stellt, stellt sich
gegen mich.

Ich verhelfe immer der Gerechtigkeit zu ihrem Sieg, auch wenn
es manchmal länger dauert. Du bist sehr froh, wenn ich dir Zeit
lasse, damit du etwas, was nicht in Ordnung war, bereuen und zu
mir umkehren kannst. **Sei ebenso dankbar, daß ich anderen Zeit
zur Umkehr lasse.** Sieh zu, daß du mit ihnen so viel Geduld hast
wie ich mit dir.

Halte dein Herz rein – frei von Eifersucht und Bitterkeit, Be-
gierde und Habgier. Nimm das Wohlergehen anderer so wichtig wie
dein eigenes. Liebe die, die dich verachten und hassen. Mach dir

bewußt, wie hart ihre Herzen sein müssen, um diejenigen zu hassen, die ich liebe, und diejenigen zu unterdrücken, die ich bestätige.

Denkst du, diese Dinge sind zu schwer für dich, Kind? Bitte meinen Geist, dir zu helfen. Sein Leben ist in dir, und du bist in der Lage, zu tun, was ich von dir erwarte.

Mt 7,1-6; Mt 26,52; Phil 2,3-4; Lk 6,37-42

Vergib

„Hättest du dich da nicht auch erbarmen sollen über deinen Mitknecht, wie ich mich über dich erbarmt habe?"

(Mt 18,33)

Jesus erzählte das Gleichnis vom Schalksknecht, um zu zeigen, wie es sich mit meiner Vergebung verhält. Dieser Knecht bekommt von seinem Herrn seine sehr große Schuld erlassen und weigert sich dann, einem Mitknecht die lächerlich geringe Summe zu erlassen, die dieser ihm schuldet. Er läßt den Mitknecht ins Gefängnis werfen, weil er die Schuld nicht zurückzahlen kann. Der Herr ist zornig auf den bösen Knecht und übergibt ihn den Folterknechten, damit sie ihn quälen, bis er seine ganze Schuld zurückzahlen kann.

Du machst mir Freude, mein Kind, wenn du barmherzig bist; du betrübst mich, wenn du dich weigerst zu vergeben. Weil du selbst meine Barmherzigkeit erlebt hast, erwarte ich, daß du gegen andere barmherzig bist. Wenn du dich weigerst, barmherzig zu sein, erlebst du meine Barmherzigkeit auch nicht mehr. Dir wird nach dem Maß zurückgezahlt, nach dem du gibst.

Selig sind die Barmherzigen, denn sie werden Barmherzigkeit erlangen. Vergib, und dir wird vergeben werden. Richte nicht, dann wirst auch du nicht gerichtet. Denn so, wie du andere richtest, wirst du gerichtet werden; und mit dem Maß, mit dem du mißt, wirst du selber gemessen werden.

Ich möchte keinem meiner Kinder meine Barmherzigkeit entziehen, aber diese Angelegenheit der Vergebung ist mir so wichtig, daß ich es tun muß, wenn sie ihre Herzen gegen andere verhärten. Wem viel vergeben ist, der hat viel Liebe. Und die Liebe eines solchen Menschen wird darin sichtbar, daß er anderen mit Barmherzigkeit und Vergebung begegnet.

Manchmal mußt du darum kämpfen, anderen vergeben zu können, weil du durch ihr ungerechtes Verhalten verletzt worden bist. Und es fällt dir erst recht schwer, wenn sie überhaupt keine Reue zeigen! Es wird dir helfen, wenn du dich daran erinnerst, wie gründlich ich dir in der Vergangenheit vergeben habe, ohne dich zu richten oder zu verdammen. Mach dir bewußt, wie sehr deine Sünde mich gekränkt hat, und sei dankbar für meine Barmherzigkeit; dann wird es dir möglich sein, anderen von Herzen zu vergeben.

Und verliere nicht die Geduld, Kind. Einigen Menschen wirst du immer wieder vergeben müssen – so wie ich dir auch immer wieder habe vergeben müssen. **Ich bitte dich lediglich darum, daß du anderen so begegnest, wie ich dir begegne; mit Liebe, Barmherzigkeit und Gnade.**

Mt 18,21-35; Mt 5,7; Mt 6,14-15

87

Ich bin gerecht

„Wenn ich aber richte, so ist mein Richten gerecht; denn ich
bin's nicht allein, sondern ich und der Vater, der mich gesandt
hat."

(Joh 8,16)

Mein liebes Kind, ich habe alles Richten meinem Sohn anvertraut, damit alle ihn ehren, wie sie mich ehren. Wir sind eins
und doch in unserer Persönlichkeit unverwechselbar. Wir sind nicht
uneins miteinander, sondern handeln immer in vollkommener
Übereinstimmung. Obwohl alles Richten Jesus anvertraut ist, ur-
teilt er nur nach dem, was er von mir hört. Seine Urteile sind meine
Urteile, und sie sind immer gerecht.

Ich konnte alles meinem Sohn anvertrauen, sogar zu der Zeit,
als er selbst als Mensch an der menschlichen Schwachheit teilhatte,
weil er nie an sich gedacht hat.

**Und mein Geist gibt dir die rechte geistliche Beurteilung
oder Einschätzung jeder Situation, in die du hineingestellt bist.**
Höre deshalb aufmerksam auf die innere Stimme meines Geistes,
damit du dich nicht täuschen läßt. **Weil du in mir lebst, teilst du
meine Urteilsfähigkeit; du bist in der Lage, die Dinge, die mich
verherrlichen, von denen zu unterscheiden, die mir Unehre
bringen.**

Du kannst unterscheiden, welcher Geist in einer Situation tätig
ist, weil mein Heiliger Geist dir die nötige Unterscheidungsfähig-
keit verleiht. Du bist in der Lage zu entscheiden, ob jemand fleisch-
lich handelt oder unter einer besonderen Salbung von mir oder ob
er vom Feind benutzt wird. Du wirfst dich nicht zum Richter über
Menschen auf, sondern fängst an, den Geist hinter ihren Worten
und Taten zu erkennen. In diesem Sinne sollst du „urteilen".

Weil du an Jesus glaubst, wird er dich vor mir nicht anklagen
und verurteilen, sondern verteidigen. Er ist dein Verteidiger. Sein
Blut spricht für dich, mein Kind. Ich handle gerecht, wenn ich
davon absehe, dich zu verurteilen und zu verdammen, weil du dein
Vertrauen in das Opfer gesetzt hast, das er am Kreuz für dich
gebracht hat. Ich werde das Blut meines Sohnes niemals zurück-

weisen. Freue dich! Du wirst nicht verdammt, sondern bist schon jetzt vom Tod zum Leben übergegangen!

1.Joh 2,1; Joh 5,22; 1.Kor 2,15; Röm 5,9; Joh 5,24

Mein Gericht

„Denn er hat einen Tag festgesetzt, an dem er den Erdkreis richten will mit Gerechtigkeit durch einen Mann, den er dazu bestimmt hat."

(Apg 17,31)

Mein Kind, die Zeit wird kommen, wenn alle vor meinem Richterstuhl stehen werden. Alle, die nicht an Jesus glauben wollen, sind schon verdammt. Sie fürchten das Jüngste Gericht zu Recht. Sie haben das Blut zurückgewiesen, das die Kraft hat, sie von ihrer Sünde zu reinigen und in meinen Augen annehmbar zu machen. Niemand kann für sie eintreten. Durch ihren Unglauben sind sie verdammt.

Die, die mir gehören, haben nichts zu fürchten. Das Blut Jesu spricht für sie. Sie sind gerettet.

Alle meine Kinder werden darüber Rechenschaft ablegen müssen, wie sie die Kraftquellen meines Reiches, die ihnen frei zur Verfügung stehen, genutzt haben. Jeder einzelne wird den Lohn empfangen, der seinem Handeln entspricht. Die Treuen und Gehorsamen werden einen anderen Lohn erhalten als diejenigen, die sich nur um ihre eigenen Interessen gekümmert haben. Führe dein Leben so, daß ich mit dir zufrieden sein kann.

Im Gericht werden die Schafe von den Böcken getrennt. Ich betrachte alle, die meinen Willen tun, als Mitglieder meiner Familie. Sie sind die Schafe, die mir folgen. Die Böcke kümmern sich nicht in meinem Namen um andere.

Diejenigen, die mit meiner Liebe erfüllt sind, sind sich manchmal ihrer Zusammenarbeit mit mir gar nicht bewußt; es gehört schon zu ihrem Wesen, mein Leben durch sie hindurch zu anderen strömen zu lassen. Sie lieben andere instinktiv und teilen aus, ohne vorher über die Kosten für sich selbst nachzudenken.

Wenn diese Gerechten vor meinem Thron erscheinen, werde ich sie dafür loben, wie sie die Hungrigen und die Durstigen versorgt, Fremde aufgenommen, Nackte gekleidet, sich um Kranke gekümmert und Gefangene besucht haben. Viele von ihnen werden erstaunt sein, daß ich sie für solche Dinge lobe, weil sie ihnen eine solche Selbstverständlichkeit waren. Sie sind nicht durch die Erwartung einer Belohnung motiviert worden, sie haben aus echtem Mitgefühl und echter Liebe heraus gehandelt. **Sie haben mir gedient, indem sie anderen dienten. Es ist mir eine Freude, sie zu belohnen.**

Andere, die nichts von alledem getan haben, werden aussagen, daß sie mich lieben, werden aber wenig oder keine Frucht gebracht haben. Dies sind die Menschen, die mich benutzen wollen, statt mir zu dienen; sie benutzen auch andere Menschen für ihre eigenen Zwecke, statt für sie da zu sein. Sie nennen mich „Herr", erlauben mir aber nicht, Herr zu sein. Nicht jeder, der „Herr, Herr" sagt, wird das Himmelreich sehen, sondern nur, wer tut, was ich sage.

Mein Kind, ich bin froh, daß du zu den Schafen gehörst. Du hörst meine Stimme und folgst mir. Du kümmerst dich mit meiner Liebe um andere. Du rührst sie sanft an, wo es weh tut. Statt sie zu verdammen, liebst du sie.

Mt 25,31-46; Röm 14,10-12; Joh 3,18; Mt 16,27; Mt 7,21

Dein König und Richter

„Die ganze Menge der Jünger [fing] an, mit Freuden Gott zu
loben mit lauter Stimme ... Gelobt sei, der da kommt, in dem
Namen des Herrn!"

(Lk 19,37-38)

Jesus weinte über Jerusalem. Er hatte meinem Volk viele Gelegenheiten gegeben, das Evangelium anzunehmen und zu mir
umzukehren. Viele zogen ihre Religion meinem Sohn vor, obwohl
sie mich ihren Vater nannten.

Viele tun heute das gleiche. Ich habe kein Gefallen an äußerlichen Ritualen oder an der Zurschaustellung traditioneller Frömmigkeit. Ich möchte ein Volk, dessen Herzen für mich und die Sache
meines Reiches brennen, ein Volk, das Zeugnis von mir ablegt und
sich danach sehnt, daß die Verlorenen gerettet werden.

Jesus weinte über Jerusalem. Dies war der Ort, an dem er als
der Messias hätte empfangen werden sollen, als der Christus, mein
Sohn. Stattdessen war es der Schauplatz seiner Ablehnung. Geschieht heute nicht genau das gleiche? Der größte Widerstand
gegen die Wahrheit begegnet dir unter Menschen, von denen du
meinst, sie hörten mein Wort gern und seien gern bereit, meinen
Willen zu tun.

Einige in Jerusalem begrüßten ihn als König, als er im Triumphzug auf einem Esel, dem Symbol der Königswürde, in die
Stadt einzog. Diese Menschen erkannten ihn als den Sohn Davids,
als den, der in meinem Namen als ihr König kam. Die meisten der
religiösen Führer jubelten ihm nicht zu. Stattdessen verschworen
sie sich gegen ihn.

Wenn er als Sieger wiederkommt, wird er weder von religiösen
Führern noch von sonst jemandem gerichtet; er wird alle Menschen
richten. Er wird als König und als Richter kommen.

Aber damals war für den König die Zeit gekommen, in der er
sein Königsgewand ablegen und sich jede Demütigung gefallen
lassen mußte, die Menschen ihm antun konnten. Bald sollten sich
Stimmen erheben, die seine Kreuzigung forderten, statt seine Königsherrschaft auszurufen. Die Mächte der Finsternis und die tra-

ditionelle Frömmigkeit schienen den Sieg davonzutragen, aber nur für kurze Zeit. **Denn der König war auf dem Weg zu seinem Thron. Er ging den Weg über das Kreuz, damit er dich mit in den Himmel nehmen konnte.**

Mein Kind, ich bin so froh darüber, daß deine Stimme unter den Stimmen ist, die zu seinem Lob erhoben sind, daß du ihn als deinen König und Herrn bekennst. Laß sein Lob immer auf deinen Lippen sein. Gehe zu meinen Toren ein mit Danken, zu meinen Vorhöfen mit Loben. Lobe den Namen Jesu, denn du wirst ihn auch in der Ewigkeit loben:

„Das Lamm, das geschlachtet ist, ist würdig, zu nehmen Kraft und Reichtum und Weisheit und Stärke und Ehre und Preis und Lob!"

Mt 23,37; Mt 23,1-36; Apg 17,31; Offb 5,12

90

Ich stelle dich wieder her

„Wenn wir aber unsere Sünden bekennen, so ist er treu und gerecht, daß er uns die Sünden vergibt und reinigt uns von aller Ungerechtigkeit."

(1.Joh 1,9)

Jesus wußte, daß es geschehen würde. Er wußte, durch wen es geschehen würde; aber er ließ nie zu, daß dieses Wissen seinen Umgang mit Judas beeinflußte. Er gab ihm die gleichen Gelegenheiten wie den anderen Jüngern; er liebte ihn mit derselben Liebe und begegnete ihm mit derselben Gnade.

Er gab Judas jede Gelegenheit, seine Liebe zu erwidern; aber Judas war ein typischer Vertreter derer, die ihren Lohn sofort wollen. Er suchte Befriedigung für seinen politischen Ehrgeiz und seine Habgier. Er gab sich als sozial engagiert, war aber kein Mann des Geistes. Er stellte an andere Leute Ansprüche, an die er sich selbst nicht halten wollte.

Jesus war nicht der Messias, den Judas sich wünschte. Als Judas ihn verriet, war Jesus voller Trauer um ihn. Empfindest du nicht Trauer, mein Kind, für die, die in den Fängen des Teufels sind und von ihm manipuliert und benutzt werden?

Viele haben sich gefragt, wie jemand, der Jesus so nahe war, ihn verraten konnte. Ist es nicht immer so? Widerstand, der von außen kommt, stärkt Glauben und Entschlossenheit der Gläubigen. Verrat von innen richtet den größten Schaden an.

Nachdem Judas Jesus verraten hatte, war er voller Reue, war aber nicht bereit, Buße zu tun und zu mir umzukehren. Er hatte sich mit Satan eingelassen; er hatte sich für die Absichten des Feindes mißbrauchen lassen, und der Teufel zerstört die, die ihm gehören. Dies sollte allen eine Warnung sein.

Petrus verleugnete Jesus. Er tat wirklich Buße. Seine Liebe zu Jesus war echt und beruhte nicht auf Selbstinteresse. Deshalb empfing er Vergebung und den Auftrag, meine Schafe zu weiden. Sein Dienst wurde zum großen Segen für viele.

Manche meiner Diener verleugnen mich durch das, was sie tun und sagen. Wenn sie merken, was sie getan haben, tut es ihnen

180

wirklich leid, und sie tun Buße. **Solchen Brüdern sollst du dazu verhelfen, daß ihre Ehre wiederhergestellt wird und sie ihren Auftrag wieder ausführen können, du sollst sie nicht verurteilen oder verdammen.**

Ich habe Petrus nicht aus meinem Plan ausgeschlossen oder entschieden, daß er nicht mehr würdig war, mein Volk zu weiden, weil er mich verlassen und danach verleugnet hatte. Ich nahm ihn wieder an und gab ihm seinen Auftrag. Als mein Geist auf die Jünger herabkam, war es Petrus, der die Führung übernahm, mein Wort verkündete und die Bewegung in Gang setzte, die dazu führte, daß sich Tausende im Glauben zu mir bekehrten.

Du sollst wissen, mein Kind, daß ich die Fehler aus deiner Vergangenheit vergesse, wenn sie einmal vergeben sind. Ich werde mich von ihnen nicht in der Art und Weise, wie ich dich in Zukunft gebrauchen will, einschränken lassen. Dies ist ein weiterer Aspekt meiner Gnade.

Joh 13,10-11; Joh 18,15-17.25-27; Joh 21,15-17; Ps 103,12

Die Stunde der Verherrlichung

„Er erniedrigte sich selbst und ward gehorsam bis zum Tode, ja zum Tode am Kreuz."

(Phil 2,8)

Der Augenblick war gekommen, und die Jünger flohen und ließen Jesus allein. Nun stand er vor seinen Richtern – Kaiphas, Hannas, Pilatus. Er hörte die wilden Anschuldigungen, die gegen ihn vorgebracht wurden. Er stand dem Haß und der völligen Verständnislosigkeit gegenüber.

Er hatte die Machthaber bloßgestellt, die Sadduzäer und die Anhänger des Herodes, die sich geweigert hatten, seinen Worten zu glauben. Über sie war das Urteil schon gesprochen. Nun hörte Jesus ihr Urteil über ihren Messias an. Sie wollten den dem Tod ausliefern, der gesandt war, sie vom Gesetz des Todes zu erlösen. Sie liebten ihre Tradition mehr als mich. Und sie erkannten den nicht, den ich gesandt hatte. Wie habe ich um sie getrauert!

Mein Plan mußte erfüllt werden. Jesus antwortete nicht auf die wilden und falschen Anschuldigungen. Er wollte sich nicht verteidigen. Kurze Zeit später sollte der Zeitpunkt kommen, an dem ich seine Ehre wiederherstellte, indem ich ihn vom Tod auferweckte. Dann sollte er als die Wahrheit erkannt werden!

Als Jesus direkt gefragt wurde, ob er der Christus sei, bekannte er: „Ich bin es." Die, die ihn liebten, verstanden die weitreichenden Konsequenzen, die diese Aussage haben mußte. Die, die ihn ablehnten, bezichtigten ihn der Gotteslästerung. Sie beschlossen, ihn zu kreuzigen.

Zu einem früheren Zeitpunkt hatte Jesus dieselben religiösen Führer Kinder des Teufels genannt. Nun zeigte es sich, daß sie genau dies waren. Obwohl sie für sich in Anspruch nahmen, gerecht und gesetzestreu zu sein, waren sie Werkzeuge in der Hand des Teufels, die er benutzte, um meinen Sohn zu kreuzigen.

Ich weiß, wer meine wahren Kinder sind. Sie lieben Jesus und ehren mein Wort. Die Kinder des Teufels ziehen Menschenverstand der Wahrheit, Religion der Liebe und Argumente meiner Macht vor.

Jesus mußte in menschlicher Schwachheit vor ihnen stehen und ihnen erlauben, ihn zu verurteilen.

Das Urteil wurde schnell gefällt. Sie merkten überhaupt nicht, daß dies die Stunde meiner Verherrlichung war, in der ich die Absichten endgültig verwirklichte, für die ich Jesus gesandt hatte. Als sie ihn auspeitschten und schlugen, sagte er nichts. Er ließ es geschehen, daß Sünde und Krankheit auf ihn gelegt wurden. Alle Schmerzen, die die Menschheit verdient hat, wurden auf ihn geworfen. Er ertrug dies willig. Er wußte, daß alles im Sieg enden würde, aber vorher mußte er die Schmerzen und die Todesqualen erleiden.

Was empfand Jesus, als sie die Nägel durch seine Hände und Füße schlugen? **Er hat für dich gebetet, Kind, und für alle, die seinen Tod nötig gemacht haben: „Vater, vergib ihnen, denn sie wissen nicht, was sie tun."**

Joh 8,42-47; Mt 27,27-54; Kol 2,13-15

92

Jesus, das Opfer für dich

„Es ist vollbracht."

(Joh 19,30)

Mein liebes Kind, als Jesus in jener Nacht im Garten auf den Knien lag, sah ich seine Seelenqual. Trotzdem mußte ich unerbittlich bei meinem Plan bleiben. Ich hörte ihn beten: „Nicht mein Wille, sondern dein Wille geschehe", und ich bestätigte ihm, daß es mein Wille war, ihn an das Kreuz gehen zu lassen.

Ich sah, wie sie ihn schlugen, verhöhnten und anspuckten. Ich hörte die Lügen derer, die als Zeugen gegen ihn aussagten; aber ich wußte von den vielen, die in Zukunft von seinem Gehorsam zeugen würden. Ich sah, wie die Nägel in seine Hände und Füße geschlagen wurden. Ich hörte seinen Angstschrei: „Mein Gott, mein Gott! Warum hast du mich verlassen?"

Dann mußte ich tun, was mir das Schwerste von allem war, was ich jemals tun mußte: Ich mußte ihn vollkommen allein leiden lassen. **Ich konnte dieses Leiden nicht teilen, weil er um meinetwillen dort hing. Mein gerechter Zorn war von den Menschen abgewendet und auf ihn gelegt worden. Er mußte die Strafe erleiden, die sie verdienten.** Als ich seinen verzweifelten Schrei hörte, war unsere Verbindung abgerissen. Doch dies allein war das Opfer, das die Menschen befreien konnte: der Vollkommene, der sich für die Unvollkommenen opferte, der Selbstlose, der sich für die Selbstsüchtigen hingab, der Gerechte, der für die Ungerechten dem Tod ausgeliefert war. Dieses Opfer genügt für alle Zeiten, es braucht nicht wiederholt zu werden.

Ich sah, wie der Glaube triumphierte, als er dort hing. Obwohl er von mir abgeschnitten in völliger Verlassenheit und Trostlosigkeit dort hing, befahl er seinen Geist in meine Hände. Zu dieser Zeit spürte er meine Gegenwart nicht. Es war eine reine Glaubenshandlung, und ich freute mich für ihn.

Meinen Sohn in dieser Weise leiden zu sehen, bereitete mir Freude und Leid. Der Schmerz der Trennung war notwendig, um die Freude über die Seelen zu ermöglichen, die als Folge dieses Geschehens in mein Reich hineingeboren werden.

Schließlich triumphierte er: „Es ist vollbracht!" Alles, was ich ihm aufgetragen hatte, um deine Erlösung zu ermöglichen, war getan. Das reine, unbefleckte Lamm war für die Sünden der ganzen Welt geopfert worden.

Sein Leib wurde vom Kreuz heruntergenommen und leblos ins Grab gelegt. Nachdem er den Gefangenen im Totenreich gepredigt hatte, konnte der Triumph seiner Auferstehung und sein Sieg über den Tod sichtbar werden.

Liebes Kind, du glaubst, daß er für dich gestorben ist, deshalb gehört alles, was er am Kreuz errungen hat, dir: Vergebung, Heilung, Freiheit. Du glaubst an seine Auferstehung, deshalb wirst auch du auferstehen und im Himmel an meiner Herrschaft teilhaben. Vergiß das nie, Kind! Und denke daran: **Weil ich dich so sehr liebe, war ich bereit, einen so hohen Preis für dich zu zahlen. So kostbar bist du mir!**

Mt 26,36-7,66; Jes 53,5; 1.Petr 3,18-20; Hebr 7,24-27; Röm 6,5

93

Glaube meinem Wort

„Aber selig sind eure Augen, daß sie sehen, und eure Ohren, daß sie hören."

(Mt 13,16)

Sie verstanden es nicht. Obwohl Jesus die Jünger mehrere Male vorwarnte, glaubten sie nicht, was er sagte. Es entsprach nicht ihren Erfahrungen und auch nicht den Erwartungen, die sie an ihren Messias hatten. Sie verstanden nicht, warum der Sohn Gottes abgelehnt und gekreuzigt werden mußte. Der Gedanke war für sie so erschreckend, daß sie das Versprechen, daß er wieder auferstehen würde, gar nicht in ihr Herz einließen. Deshalb verbargen sie sich nach der Kreuzigung voller Angst; was geschehen war, hatte sie völlig umgeworfen.

Als ihnen von denen, die zum Grab gegangen waren, berichtet wurde, daß Jesus auferstanden war, wollten sie es nicht glauben. Sie glaubten es erst, als sie den auferstandenen Jesus selbst sahen.

Thomas war nicht dabei, als er den Jüngern erschien; er weigerte sich, den anderen zu glauben, bis er Jesus mit eigenen Augen gesehen hatte.

Diese Geschehnisse zeigen, daß der Unglaube große Macht hat. Vielen Menschen wird die Wahrheit offenbart, aber sie begegnen ihr mit Unglauben.

Was hat Jesus zu Thomas gesagt? – „Weil du mich gesehen hast, darum glaubst du. Selig sind, die nicht sehen und doch glauben!" Du hast Jesus nicht leibhaftig gesehen, nicht wahr? **Deshalb, mein Kind, gehörst du zu den Gesegneten. Du glaubst, ohne gesehen zu haben.**

Weil du dem Zeugnis meines Wortes geglaubt hast, kennst du die Wahrheit, und die Wahrheit hat dich frei gemacht! Du erkennst: **Ich gehe nicht mit dir um, wie du es verdienst, sondern wie er es verdient.** Jesus hat die Strafe ertragen, die du verdient hast.

Nur wer umkehrt und seiner erlösenden Liebe vertraut, kann sich all des Segens erfreuen, den seine Opfertat erworben hat.

Ein Kaufhaus kann mit allen möglichen Waren angefüllt sein, trotzdem treffen viele die Entscheidung, daran vorbeizugehen. Es mag sein, daß sie die Waren von weitem bewundern, vielleicht beachten sie das Kaufhaus aber auch überhaupt nicht. Nur wer hineingeht und die Waren kauft, kann sie besitzen.

Dies soll nicht heißen, daß meine Gaben käuflich sind; aber du mußt im Glauben kommen, um sie zu empfangen. Auf dich wartet ein ganzes Warenhaus, angefüllt mit geistlichen Schätzen, und alles ist schon durch das Blut meines Sohnes bezahlt.

Viele treffen die Entscheidung, vorbeizugehen und das nicht zu beachten, was ich anbiete. Mein Kind, **ich bin so froh darüber, daß du zu mir gekommen bist, um in Empfang zu nehmen, was ich durch Jesus umsonst gebe.**

Du hast die Erlösung, ewiges Leben, das Himmelreich und alle meine anderen Reichtümer empfangen, weil du meinem Wort geglaubt hast! Solche Macht hat der Glaube.

Liebes Kind, tritt immer wieder ein, und nimm alles in Empfang, was ich dir durch meinen Sohn anbiete.

Joh 20,24-29; Eph 1,13; Eph 1,18-21

187

94

Das Lamm, das regiert

„Daher kann er auch für immer selig machen, die durch ihn zu Gott kommen, denn er lebt für immer und bittet für sie … Er hat es nicht nötig, … täglich … Opfer darzubringen …; denn das hat er ein für allemal getan, als er sich selbst opferte."

(Hebr 7,25.27)

Schau auf das Lamm Gottes, das die Sünde der Welt wegnimmt! Sieh auf meinen Sohn, der dazu gesandt wurde, das Opfer für dich zu sein. Das Lamm ohne jeden Makel, das heilige Opfer, dem heiligen Gott dargebracht, um alle Sünden der Unheiligen zu sühnen. Sieh auf das Lamm, das alle **deine** Sünde weggenommen hat.

Schau auf das Lamm Gottes, das nun mitten auf dem Thron sitzt und im Himmel herrscht! Er hat den Weg für dich frei gemacht, so daß du in das Allerheiligste kommen kannst, mit aufrichtigem Herzen und in voller Gewißheit des Glaubens. Als er am Kreuz starb, zerriß der Vorhang im Tempel in zwei Teile. **Jetzt gibt es nichts mehr, was dich davon abhält, vor meinen Thron in meine Gegenwart zu kommen.** Dort kannst du mich hören und dich von mir beschenken lassen.

Du brauchst nicht aus der Ferne mit mir zu reden. Komm in das Allerheiligste. Bete vor meinem Thron an. Nimm deinen Platz ein unter denen, die mich anbeten. Du darfst wissen, daß du willkommen bist, weil du mich als Herrn und König anerkennst. Hier ist dein Zuhause.

Für kurze Zeit betrittst du diesen Ort schon jetzt beim Beten und in der Anbetung. Der Zeitpunkt wird kommen, mein Kind, an dem ich dich für alle Ewigkeit an diesen Ort der Herrlichkeit erhöhe. Du hast mein Versprechen, daß ich es tun werde. Jetzt erlebst du nur kurze Einblicke in meine Herrlichkeit; dann wirst du mich von Angesicht zu Angesicht sehen. Jetzt weißt du, daß ich das Licht bin; dann wirst du ewig in diesem Licht sein. Jetzt hast du nur eine schwache Vorstellung von der Macht meiner Majestät; dann wirst du für immer voller Freude unter meiner Königsherrschaft leben.

Ich bin der, der in Herrlichkeit regiert und doch bei dir ist, um dir zu helfen und dich zu ermutigen. **Du warst in Jesus, als er am**

Kreuz geopfert wurde; und du warst in ihm, als er zur Herr-lichkeit erhöht wurde. Du lebst in ihm, dem alle Ehre und aller Ruhm gehört, der deine menschliche Natur angenommen und alle Macht des Bösen überwunden hat.

Ich sehe dich jetzt schon bei mir im Himmel. Jesus hat einen Platz für dich vorbereitet. Ich habe dir meinen Heiligen Geist gegeben, und er ist die Garantie für das Erbe, das du erhalten sollst.

Schau auf das Lamm Gottes, das deine Sünden wegnimmt! Schau auf das Lamm auf dem Thron in der himmlischen Herrlichkeit!

Offb 7,9-17; Hebr 10,19-22; 2.Kor 5,5; 1.Kor 13,12

Freue dich an mir

„Herr, zu wem sollen wir gehen? Du hast Worte des ewigen Lebens."

(Joh 6,68)

Es war Jesus eine Freude, meinen Willen zu tun, obwohl er so viel Widerstand, Ablehnung und sogar die Kreuzigung erdulden mußte. Es war ihm eine Freude, mir gehorsam zu sein, weil er mich liebte.

Das Kreuz war wie ein Schatten über seinem Leben. Er konnte es nicht umgehen.. Es gab keinen anderen Weg, meinen Plan zu erfüllen und den Menschen die Erlösung zu bringen. Sein ganzes Leben hindurch hatte er jeder Versuchung zu sündigen standgehalten. Er hatte allen Anschlägen des Feindes widerstanden. Er war sein Leben lang Sieger geblieben und mußte es dann zulassen, fälschlich angeklagt, gerichtet, verurteilt und gekreuzigt zu werden.

Er nahm alle Sünde, die er sonst so sorgfältig vermieden hatte, auf sich und mußte ihre schrecklichen Folgen erleben. **Er ging durch die Dunkelheit des Kreuzes, damit du im Licht sein kannst.** Die Finsternis konnte ihn nicht überwinden.

Manchmal kommt dir alles dunkel vor, und du nimmst mein Licht und meine Gegenwart nicht wahr. Trotzdem habe ich dich nicht verlassen und höre deinen Hilfeschrei. Ich werde dich durch die Dunkelheit zum Licht führen. Kein Problem wird dich überwältigen.

Hier im Himmel ist Jesus dein Verteidiger. Er tritt für dich ein. Sein Blut spricht lauter als deine Sünde. Sein Sieg ist größer all dein Versagen. Seine Liebe löscht alle deine Furcht aus.

Er wird in Fürbitte für dich eintreten, bis deine Zeit gekommen ist, und dann wirst du für immer bei mir in der Herrlichkeit sein.

Deshalb, mein liebes Kind, freue dich über alles, was ich durch das Kreuz für dich getan habe. Sei Jesus dankbar für sein Opfer. **Du bist mit Christus gekreuzigt worden. Nun lebst nicht mehr du selbst, sondern Christus lebt in dir. Das Leben, das du jetzt im Fleisch lebst, lebst du im Glauben an den Sohn Gottes, der dich liebt und sein Leben für dich gegeben hat.**

Joh 12,46; Ps 139,11-12; Joh 1,1-2; Gal 2,20

96

Die Auferstehung

„Das ist der Wille meines Vaters, daß, wer den Sohn sieht und glaubt an ihn, das ewige Leben habe; und ich werde ihn auferwecken am Jüngsten Tage."

(Joh 6,40)

Das Lamm, das sein Leben zum Opfer für die Sünde gemacht hat, ist als glorreicher Sieger auferstanden und regiert! Der Tod konnte ihn nicht halten.

Der Tod wird auch die nicht halten können, die ihr Vertrauen in ihn setzen. **Der Tod kann dich nicht halten, Kind, weil du dem vertraust, der die Auferstehung ist.** Er ist das ewige Leben, und du hast dieses Leben von ihm erhalten. Jeder, der lebt und an ihn glaubt, wird in Ewigkeit nicht sterben. Du glaubst das, nicht wahr?

Deshalb kannst du jetzt die Fülle seines Lebens empfangen und auch die Gewißheit haben, daß deine Zukunft in der Ewigkeit sicher ist.

Das Grab konnte Jesus nicht halten. Der Leib, der am Kreuz hing, wurde auferweckt, und Jesus erschien seinen Jüngern bei verschiedenen Anlässen in seinem Auferstehungsleib.

Auch du wirst leiblich auferstehen, Kind. Du brauchst dir keine Gedanken darüber zu machen, wie dies geschehen wird. Akzeptiere es im Glauben als die Offenbarung der Wahrheit. Ich habe deutlich gesagt, daß Jesus in seiner Auferstehung der Erstling unter denen war, die entschlafen sind. Alle, die in Christus leben, werden in ihm lebendig gemacht werden. So wie der Erstling auferweckt worden ist, werden alle, die zu ihm gehören, auch auferweckt werden.

Jesus wird herrschen, bis er alle Feinde unter seinen Füßen hat. Der letzte Feind, der vernichtet wird, ist der Tod. **Dein vergänglicher Leib wird unvergänglich auferstehen. Was in Niedrigkeit gesät ist, wird in Herrlichkeit auferstehen; was in Schwachheit gesät ist, wird in Kraft auferstehen. Jetzt hast du einen natürlichen Leib, aber er wird auferstehen als ein geistlicher Leib.**

Es ist dir jetzt unvorstellbar, was das heißt, und es ist nicht weise, darüber zu spekulieren. Die himmlischen Heerscharen sind geistliche Wesen; sie haben einen geistlichen Leib. Und du wirst deinen Platz vor meinem Thron in deinem geistlichen Leib einnehmen. Ja, dein natürlicher Leib wird zu einem geistlichen Leib werden.

Alles, was du jetzt über deinen geistlichen Leib wissen mußt, ist dies: **Er wird Jesus gleichen!** Ja, mein Kind, du wirst plötzlich verwandelt werden, in einem Augenblick, beim Schall der letzten Posaune. **Du wirst als unvergänglich auferstehen; dein sterbliches Leben wird in Unsterblichkeit gekleidet sein. Dann wird das Wort erfüllt sein: „Der Tod ist verschlungen vom Sieg!"**

Joh 11,26; 1.Kor 15,20-23.42-43.49; 1.Kor 15,54

Empfange meinen Leib und mein Blut

„Denn mein Leib ist die wahre Nahrung, und mein Blut ist der wahre Trank. Wer meinen Leib ißt und mein Blut trinkt, der lebt in mir und ich in ihm."

(Joh 6,55-56)

Unterdessen, mein Kind, bist du dazu bestimmt, mein Leben in der Schwachheit deines menschlichen Leibes zu leben, aber nicht, indem du dich auf deine eigene, geringe Kraft verläßt, sondern auf das Leben Jesu in dir.

In der Nacht, in der er gefangengenommen wurde, nahm er das Brot, brach es, dankte mir und sagte: **„Dies ist mein Leib, der für euch gegeben wurde."** Jesus wollte, daß seine Jünger sich auch immer, wenn sie Brot zusammen brechen, daran erinnern, daß er sich ganz für sie hingegeben hat. Seine Kraft ist dazu da, sie auch leiblich zu stärken.

Er nahm den Kelch, dankte, gab ihn den Jüngern und sprach: **„Das ist mein Blut des neuen Bundes, vergossen für dich und für viele, zur Vergebung der Sünden."** Er sagte, sie sollten dies tun, um sich an ihn zu erinnern. So könnten sie ständig in meiner Gnade bleiben, im Wissen, daß ich alle ihre Sünden und Verfehlungen vergebe.

Ich wollte nicht, daß die Menschen aus dieser Sache nur einen förmlichen Gottesdienst machen. Ich möchte, daß du mit allen meinen Kindern ein solches Bewußtsein meiner Nähe hast, daß ihr immer, wenn ihr zusammen eßt, daran denkt, daß ich bei euch bin und mich an euch hingebe und daß ich euch mit allem versorge, was ihr braucht.

Jedesmal, wenn du gemeinsam mit anderen trinkst, sollst du daran denken, daß das Blut Jesu dich gereinigt und erlöst hat und dich annehmbar vor mir gemacht hat. **Ich möchte nicht, daß dies ein frommes Ritual ist, sondern das Austeilen meines Lebens und der erlösenden Liebe, das mein Sohn durch sein Opfer möglich gemacht hat.**

Die ersten Christen trafen sich jeden Tag zum Brotbrechen. Sie lebten im Bewußtsein der Nähe des auferstandenen Jesus. Wie sehr wünschte ich mir, daß mein Volk zu dem zurückkehren würde, was ich eigentlich gemeint habe! Ich möchte, daß meine heilige Gegenwart ihre Häuser ebenso heiligt wie ihre gemeinsamen Gottesdienste.

Liebes Kind, **lebe im Bewußtsein meiner unmittelbaren Nähe.** Immer wenn du Brot brichst, gebe ich mich an dich hin; nicht nur, um deinen Leib, sondern auch deinen Geist zu ernähren. Jedesmal, wenn du den Becher segnest, trinkst du die rettende Gnade und Barmherzigkeit deines Gottes.

Joh 6,50-58; Lk 22,19-20; Apg 2,42.46

98

Jesus ist deine Gerechtigkeit

„Durch ihn aber seid ihr in Christus Jesus, der uns von Gott gemacht ist zur Weisheit und zur Gerechtigkeit und zur Heiligung und zur Erlösung."

(1.Kor 1,30)

Mein liebes Kind, ich habe dich in Christus Jesus hineinversetzt. Dies geschah, als du dich entschieden hast, ihm zu glauben. **Nun ist sein Leben dein Leben, sein Erbe ist dein Erbe. Du bist sein Miterbe!**

Jesus ist deine Weisheit, die Weisheit, die ich gegeben habe, um dich zu mir zu bringen. Er hat für dich getan, was du niemals selbst tun könntest, auch wenn du dich noch so sehr anstrengen würdest, mich zufriedenzustellen. „Denn im Evangelium wird die Gerechtigkeit Gottes offenbart; eine Gerechtigkeit, die ganz und gar aus dem Glauben kommt."*

Jesus ist deine Gerechtigkeit. Deshalb ist es unsinnig, dich darum zu bemühen, deine eigene Gerechtigkeit zu erlangen.

Menschen, die versuchen, dies zu tun, mögen sich Christen nennen und zur Kirche gehen. Sie mögen sich für gute Menschen halten und versuchen, sich moralisch untadelig zu benehmen; wenn sie aber meinen, daß ich sie aufgrund ihrer eigenen Anstrengungen annehme, werden sie eine bittere Enttäuschung erleben. Sie haben kein wahres Verständnis von Gerechtigkeit. Sie verstehen nicht, daß ihre Sünde und ihr Unglaube sie disqualifizieren. Sie brauchen einen Erlöser, der ihre Gerechtigkeit ist. Sie brauchen eine größere Gerechtigkeit als die der Pharisäer und Schriftgelehrten!

Niemand kommt durch eigene Anstrengung in mein Reich. Ich schenke es denen, die zu mir umkehren. Du kannst dir die Gerechtigkeit nicht verdienen; **ich mache dich gerecht durch den Glauben.**

„[Die] Gerechtigkeit vor Gott ... kommt durch den Glauben an Jesus Christus zu allen, die glauben."

---

*   Röm 1,17; übersetzt aus dem Englischen (New International Version).

Und wenn du dir noch so viel Mühe gäbest, würdest du niemals aus eigener Kraft in den Himmel kommen. Du bringst es nicht von selbst fertig, ewig zu leben. Du könntest dir das Leben, das ich dir schenke, niemals verdienen. **Deshalb habe ich dich durch Jesus gerecht und annehmbar vor mir gemacht.** Er bot mir am Kreuz sein gerechtes Leben an, stellvertretend für dich und alle Menschen aller Generationen, die gesündigt haben.

Durch Jesus kann ich dich vollkommen annehmen. Du brauchst dir meine Annahme nicht mehr zu verdienen. Du mußt endlich wissen, daß du schon vor mir gerechtfertigt bist, und aufhören, dich ständig selbst darum zu bemühen.

Lebe voller Freude in der Gerechtigkeit, die ich dir gegeben habe. Jesu Leben ist dein Leben, weil du an ihn glaubst.

Liebes Kind, halte dich nicht für ungerechtfertigt. Rede dir nicht ein, daß die Sünde und die Verfehlungen deiner Vergangenheit dich immer noch von mir trennen. Freue dich, daß du zu meinem Reich gehörst, daß es keine Verdammnis für die gibt, die zu Christus Jesus gehören.

Bete und arbeite dafür, daß andere gerettet werden. Deine Freude wird ein Zeugnis für Menschen sein, die an deinem Leben erkennen sollen, daß mein Reich Gerechtigkeit, Frieden und Freude im Heiligen Geist ist.

Röm 1,17; Röm 5,1-2; 2.Kor 4,4; 1.Kor 2,6-8; Röm 3,9-28

Jesus ist deine Heiligung

„Jagt ... der Heiligung [nach], ohne die niemand den Herrn sehen wird."

(Hebr 12,14)

Mein geliebtes Kind, du brauchst vor der Heiligung keine Angst zu haben; du bist für mich schon heilig! Überrascht dich das? Du siehst dich an und einige deiner Gedanken und Taten und wunderst dich nur, wie es möglich sein kann, daß ich, der Heilige, dich als heilig ansehe!

Du darfst eben nie das, was ich durch Jesus für dich getan habe, aus den Augen verlieren. Ich habe dich in ihn hineinversetzt. Deshalb sehe ich dich nicht losgelöst von ihm. Dein Platz vor mir ist sicher, weil du in ihm bist.

Weil er gerecht ist, betrachte ich dich als gerecht. Weil er heilig ist, sehe ich dich als heilig in ihm.

Ich möchte nun, daß du der Stellung gemäß lebst, die ich dir gegeben habe. Weil du deiner neuen Natur entsprechend gerecht und heilig bist, möchte ich, daß du auch in Gerechtigkeit und Heiligkeit lebst.

Das wird dir niemals dadurch gelingen, daß du auf das zurückblickst, was du einmal warst. Ich habe alle ungerechten und unheiligen Dinge aus deiner Vergangenheit vergeben. Warum beschäftigst du dich dann so mit ihnen, als hätten sie noch immer Auswirkungen auf dein Leben? Sie können dich nicht mehr beeinflussen, weil sie nicht mehr existieren.

Das Problem sind deine Gedanken, Kind. Weil du dich nicht als heilig und gerecht siehst, erwartest du auch nicht, in Heiligkeit und Gerechtigkeit zu leben. Du rechnest mit dem Versagen und nicht mit dem Erfolg.

Das ist Unglaube angesichts dessen, was ich durch Jesus für dich getan habe. Siehst du nicht, daß dein Denken erneuert werden muß, damit deine ganze Einstellung in Einklang mit meinem Wort gebracht wird?

Mein Kind, weil du Licht bist, brauchst du nicht in Finsternis zu leben. Natürlich kannst du dich immer noch freiwillig dazu entschließen. Wenn du unheilig und ungerecht sein willst, hast du die Freiheit, dich so zu entscheiden. Wenn du das tust, handelst du jedoch gegen deine neue Natur – Christus in dir.

Hier liegt der Haken, mein Liebes. Du hast versucht, das Richtige zu tun, und hast dabei die ganze Zeit das Gefühl gehabt, gegen deine sündige Natur anzukämpfen. Aber die alte Natur ist mit Christus gekreuzigt worden. Das Wasser der Taufe bedeutet, daß dieses alte Leben tot und begraben ist. **Deine wahre Natur ist jetzt die neue Natur, die ich dir gegeben habe: Christus in dir. Du hast ein neues Herz, und ich habe dir einen neuen Geist gegeben.**

Halte dich deshalb selbst für einen Heiligen und nicht für einen Sünder. Du bist geheiligt, für mich und meine Pläne ausgesucht. Heute kannst du ein heiliges und gerechtes Leben führen; du kannst tun, was mir gefällt!

Wirst du vollkommen sein? Nein, das ist mir klar. Aber es ist Zeit, daß du ein für allemal weißt, daß deine Stellung vor mir nicht von dem abhängt, was du getan hast, sondern von dem, was Jesus für dich getan hat.

Du bist wie ein Kind, das wächst und sich entwickelt. Als dein Vater liebe ich dich, ich nehme dich an und habe meine Freude an dir, und das gilt für jede Stufe deiner Entwicklung. Ich werde dich auch weiterhin lehren, erziehen und läutern, um dich zu geistlicher Reife zu bringen. Du wirst zunehmend deine neue Natur widerspiegeln und erkennen, daß deine Vergangenheit keine Macht über dich hat.

Liebes Kind, ich sehe dich als gerecht in deiner neuen Natur – und sehe dich zunehmen an Gerechtigkeit. Ich sehe dich als heilig – und sehe dich wachsen in der Heiligung.

Laß dich ermutigen. Ich habe alles in der Hand, auch dich! Ich werde dich zur Erfüllung der Pläne bringen, die ich für dich habe.

1.Kor 1,30; Röm 12,2; Gal 2,20; 1.Kor 6,11

100

Du bist heilig

„[Auch euch] hat er nun versöhnt durch den Tod seines sterblichen Leibes, damit er euch heilig und untadelig und makellos vor sein Angesicht stelle."

(Kol 1,22)

Ich bin heilig, Jesus ist heilig, und mein Geist ist heilig. Weil du eins mit mir und meinem Sohn bist, bist auch du heilig. **Jesus ist deine Heiligung.** Mein Heiliger Geist lebt in dir, damit seine Heiligkeit in deinem Leben sichtbar wird.

Liebes Kind, ich wiederhole dir diese Wahrheiten wieder und wieder, weil du sie immer wieder hören mußt. Du bist so sehr daran gewöhnt, negativ über dich selbst zu denken, daß ich dich jetzt erst einmal lehren muß, die Wahrheit anzunehmen. Heiligung ist dir nicht unmöglich. Und Heiligung hat auch nichts mit Frömmelei zu tun!

Heilig zu sein bedeutet heil, vollkommen, fehlerlos zu sein. Weil du in Jesus lebst, sehe ich dich schon hier bei mir im Himmel, und das Werk der Vervollkommnung ist abgeschlossen. **Ich sehe dich schon heil, vollkommen und fehlerlos.** Ist das nicht wundervoll? Du hast das nicht selbst erreicht. Du hast dich nur entschieden, an Jesus zu glauben und an alles, was er für dich getan hat.

Heiligung ist Realität für jeden, der an Jesus glaubt. Auch für dich! **Du bist heilig.** Das ist deine Stellung vor mir. Heilig sein heißt, für meine Ziele bestimmt zu sein. Ich möchte die praktischen Auswirkungen dieser Heiligkeit in deinem Leben sehen. Du bist heilig und bist dazu berufen, heilig zu sein. Deshalb sollst du in der Heiligkeit leben, die dir gegeben worden ist, als jemand, der für mich und mein Reich bestimmt ist.

Ohne Heiligung wird mich niemand von Angesicht zu Angesicht sehen. Weil du heilig gemacht worden bist, brauchst du nicht zu befürchten, abgelehnt, verurteilt oder für unzureichend befunden zu werden. Freue dich vielmehr! Der ganze Himmel hat sich über dich gefreut, als du zu mir umgekehrt bist. Ich juble vor Freude über dich, weil du zu mir gehörst.

Natürlich soll dies nun praktische Auswirkungen auf dein All-
tagsleben haben. Jesus hat auf der Erde ein heiliges Leben geführt.
In Heiligkeit leben heißt daher, wie Jesus zu leben. Liebe ist ein
Aspekt des Lebens in Heiligkeit, ebenso Freude, Friede und Geduld
und alles andere, was zur Frucht meines Heiligen Geistes gehört.

Weil Jesus in Heiligkeit lebte, heilte er die Kranken und befreite
die Gebundenen. Anderen brachte er die Wahrheit. In allem, was er
tat, war er demütig, sanft, voller Autorität und gerecht.

All dies sind Aspekte der Heiligkeit. Heilig sein heißt, dein
Leben in der Fülle zu leben, die Jesus dir gegeben hat, Kind.

Ich habe dir meinen Geist gegeben, damit du fähig bist, alles zu
tun, worum ich dich bitte. Versuche nicht, in deiner eigenen Kraft
ein heiliges Leben zu führen. **Das Wesen Jesu und sein heiliges
Leben können in deinem Leben sichtbar werden, wenn du in
dir selbst auch noch so schwach bist.**

Du hast in deinem Denken und Verhalten immer noch die
Möglichkeit, mich zu erfreuen oder zu enttäuschen. Wenn du mir
aus Liebe gehorchst, machst du mir Freude und kannst anderen ein
Segen sein.

Möchtest du heilig sein? Möchtest du wie Jesus sein? Lebe in
der Fülle seiner Liebe und Kraft. Schließe keine Kompromisse mit
den Dingen des Fleisches. Wenn du nur für deine Interessen lebst,
lehnst du die Heiligung und deine Bestimmung für mich und meine
Ziele ab. Aber wenn du dich selbst verleugnest, dein Kreuz auf dich
nimmst und Jesus nachfolgst, wird seine Heiligkeit in dir sichtbar
werden.

Und laß dich durch dies ermutigen: Du bist schon um vieles
heiliger als du warst. Ich sehe die Veränderung!

Hebr 10,10; 1.Petr 1,15; 2.Kor 7,1

101

Ich habe dich erlöst

„Jesus Christus, der sich selbst für uns gegeben hat, damit er uns erlöste von aller Ungerechtigkeit und reinigte sich selbst ein Volk zum Eigentum."

(Titus 2,13-14)

Ich kam in meinem Sohn, um mein Volk zu erlösen, um es mir zum Eigentum zu erwerben. Das Kreuz hat sein Leben von Anfang an überschattet. Er wußte, es würde nicht ausreichen, die Wahrheit zu verkündigen, Kranke zu heilen oder sogar Tote aufzuerwecken. Er mußte derjenige sein, der stellvertretend für alle die sterben würde, die gesündigt haben.

Ich mußte einen Weg bereiten, mein Volk vor dem zu erretten, was es wegen seiner Sünde und Rebellion gegen mich verdiente: Zorn und Gericht. Jesus ist dieser Weg. Ich habe auch dich aus deinen Sünden errettet, vor deinen Feinden und aus den Händen all derer, die dich hassen, weil du an ihn glaubst.

Ich habe dich vor dem Schicksal errettet, das du verdient hast, und ich mache dich fähig, mir ohne Furcht zu dienen. Du kannst durch Jesus in Heiligkeit und Gerechtigkeit leben, jeden Tag deines Lebens! Du kannst jederzeit meine Gnade erfahren. **Du brauchst keine Angst vor dem Versagen zu haben, vielmehr kannst du dich an meiner Gnade freuen. Du hast Jesus erwählt, weil ich dich erwählt habe. Ja, mein Kind, ich wollte dich für mich, als mein eigenes Kind, das ich angenommen habe.**

Mein Kind, ich habe dich erlöst. Ich habe mit dem Blut Jesu den Preis dafür bezahlt, daß du zu mir gehören kannst. Alles, was du mir jemals schulden könntest, ist bezahlt. Alle Strafen, die du für deine Sünde, deinen Ungehorsam und deine Rebellion verdienst, sind bezahlt. Ist es nicht großartig, zu wissen, daß du frei von Schulden bist?

Das einzige, was du mir jetzt schuldig bist, ist Liebe: von ganzem Herzen und ganzer Seele, mit deinem ganzen Verstand und all deiner Kraft.

So sorgsam, wie ich Maria ausgewählt habe, meinen Sohn zur Welt zu bringen, habe ich dich erwählt: **Ich habe dich ganz bewußt**

ausgewählt, ihn in deinem Herzen zu tragen, damit dein Leib ein Tempel des Heiligen Geistes ist.

Erkennst du, daß du ein großes Vorrecht hast, mein liebes Kind? Ich habe dir die blinden Augen geöffnet, damit du die Wahrheit siehst. Ich habe dir die Ohren geöffnet, damit du hören und verstehen kannst. Freue dich deshalb in mir, mein Kind.

Bewahre wie Maria meine Worte in deinem Herzen. Sinne über sie nach, und lasse sie dir in deinem Leben zum Segen werden.

Tit 2,14; Eph 1, 4-5; 1.Kor 6,19

102

Entscheidungen für die Ewigkeit

„Wer an den Sohn glaubt, der hat das ewige Leben. Wer aber dem Sohn nicht gehorsam ist, der wird das Leben nicht sehen, sondern der Zorn Gottes bleibt über ihm."

(Joh 3,36)

Wenn Jesus wiederkommt, wird er Engel aussenden, um die zu sammeln, die gegen mich waren. Bis dahin lasse ich zu, daß die Ungerechten unter denen bleiben, die zu meinem Reich gehören.

Um das Korn nicht zu beschädigen, versucht ein Bauer nicht, das Unkraut auf seinen Feldern auszureißen. **Die Gerechten und die Ungerechten müssen zusammen aufwachsen, bis meine Engel zur Ernte kommen.** Dann werden die, die dem Bösen gehören, in das Feuer des Gerichtes geworfen; aber die, die meine gerechten Kinder sind, werden zu ewigem Leben auferweckt. Sie werden für immer mit mir in der Herrlichkeit meines Reiches regieren.

Diese Dinge werden gewiß geschehen. Höre nicht auf diejenigen, die behaupten, daß jeder in den Himmel kommt. Höre nicht auf diejenigen, die behaupten, Gott würde niemanden abweisen. Jeder, der sündigt, hat es verdient, abgewiesen und verdammt zu werden. Durch meine Liebe habe ich die Errettung möglich gemacht. Alle, die zum Kreuz Jesu kommen, um von ihren Sünden gereinigt zu werden, werden vor mir gerecht. Sie sind angenommen und nicht abgewiesen; ihnen ist Vergebung und nicht Verdammnis widerfahren.

Diejenigen, die nicht glauben, sind wegen ihres Unglaubens schon verdammt. Ich möchte sie nicht verdammen. Sie selbst haben ihre Wahl getroffen und mich abgelehnt. **Wer mich als den Herrn und Erlöser ablehnt, lehnt den Himmel ab.**

Liebes Kind, nutze jede Gelegenheit, andere mit meinem Reich bekanntzumachen. Zeige denen, die unaufgeklärt und betrogen sind, die Wahrheit des Evangeliums. Zeige ihnen meine Liebe. Laß dein Licht scheinen, wo die Dunkelheit der Welt dich umgibt. Und freue dich über jede Seele, die gerettet wird, die dem Griff Satans entrissen und zur ewigen Gemeinschaft mit mir gebracht wird.

Mt 13,24-30; Joh 3,16-18; Mt 5,14-16

103
Liebe, gib und diene

„Ein neues Gebot gebe ich euch, daß ihr euch untereinander liebt, wie ich euch geliebt habe."

(Joh 13,34)

Im Gleichnis vom barmherzigen Samariter gingen die Frommen auf der anderen Seite des Weges vorbei und verweigerten dem Mann, der überfallen worden war, ihre Hilfe. Es war ihnen wichtiger, sich ihre rituelle Reinheit zu erhalten, als dem Hilfsbedürftigen Liebe und Mitgefühl entgegenzubringen. Mir ist Barmherzigkeit wichtiger als Opfer. Geh und finde heraus, was das heißt.

Du wirst immer wieder barmherzig sein müssen. Es geht nicht darum, Menschen zu lieben, die es verdienen, sondern diejenigen, die es nötig haben, geliebt zu werden. Ich möchte, daß du ein barmherziges und liebendes Herz hast, damit du auf Situationen, die sich ergeben, in der richtigen Weise reagierst.

Manchmal wirst du die Möglichkeit haben, das Evangelium mit Menschen zu teilen, deren Lebenswandel nicht in Ordnung war; sie haben andere Menschen benutzt, ihre Privilegien mißbraucht und scheinen es nicht zu verdienen, daß man sich ihnen zuwendet. Aber wenn ich an ihren Herzen gearbeitet habe, um in ihnen den Wunsch zu schaffen, mich kennenzulernen, woher solltest du dann das Recht nehmen, sie zu verurteilen? Verurteile sie nicht, sondern zeige ihnen meine Liebe. **Zeige ihnen die Freude meines Reiches, damit sie sich nach mir sehnen und danach, zu meiner Familie zu gehören.**

Sei nicht damit zufrieden, dich um materielle Nöte zu kümmern, ohne den Menschen den Weg zum ewigen Leben zu zeigen. Was hilft es ihnen, genug zu essen zu bekommen, wenn sie mein Leben nicht haben?

Mein liebes Kind, Glaube ohne Werke ist tot. **Echter Glaube bringt die Werke des Glaubens hervor – Glaube wird in der Liebe sichtbar.** Und meine Liebe wird im Geben sichtbar. Im Lieben demonstrierst du die Gegenwart meines Reiches. Liebes Kind, Mitleid und Anteilnahme reichen nicht aus; verbinde die

Wunden der Notleidenden. Was du den Geringsten unter ihnen tust, das tust du mir.

Lk 10,25-37; Mt 9,13; Jak 2,20-24.26; 1.Joh 3,18; Gal 5,6

Lehre uns beten

„Des Gerechten Gebet vermag viel."

(Jak 5,16)

Als sie Jesus baten, sie das Beten zu lehren, gab er seinen Jüngern das Vaterunser. Dies sollte nicht zur bloßen Formel werden, die man ohne nachzudenken herunterleiert. Es ist als Anleitung zum Beten für das Kommen meiner uneingeschränkten Herrschaft gedacht und weist auf die entscheidenden Themen hin, die du beim Beten berühren sollst.

Nenne mich „Vater", weil du mein Kind bist und dich mir im Bewußtsein des Liebesbundes nahst, der uns verbindet. Ich bin dein Vater im Himmel, wo ich in Herrlichkeit und in Kraft regiere. Du betest nicht zu einem schwachen menschlichen Vater, dessen Kraft begrenzt ist. **Du betest zu deinem himmlischen Vater, dessen Liebe zu dir ohne jede Einschränkung ist und dessen Kraft keine Grenzen kennt.**

Ich bin heilig; deshalb soll mein Name geheiligt werden. Mich soll man preisen, weil ich allein Anbetung verdiene.

Ich möchte, daß so, wie im Himmel, auch auf der Erde mein Reich kommt und mein Wille getan wird. Erkenne meine Absicht, auf der Erde das einzuführen, was im Himmel bereits gegeben ist. Im Himmel gibt es keine Sünde und keine Krankheit; deshalb hat Jesus beiden den Kampf angesagt.

Wenn du betest, daß so, wie im Himmel, auch auf der Erde mein Wille geschehen soll, dann betest du, daß alles, womit die Menschheit geschlagen ist, aufhören soll, **daß mein Reich der Liebe, der Kraft, der Gerechtigkeit und des Friedens ausgebreitet werden soll.** Dies ernsthaft zu beten heißt, dich selbst zur Verfügung zu stellen, um Teil der Antwort auf dein Gebet zu sein.

Bitte mich um dein tägliches Brot. **Es ist mein Wille, dir alles zu geben, was du brauchst, um als Kind meines Reiches zu leben.** Ich beschenke dich um deiner selbst willen und um anderer willen, damit sie meine Großzügigkeit denen gegenüber sehen, die mir vertrauen.

Ich bin bereit, dir alles zu vergeben, worin du nicht das Leben meines Reiches sichtbar machst. Aber du mußt denen vergeben, die sich gegen dich versündigt haben. Wenn du ihnen vergibst, vergebe ich dir; wenn du dich aber weigerst zu vergeben, bleibst du in deinen Sünden.

Bete, daß du nicht in Versuchung geführt wirst, sondern daß du auf dem Weg der Gerechtigkeit bleibst, denn mein Reich ist Gerechtigkeit, Freude und Friede im Heiligen Geist. Mein Kind, ich werde dich vor dem Bösen bewahren, der bemüht ist, die Arbeit meines Reiches zu behindern. **Sei vom Lobpreis darüber erfüllt, daß das Reich, die Kraft und die Herrlichkeit mir gehören; und sei dankbar dafür, daß sie dein Erbe sind.**

Mt 6,9-13; Röm 8,14-16; Offb 4,8; Jes 53,5; Phil 4,19;
1.Joh 5,18

105

Glaube, daß du empfangen hast

„Alle eure Sorge werft auf ihn; denn er sorgt für euch."
(1.Petr 5,7)

L iebes Kind, manchmal möchte ich dir etwas geben, aber du bist nicht bereit, etwas von mir anzunehmen. Das kann verschiedene Gründe haben. Du nimmst dir nicht die Zeit, in meiner Gegenwart still zu sein. Du bist so hektisch in deiner Geschäftigkeit, daß es dir unmöglich ist, zu empfangen, was ich geben möchte.

Du glaubst nicht, daß ich dich wirklich beschenken möchte, weil du dich für zu unwürdig hältst.

Manchmal hörst du auf Leute, die dir einreden, du mußt mit deinen Problemen selber fertigwerden. Sie sagen dir, daß du sie als meinen Willen für dich annehmen sollst, trotz der Tatsache, daß Jesus alle deine Sorgen und Lasten mit ans Kreuz genommen hat, um dich von ihnen frei zu machen.

Wirf alle deine Lasten auf mich; dies ist gleichzeitig eine Einladung und ein Befehl. Demütige dich vor mir, gib deine Not zu und vertraue dann darauf, daß ich ihr begegnen werde.

Jesus lehrt, daß du alles, was du im Gebet erbittest, erhalten wirst, wenn du glaubst. **Wenn du im Glauben betest, glaubst du, daß du die Antwort empfangen hast, bevor es irgendwelche sichtbaren Beweise dafür gibt, daß dein Vertrauen gerechtfertigt ist.** Du begreifst, daß du dir keine Sorgen zu machen brauchst; die Sache liegt in meiner Hand.

Es hat keinen Sinn vorzutäuschen, daß du in dieser Weise glaubst, wenn es nicht so ist. Du kannst den Glauben, die Antwort schon empfangen zu haben, nicht selbst in dir erzeugen. Es ist besser, mir und dir selbst gegenüber ehrlich zu sein. Gib deinen Mangel an Glauben zu, nimm meine Vergebung an, und bitte mich, ein Glaubenswort in dein Herz zu sprechen. Solche Gebete beantworte ich gern.

Wenn du glaubst, daß deine Bitte erhört worden ist, ist dein Herz voller Dank. Du weißt in deinem Herzen, daß dein Gebet beantwortet ist, bevor irgendein Anzeichen einer Heilung oder einer Veränderung deiner Situation eingetreten ist. **Bei anderen Gele-**

genheiten akzeptierst du einfach die Vollmacht des Wortes, das ich dir zuspreche.

Die zehn Aussätzigen wurden nicht sofort von Jesus geheilt. Er forderte sie auf, zu den Priestern zu gehen, die dafür zuständig waren, Heilungen zu beglaubigen. Als sie im Gehorsam auf den Befehl, den Jesus ihnen gegeben hatte, ihres Weges gingen, wurden sie gesund. Sie gehorchten seinem Wort.

Heilung oder die Antwort auf irgendeine andere Not tritt nicht immer sofort ein, nicht wahr, Kind? Du kannst mir nicht vorschreiben, wie die Heilung oder die Antwort aussehen soll. Glaube einfach dem Wort, das ich dir zuspreche, und du wirst wirklich deine Antwort von mir bekommen.

Ps 130,5; Jes 53,4-6; 1.Petr 5,6-7; Joh 14,13-14; Lk 17,11-14

106

Bitte mit Ausdauer

„Wenn nun ihr, die ihr doch böse seid, dennoch euren Kindern gute Gaben geben könnt, wieviel mehr wird euer Vater im Himmel Gutes geben denen, die ihn bitten!"

(Mt 7,11)

Wenn du mir vertraust, machst du dir keine Sorgen, auch nicht darüber, was du anziehen oder essen sollst! Du siehst dem nächsten Morgen nicht mit Unruhe entgegen. Glaube hat praktische Auswirkungen. Hat es dir schon jemals geholfen, daß du dich gesorgt hast? Waren deine Sorgen nicht oft unbegründet? Was für eine Zeitverschwendung!

Sieh dich einmal um. Wer hat die Blumen so schön gemacht? Wer lenkt den Ablauf der Jahreszeiten und veranlaßt Wachstum? Wer hat alles bis in die feinsten Details erschaffen und in eine so wunderbare Ordnung gebracht? Meinst du nicht, daß ich, der Schöpfer von allem, in der Lage bin, für dich zu sorgen?

Ich habe versprochen zu tun, worum du mich im Namen Jesu bittest. Ich fordere dich auf, zu bitten, zu suchen und anzuklopfen. Gib nicht auf! **Bitte mich weiter, bis du bekommen hast, was du brauchst. Entschlossenheit ist ein Erkennungsmerkmal für wahren Glauben.**

Jeder, der nicht aufhört zu suchen, wird finden, und denen, die sich nicht davon abbringen lassen anzuklopfen, wird geöffnet, und sie werden mit allem versorgt werden, was sie benötigen.

Manchmal rechnest du gar nicht damit, etwas zu bekommen. Du bittest, suchst und klopfst an, ohne zu erwarten, daß ich dir antworte. Welchen Sinn hat dein Beten, wenn du nicht damit rechnest, eine Antwort zu bekommen?

Jedesmal wenn du betest, glaube, daß du das bekommen wirst, worum du bittest.

Bete jederzeit im Geist. Er wird dich befähigen, mit Glauben zu beten. Mit echtem Glauben kannst du nur für das beten, was meinem Willen entspricht; für Dinge, die im Widerspruch zu meinem Plan stehen, wird mein Geist keinen Glauben in dir erwecken.

Liebes Kind, in manchen Situationen hast du aufgegeben. Du hast gedacht, es habe keinen Sinn, noch weiter zu beten, und hast dich damit abgefunden, mit dem Problem zu leben. Das passiert sehr schnell, nicht wahr? Aber was ist mit meinen Verheißungen? Ich setze sie so lange außer Kraft, bis du wieder in eine Haltung des Glaubens zurückgefunden hast. Ich bin bereit, dir zu vergeben. Dann können wir wieder von vorn anfangen. Ich möchte dir den Glauben geben, der dir gefehlt hat. Bist du bereit, anzunehmen, was ich geben will?

Mt 7,7-11; Jak 1,6-8; Röm 8,26-27

107

Ich lebe in dir

**„Das Geheimnis, das verborgen war seit ewigen Zeiten ...
Christus in euch, die Hoffnung der Herrlichkeit."**

(Kol 1,26-27)

Mein liebes Kind, als Jesus auf der Erde war, habe ich mich auf seine Rückkehr in den Himmel gefreut. Er würde die Erstlingsfrucht der vielen sein, die ich aus dem Tod auferwecken würde. Und ich sehnte mich danach, zu kommen, um in meinen Kindern zu wohnen. Es war gut, unter ihnen gegenwärtig zu sein; aber Jesus starb am Kreuz, damit ich kommen konnte, um kraft meines Geistes *in* ihnen zu wohnen. **Ich sehnte mich danach, nicht nur bei meinen geliebten Kindern, sondern in ihnen zu sein.**

Dies konnte nicht geschehen, bevor Jesus als Sieger in den Himmel zurückgekehrt war. Dann betete er, daß sein Geist, der ihn siegreich durch seine Zeit als Mensch, durch die Kreuzigung und die Auferstehung gebracht hatte, kommen sollte, um in all denen zu wohnen, die an ihn glaubten.

Ich wohne in dir. Ich habe große Freude daran, in dir zu wohnen. Dies war meine Entscheidung, bevor es zu deiner Sehnsucht wurde. „Nicht ihr habt mich erwählt, sondern ich habe euch erwählt." Der siegreiche Geist Jesu wohnt in dir, Kind.

Warum habe ich dich erwählt? **Weil ich ein Gott der Gnade bin.** Du hast deinen Glauben und dein Vertrauen in das gesetzt, was Jesus am Kreuz für dich getan hat, und deshalb ist sein Tod dir zum Segen geworden.

Ich wohne in dir, damit mein Leben durch dich und durch den ganzen Leib Christi auf Erden offenbar wird.

Es ist nötig, daß jeder Teil meines Leibes daran mitarbeitet, anderen meine Liebe zu offenbaren und ihnen zu zeigen, daß ich barmherzig und gnädig bin, geduldig und von großer Güte.

Du hast deine für dich bestimmte Rolle in diesem Plan, liebes Kind. Liebe andere, wie ich dich liebe. Liebe sie wie dich selbst. **Weil du mein Zeuge bist, sollen alle diese Erkennungsmerkmale meines Lebens in dir zu sehen sein:** Liebe, Friede, Geduld,

Freundlichkeit, Güte, Treue, Sanftmut und Selbstbeherrschung; sie sind die Frucht meines Heiligen Geistes. Er läßt diese Qualitäten in dir heranwachsen.

Und vergiß nicht, mein Liebes, **seit du mit dem Heiligen Geist erfüllt wurdest, bist du, wie Jesus es versprochen hat, mit meiner Kraft erfüllt.** Du kannst alles, was ich von dir verlange, tun, weil du mein Leben und meine Kraft in dir hast. Im Vertrauen auf mich bist du in der Lage, mit jeder Situation fertigzuwerden, die dir begegnet.

Joh 14,16-18; Joh 15,16; Kol 3,12-14; Eph 1,19-20

108

Laß dich bis zum Überfließen von meinem Geist erfüllen

„Sondern laßt euch vom Geist erfüllen."

(Eph 5,18)

Liebes Kind, im Heiligen Geist getauft werden heißt, durch Jesus in mein Leben eingetaucht zu werden. Das ist der persönliche Dienst meines Geistes an dir. Ich habe den Samen meines Reiches in dich hineingelegt und ihn mit dem lebendigen Wasser des Heiligen Geistes begossen. Ich habe dir die Kraftquellen meines Reiches zur Verfügung gestellt, und damit hast du die Kraft, dein Leben wirklich als Angehöriger meines Reiches zu leben.

Hilf denen, die daran zweifeln, den Heiligen Geist empfangen zu haben, weil sie nicht die gleichen Erfahrungen gemacht haben wie andere um sie herum.

Zeige ihnen, daß ich meinem Versprechen treu bin, jeden, der bittet, zu erhören. Nicht einmal ein irdischer Vater würde seinem Kind, das um einen Fisch bittet, eine Schlange geben. Er würde ihm auch nicht anstelle eines Eis einen Skorpion geben oder anstelle von Brot einen Stein. **Mir, dem liebenden himmlischen Vater, fällt es nicht schwer, denen Gutes zu geben, die mich bitten.**

Viele meiner Kinder streiten sich über ihre Theologien des Heiligen Geistes, über die Frage, wann und wie er empfangen wird. Mir geht es darum, meinen Geist wirklich in ihrem Leben am Werk zu sehen. Mich interessiert nicht, welche Theorien über meinen Geist sie vertreten; mir geht es darum, ob sein Leben, seine Liebe und seine Kraft in denen, die an mich glauben, sichtbar werden.

Ich stelle die Frucht und die Gaben meines Geistes nicht als Gegensatz hin; ich möchte, daß beide zusammen im Leben aller meiner Kinder vorhanden sind. Wenn du um eine Gabe bittest, die du benötigst, stelle ich dir diese Gabe zur Verfügung. Und ich bin ständig in dir am Werk, damit die Frucht wächst und sich entwickelt.

Mein Geist wird Ströme lebendigen Wassers aus deinem Innersten fließen lassen. Du kannst unmöglich all das verbergen, was ich in dich hineinlege. Mein Leben wird aus dir hervorströmen und das Leben der Menschen um dich herum anrühren.

Mein liebes Kind, zögere niemals, mich wieder neu um die Fülle meines Heiligen Geistes zu bitten. **Laß dich immer wieder mit meinem Geist erfüllen.**

Lk 11,9-13; 1.Kor 1,7; Joh 7,37-39

Du lebst in mir

„Daran erkennen wir, daß wir in ihm bleiben und er in uns, daß er uns von seinem Geist gegeben hat."

(1.Joh 4,13)

Jesus ist der wahre Weinstock. Mein Kind, **du bist eine Rebe, die in ihm lebt.** Unabhängig vom Weinstock kannst du nicht existieren. Du bist ein Teil von Ihm.

Der Saft meines Geistes fließt durch jede Rebe. Mein Leben fließt durch dein Leben, damit du geistlich wachsen und Frucht bringen kannst. Ich habe dir natürliche Fähigkeiten gegeben; aber es freut mich, wenn du dich auf meine übernatürliche Kraft verläßt. Das Wirken meines Geistes in dir bringt bleibende Frucht hervor. Andere Menschen können durch dich mein Leben und meine Liebe empfangen.

Ich habe dich immer wieder beschnitten und geläutert. Was keine Frucht gebracht hat und nur im Wege war, habe ich weggenommen. Dies war manchmal schmerzhaft für dich, aber hat es sich nicht gelohnt, Kind? Denn was aus dem Fleisch kommt, kämpft gegen das, was aus meinem Geist kommt. **Und ich lehre dich, unter der Leitung meines Geistes zu leben; du wirst dann nicht mehr die Wünsche des Fleisches befriedigen, die egoistischen Wünsche, die meinem Plan für dich entgegenstehen.**

Jesus und ich sind gekommen, um in dir zu wohnen. Ich lehre dich, in enger Gemeinschaft mit mir zu leben, dich in allen Dingen auf mich zu verlassen und zu verstehen, daß dir alle meine Kraftquellen zur Verfügung stehen. Ich erfülle dich mit Liebe, damit du andere mit meiner Liebe lieben kannst. Wenn du Weisheit, Kraft, Heilung oder Wegweisung brauchst, bin ich bereit, sie dir zu geben.

Ich möchte, daß du wie die ersten Apostel lernst, daß du ohne mich nichts tun kannst. Alles, was du unabhängig von mir tust, ist wertlos. Es hat keinen Sinn, daß ich in dir lebe und du in mir, wenn du meine Gegenwart ignorierst und dich verhältst, als sei ich nicht da.

Weil du in mir lebst und ich in dir, kann ich mein Wesen in dir Gestalt annehmen lassen. Statt anderen gegenüber ungeduldig und intolerant zu sein, sie zu kritisieren und zu richten, kannst du ihnen meine Barmherzigkeit und mein Mitleid mit ihnen zeigen. Statt vom Egoismus angetrieben zu sein, kannst du dich großzügig an andere hingeben. Du kannst dich entscheiden, für sie und nicht für dich selbst zu leben, und merkst, daß du so für mich lebst.

Es ist viel besser, in meiner Liebe zu bleiben, als zu versuchen, diese Dinge durch deine eigenen Anstrengungen zu erreichen. Mein Kind, du bist mein Botschafter, mein Zeuge. Ja, ich bin zuversichtlich, daß mehr und mehr von meinem Wesen in deinem Leben Ausdruck finden kann; deshalb habe ich in dir Wohnung genommen. Du wirst mich nicht enttäuschen!

Joh 15,1-8; Gal 5,16-17; Joh 14,23; Phil 2,3-4

110

Die Haltung deines Herzens

„Erforsche mich, Gott, und erkenne mein Herz, ... und sieh, ob
ich auf bösem Wege bin."

(Ps 139,23-24)

Ein Baum wird an seiner Frucht erkannt. Ein guter Baum trägt
gute Früchte, weil das Innere des Baumes gut ist. Ein anderer
Baum mag gut aussehen; wenn du aber siehst, daß seine Früchte
schlecht sind, weißt du, daß sein Kern nicht in Ordnung ist, auch
wenn die Krankheit äußerlich nicht zu erkennen ist.

**In der gleichen Weise kannst du an der Frucht, die sie
bringen, erkennen, wie es in den Herzen der Menschen aussieht.** Wer ein neues Herz hat, bringt in seinem Leben die Frucht
des Geistes hervor. Wer echte Buße getan hat, wird die Frucht der
Buße tragen. Wer im Glauben lebt, wird die Frucht des Glaubens
bringen. Wer darauf vertraut, daß meine übernatürliche Kraft in
seinem Leben Wunder bewirkt, wird die Wunder sehen.

Wer in seinem Herzen glaubt, daß mein Wort wahr ist, wird
diese Wahrheit verkünden. Aus der Überfülle seines Herzens wird
sein Mund reden.

Du hast dich gefragt, warum ich schwierige Umstände in deinem Leben zugelassen habe. Jede dieser Situationen hat durch die
Weise, wie du auf sie reagiert hast, gezeigt, was in deinem Herzen
ist. Wenn du schimpfst und dich über deine Situation beschwerst,
zeigst du, daß dein Herz voller Groll ist. Wenn du dich trotz der
Umstände freuen kannst, zeigst du, daß dein Herz vom Glauben an
mich und meine Verheißungen erfüllt ist. Ich muß dir zeigen, was
in deinem Herzen ist; dann kannst du mich bitten, dich von den
Dingen zu reinigen, die im Widerspruch zu meinem Plan stehen.

Glaube ohne Werke ist tot. Menschen mit totem Glauben glauben gewisse Aussagen über mich, verlassen sich aber in den Umständen ihres Alltags nicht auf mich. Sie bringen nicht die Werke
des Glaubens hervor. Es ist möglich, daß jemand an meine Liebe
glaubt, ohne selbst andere zu lieben. Ein solcher Glaube ist tot.
Entweder wendest du dich in Liebe anderen zu, oder du bist nicht

bereit, die Kosten dafür zu tragen, und zeigst darin, wie begrenzt die Liebe in deinem Herzen ist.

Wer einen lebendigen Glauben hat, liebt andere, weil ich ihn liebe. Er wird die Werke des Glaubens hervorbringen. Wenn das Herz nicht in Ordnung ist, kann man keine gute Frucht bringen. Deshalb überprüfe ich ständig dein Herz und zeige dir Dinge über dich selbst, die du sehen mußt, auch wenn sie dir manchmal unbequem sind.

Weil du im Glauben leben möchtest, wirst du die Werke des Glaubens vollbringen, Dinge, die aus rein menschlichen Quellen der Liebe und des Mitleids nicht getan werden können. Ich weiß, daß du dich oft den Anforderungen nicht gewachsen fühlst. Sieh doch, mein Kind, daß das ein Anlaß ist, dich auf mich zu verlassen und meinen Geist zu bitten, dir zu Hilfe zu kommen! Er wird es tun. Er wohnt in dir, um dir in jeder Situation an jedem Tag deines Lebens zu helfen. Vergeude seine Anwesenheit nicht.

Ps 139,23-24; Lk 6,43-45; Jak 2,14-24

Mein Wort in dir

„Alle Dinge sind möglich dem, der da glaubt."

(Mk 9,23)

M ein liebes Kind, eine wirklich geistliche Haltung ist eine sehr praktische. Du wohnst nicht in mir, damit du in einer Art geistlicher Benommenheit herumwandern kannst. Jesus war ein Mann des Gebets, aber sein Dienst an anderen war äußerst praktisch. Sein Leben bestand nicht aus einer Anreihung von Gebetstreffen. Er ließ sein Gebet des Glaubens in einem vom Glauben bestimmten Leben zur Tat werden. Er diente den Menschen, lehrte sie, kümmerte sich um sie und heilte sie.

Jeden Tag deines Lebens lebe ich in dir und lebst du in mir, damit Dinge geschehen können! Das übernatürliche Leben meines Geistes kann in die praktischen Umstände deines Lebens einbrechen. Und du kannst meine gewaltigen Kraftquellen nutzen, um das Leben anderer damit zu berühren.

Du kannst in Schwierigkeiten versuchen, deine eigene, „natürliche" Lösung zu finden, du kannst aber auch im Glauben beten und das Wirken meiner übernatürlichen Kraft erwarten. Was ziehst du vor?

Als Jesus seinen Jüngern den Auftrag gab, fünftausend Menschen zu essen zu geben, beurteilten sie die Situation von ihrem natürlichen Standpunkt aus. Es gab in dieser abgelegenen Gegend keinen Ort, an dem sie Lebensmittel hätten kaufen können, und sie hatten nicht genug Geld, um so viele Menschen zu versorgen.

Jesus betrachtete die Situation aus übernatürlicher Sicht, mit den Augen des Glaubens. Er betete und handelte im Glauben. Fünf Brote und zwei kleine Fische reichten für alle diese Menschen, und es blieb noch reichlich Essen übrig. Die Menschen versuchen, solche Geschehnisse natürlich zu erklären, aber es ist unmöglich, das übernatürliche Handeln meines Geistes mit dem Verstand zu fassen.

Du lernst, jeden Tag im Glauben zu leben. Es gibt immer noch Zeiten, in denen du dich auf deine natürlichen Fähigkeiten verläßt statt auf meine Kraft, nicht wahr, Kind? Ich verzweifle nicht, wenn du versagst. **Du wirst lernen, daß, immer, wenn du auf dich selbst vertraust, die Dinge schwierig aussehen; wenn du mir vertraust, weichen Berge der Not.** Ich habe Geduld mit dir, während du das lernst.

So wie Jesus aus sich selbst nichts selbst tun konnte, um meine Absichten zu erfüllen, kannst du es auch nicht. Ich werde dir ebenso helfen, wie ich ihm geholfen habe.

Ich habe Jesus gezeigt, was er tun sollte, und ich werde es bei dir genauso tun. Es ist sinnlos, mir die Initiative nehmen zu wollen; wenn du das tust, wirst du schließlich nur das Falsche tun.

Viele meiner Kinder sind ungeduldig. Sie wollen nicht, daß ich ihnen zeige, was sie tun sollen. Sie hetzen umher, in einem Ausbruch fleischlicher Aktivität, und wundern sich dann, warum es so wenig Frucht gibt. Wenn sie tun, was ich möchte, ist das Resultat immer positiv, für sie ebenso, wie für mein Reich.

Deshalb, mein Kind, möchte ich, daß du die Situationen, die dir begegnen, aus meiner übernatürlichen Perspektive sehen lernst. Horche auf die Stimme meines Geistes, wenn du betest. Laß dir von ihm zeigen, wie du beten kannst, und laß dir von ihm sagen, was du tun sollst. Du bist in der Lage, seine Stimme zu hören, denn er lebt in dir. Alle, die sich von meinem Geist leiten lassen, sind meine Kinder. Und du weißt ohne jeden Zweifel, daß du mein Kind bist!

Mt 14,13-21; Mt 17,20; Joh 15,5

112

Das Herz eines Dieners

„Wer nun sich selbst erniedrigt und wird wie dies Kind, der ist der Größte im Himmelreich."

(Mt 18,4)

Nach der Verklärung wanderte Jesus mit seinen Jüngern nach Kapernaum. Er konnte hören, worüber sie sich unterhielten. Als sie an ihrem Ziel angekommen waren, fragte er, was sie unterwegs diskutiert hatten. Seine Frage machte sie verlegen, und zuerst mochte ihm niemand antworten.

Sie hatten sich gefragt, wer unter ihnen der Größte sei! Hüte dich vor der Versuchung, zu denken, daß die Erfahrungen, die du im Gebet machst, dich wichtiger sein lassen als andere. Kannst du verstehen, warum Jesus die Jünger anwies, niemandem zu erzählen, was auf dem Berg geschehen war, bis er in den Himmel aufgefahren wäre? Trotzdem war es verlockend, sich wegen des großen Vorrechts, das ihnen gewährt worden war, für etwas Besonderes zu halten.

Jesus machte deutlich: **Die Größten in meinen Augen sind die, die aller Diener sind, die sich selbst ganz nüchtern einschätzen, trotz der Erfahrungen, die sie gemacht haben, trotz der Vorrechte, die ihnen gewährt wurden oder der großartigen Weise, in der ich sie gebrauche.**

Stell dir vor, mit dem Sohn Gottes unterwegs zu sein und zu streiten, wer der Größte sei! Die Regeln meines himmlischen Reiches sind ganz anders als die Regeln dieser Welt. Weltliche Menschen betrachten die als die Größten, die die größten materiellen Reichtümer oder natürlichen Fähigkeiten besitzen, diejenigen, die berühmt und von allen beneidet sind.

Jesus kam als der Dienende. Er wusch die Füße der Jünger und machte ihnen klar, daß sie nicht eins mit ihm sein konnten, wenn sie nicht zuließen, daß er ihnen diente. Was sie lernen mußten war: **Auch Diener müssen sich dienen lassen!**

Einige meiner Kinder wollen anderen dienen, erlauben mir aber nicht, ihnen zu dienen; es fällt ihnen auch nicht leicht, sich von anderen dienen zu lassen. **Ein wahrer Diener ist demütig genug,**

nicht nur anderen zu geben, sondern auch etwas von ihnen anzunehmen.

Bleibe demütig vor Gott und den Menschen, mein Kind. Laß dir von mir dienen, indem ich dich reinige und dich beschenke. Dann geh in meinem Namen, um andere in der gleichen Weise zu lieben und ihnen zu dienen, wie ich dich liebe und dir diene. Auch wenn ich dich so gebrauche, daß du ein Segen für andere bist, behalte das Herz eines Dieners, voller Freude darüber, daß du für andere und nicht für dich selbst lebst. Dein Lohn im Himmel wird groß sein.

Mk 9,33-37; Joh 13,6-17; Phil 2,3-8; Jak 4,10

Folge mir nach

„Und wer nicht sein Kreuz auf sich nimmt und folgt mir nach, der ist meiner nicht wert."

(Mt 10,38)

Wenn du danach trachtest, dein Leben zu gewinnen, wirst du es verlieren; aber wenn du dein Leben um des Evangeliums willen verlierst, wirst du es finden. Wer versucht, sein Leben, seine Zeit, seine Pläne oder sein Geld für sich zu behalten, verweigert mir die Herrschaft über sein Leben. Deine Seele ist ewig, dein Besitz nicht.

Mein Kind, wenn mein Reich in deinem Leben die erste Stelle einnimmt, verstehst du, daß du nur für mich leben kannst, indem du für andere lebst. Deine Liebe zu mir zeigt sich darin, wie du für die anderen Mitglieder meiner Familie da bist. **Daß deine Liebe zu mir echt ist, zeigt sich darin, wie du andere liebst.** Konzentriere dich nicht auf die Schwächen und Fehler der anderen. Statt sie zu kritisieren, bete für sie, und ermutige sie.

Ich kritisiere dich nicht; ich ermuntere dich dazu, so zu leben, wie ich es wünsche.

Ich möchte, daß alle meine Kinder sich gegenseitig lieben und annehmen. Ich möchte, daß sie der Welt eine Liebe und eine Einheit vorleben, wie sie nirgends zu finden sind, außer in meiner Familie.

Die Arbeit für mein Reich ist so wichtig, daß meine Kinder keine Zeit haben, sich untereinander zu zanken. Ich möchte, daß sie sich gegenseitig respektieren und ehren und zusammenfinden in der Absicht, anderen von mir zu erzählen. Ich habe meinen Heiligen Geist gesandt, um eine solche Einheit in meiner Kirche zu schaffen.

Sorge dich nicht über die Kosten der Nachfolge oder über das, was die Zukunft für dich bringt. Ich gebe dir dieses Versprechen: Wenn du mir dein Leben übergibst um meines Reiches willen, weil es Priorität in deinem Leben haben soll, und dein Leben für deine Brüder niederlegst, indem du für sie und nicht für dich selbst lebst, wird dir alles, was du brauchst, gegeben werden. Du brauchst dir keine Sorgen darum zu machen, was du essen oder anziehen sollst. **Du brauchst keine Angst um die Zukunft zu haben, sondern**

kannst meinem Versprechen trauen, daß ich für dich sorgen werde.

Mein Kind, ich bin treu und werde jedes Versprechen halten, das ich dir gegeben habe.

Ich werde dich nie verlassen oder im Stich lassen. Ich werde dich beschützen und bewahren wie meinen Augapfel!

Mt 10,38-39; 1.Joh 3,16-18; 1.Joh 4,19-21; Mt 6,25.33

114

Erzähle von meiner Güte

„[Ich habe] über euch ... Gedanken des Friedens und nicht des Leides, daß ich euch gebe Zukunft und Hoffnung."

(Jer 29,11)

Gerate nicht in eine negative Denkweise hinein, die dich erwarten läßt, daß dein Leben voller Probleme und der Weg, der vor dir liegt, ständig schwer sein wird. Ich habe gute Dinge für dich vorbereitet, an denen du dich freuen wirst. Du folgst dem *guten* Hirten, der dich an frische Wasser führt und auf saftige Weiden. Ich lasse deinen Becher überfließen und breite einen Tisch voller Segen vor dir aus, im Angesicht deiner Feinde. **Jesus hat über alles triumphiert, was sich gegen dich stellen könnte.** Er hat alle Mächte der Finsternis öffentlich bloßgestellt, als er sie durch das Blut des Kreuzes überwunden hat. **Für dich liegt der Weg zur Überwindung in der Kraft dieses Blutes und im Wort deines Zeugnisses.** Deshalb ist es wichtig, Glaubensaussagen zu machen und zu bekennen, was ich durch meinen Sohn für dich getan habe. Wenn du von deinem Glauben erzählst, werden die Wolken der Bedrückung weichen, und Freude wird dein Herz erfüllen. Anderen von mir zu erzählen stärkt deinen eigenen Glauben.

Wenn du nach meinem Willen leben möchtest, muß dein Reden mit meinem Wort übereinstimmen und nicht dem widersprechen, was ich sage. **Bezeichne dich selbst als jemanden, der reich gesegnet ist, hochgeschätzt von deinem Gott, kostbar in seinen Augen, geachtet, angenommen, geliebt, erwünscht und anerkannt.** Laß dich nicht vom Feind verführen, anders von dir zu denken.

Erwarte nicht das Schlimmste, sonst ist es genau das, was du bekommst. Ich habe gute Absichten für dich. Ich habe dir Leben in Fülle gegeben. Ich habe gute Dinge für dich vorbereitet, die du in Besitz nehmen sollst.

Du bist ein Kind des Glaubens. Ich gebe dir den Glauben, mit jeder Situation fertigzuwerden. Höre auf das, was ich sage, und tue es. **Wenn dein Denken mit meinem Wort übereinstimmt, wird**

dein Reden voller Glauben sein. Deine Erwartungen werden positiv sein, und du wirst aufhören, dem zu widersprechen, was ich über dich sage. Aus einem überfließenden Herzen heraus wird dein Mund Worte des Glaubens sprechen. Du wirst Siege erwarten und nicht Niederlagen, Versorgung und nicht Mangel, Gesundheit und nicht Krankheit. Ich lehre dich, das Allerbeste zu erwarten!

Mein Kind, du kannst feststellen, wo andere im Glauben stehen, indem du ihnen einfach zuhörst. Genauso können sie erkennen, wo du stehst, wenn sie dir zuhören! Und ich weiß immer, was du glaubst, weil ich in deinem Herzen lesen kann. Du schenkst mir Freude, wenn ich sehe, daß du mir vertraust.

Ps 23; Kol 2,15; Offb 12,11; Joh 10,10; Lk 6,43-45

115
Sei allezeit fröhlich

„Freuet euch in dem Herrn allewege, und abermals sage ich: Freuet euch!"

(Phil 4,4)

Liebes Kind, du kannst dich nicht gleichzeitig freuen und beklagen. Wenn du dich beklagst, unterstellst du mir, daß ich die Kontrolle über die Situation verloren habe, daß ich mich nicht wirklich um dich kümmere oder daß ich nichts von deinem Problem weiß. Ein unzufriedenes Herz ist kein glaubendes Herz. Jammern bewirkt gar nichts. Es macht die Sache nur schlimmer und bedrückt die Menschen um dich herum.

Ich weiß, daß du dich manchmal fragst, warum ich Schwierigkeiten in deinem Leben zugelassen habe. Du fragst, warum ich nichts unternommen habe, um die schmerzhafteren Ereignisse zu verhindern. Ich habe dir kein leichtes Leben versprochen, aber ein siegreiches! Sieg beinhaltet, daß es auch Dinge gibt, die überwunden werden müssen.

Die Prüfungen, die du erlebst, beweisen, daß dein Glaube echt ist. **Du bist ein guter Zeuge, wenn du mitten in allen Schwierigkeiten, die dir begegnen, am Vertrauen zu mir festhältst.**

Ich möchte nicht, daß du dich beklagst, wenn der Feind dich angreift; nutze deine geistliche Autorität, um ihm zu widerstehen, und du wirst erleben, daß er die Flucht ergreift.

Ich möchte nicht, daß du dich beschwerst, wenn du Anfechtungen und Versuchungen durchstehen mußt. Ich bin da, um dir zu helfen, und ich werde nicht zulassen, daß du über deine Fähigkeit zu widerstehen hinaus versucht wirst. Du kannst zu Versuchungen „Nein" sagen.

Ich möchte nicht, daß du über dir entgegengebrachte Widerstände und Verletzungen empört bist. Du hast die Fähigkeit, denen zu vergeben, die dir Unrecht getan haben, und den Glauben, jede Schwierigkeit zu überwinden. Warum solltest du dich ärgern?

Ich werde dich durch jede einzelne Situation hindurchtragen. Paulus entdeckte das Geheimnis, in jeder Situation zufrieden zu sein. Bedenke, was er um des Evangeliums willen erlitten hat!

Das heißt nicht, daß du dich damit zufriedengeben sollst, mit den Problemen, die dir begegnen, zu leben. Ganz und gar nicht. **Wenn dein Glaube getestet wird, geht es nicht darum, daß du dich dem Problem stellst, sondern daß du es überwindest und dafür sorgst, daß der Berg sich wegbewegt.**

Mein Kind, ich verspreche dir, allen deinen Nöten zu begegnen, aus meinem wunderbaren Reichtum heraus, der dir in Christus zur Verfügung steht. Du bist Miterbe mit Christus. Welchen Grund hättest du also zur Klage? Wenn dir nach Jammern und Klagen zumute ist, ist das genau der Zeitpunkt, an dem es not tut, zu danken und dich in mir zu freuen. Sieh weg von deinen Gefühlen und Problemen, und sieh auf die Wahrheit meines Wortes. Komm in meine Gegenwart mit Danken, und bald wirst du die Dinge in einem anderen Licht sehen!

Du wirst sehen, ich habe immer noch alles unter Kontrolle.

Phil 2,14-16; 1.Kor 15,57; 1.Petr 1,6-7; 1.Kor 10,13; Phil 4,19

116

Bete allezeit mit Danken

„Seid dankbar in allen Dingen; denn das ist der Wille Gottes in Christus Jesus an euch."

(1.Thess 5,18)

Es ist leicht, mir zu danken, wenn alles gutzugehen scheint, und viel schwieriger, wenn du mit Problemen konfrontiert wirst. Wenn du mir eine Situation anvertraust, ohne sofort eine sichtliche Veränderung zu erleben, fällt es dir schwer, mir dafür zu danken, daß ich die Sache in der Hand habe. Du hättest gern einen Beweis dafür, daß ich in dieser Situation etwas unternehme.

Liebes Kind, wenn du mir dankst, ist das der Beweis, daß du dich, noch bevor du eine sichtbare Veränderung wahrnimmst, darauf verläßt, daß ich die Situation verändere und die Probleme überwinde. Bevor du mir nicht von Herzen dankst, bist du nicht wirklich in einer Haltung des Glaubens. **Zum Gebet des Glaubens gehört immer das Danken.** Wie kannst du glauben, etwas empfangen zu haben, ohne dankbar zu sein? Glaube heißt, sich einer Sache sicher zu sein, die man nicht sieht.

Du bist dankbar, wenn jemand dir ein Geschenk gibt oder auch nur verspricht – vorausgesetzt, du glaubst, daß er sein Versprechen halten wird. Wenn du nicht dankbar bist, zeigt das, daß du nicht glaubst, daß diese Person wirklich beabsichtigt, dir dieses Geschenk zu geben.

Genauso ist es, wenn du betest. Wenn du glaubst, daß es meine Absicht ist, dir etwas zu geben, dankst du mir automatisch, auch wenn die Antwort nicht sofort erkennbar ist. Das Versprechen der Gabe ist ausreichend. Du hältst an diesem Versprechen fest. Verstehst du nun, warum ich dir rate, immer mit Danken zu beten?

Ich weiß, daß du etwas brauchst, bevor du mich bittest, mein Liebes. Ich höre dich, wenn du betest. Wenn du davon überzeugt bist, kannst du sicher sein, daß du empfängst, was immer du in meinem Namen erbittest.

Siehst du, Kind, ich möchte, daß du ein dankbares Herz hast, damit deine spontane Reaktion auf Schwierigkeiten eine Reaktion des Glaubens ist. Dann kannst du gar nicht anders, als dich zu freuen, daß ich bei dir bin, und du traust mir zu, dein Problem zu lösen. Du hast solche Zuversicht in meine Liebe, daß du weißt, daß ich dies tun will!

Phil 4,6; Hebr 11,1; 1.Joh 5,14-15; Mt 6,7-8

117

Bleibe in der Freude

„Seid allezeit fröhlich, betet ohne Unterlaß, seid dankbar in
allen Dingen; denn das ist der Wille Gottes in Christus Jesus
an euch."
(1.Thess 5,16-18)

Freude und Danken gehören zusammen. Sich freuen heißt nicht,
Dingen tapfer die Stirn zu bieten, um ein trauriges Herz zu
verbergen. Es heißt nicht, äußerlich zu lächeln, während du innerlich voller Ärger oder Selbstmitleid bist. Die Freude muß aus
deinem Herzen kommen. **Wenn du glaubst, was ich verspreche,
hast du allen Grund, dich zu freuen und fröhlich zu sein, selbst
wenn deine Lage ausweglos erscheint.**

Du freust dich, wenn ich deine Gebete beantworte, wenn ich
dich segne oder heile. Du freust dich darüber, daß ich in deinem
Leben bestimmte Dinge getan habe, zum Beispiel, daß ich dich mit
meinem Heiligen Geist erfüllt habe. Aber manchmal hast du dich
gegen die Umstände aufgelehnt, die ich in deinem Leben zugelassen habe. Deine Reaktion war eher Zorn oder Angst statt Freude
oder Glaube.

Ich möchte, daß du dich **zu jeder Zeit** freust. Sei in **allen**
Umständen dankbar. Entschließe dich dazu, und in deinem Leben
wird es erstaunliche Veränderungen geben. Die Entscheidung liegt
bei dir!

Selbst wenn du nicht verstehst, was geschieht, bleibe dabei, dich
zu freuen, weil du weißt, ich habe alles in der Hand und habe dich
nicht vergessen. Ich bin absolut treu und zuverlässig im Erfüllen
eines jeden Verheißungswortes, das ich dir gegeben habe.

Ich bin auf deiner Seite. Ich habe dich lieb, ich möchte dir Mut
machen und dir helfen.

Bleibe in der Freude, zuversichtlich, daß ich die Leitung über
alles habe, daß ich dein Gebet gehört habe und mich verpflichtet
habe, für dich zu sorgen, wo immer du es nötig hast. **Laß die
Freude meines Geistes in dir sich frei äußern, unterdrücke sie
nicht, und du wirst erleben, daß meine Kraft freigesetzt wird.**

Solange du dich gegen eine Situation wehrst, tue ich nichts, um dir zu helfen. Sobald du durch deine Freude und deinen Dank zeigst, daß du mir vertraust, setze ich alle meine Kraft für dich in Bewegung!

1.Joh 5,14; Phil 4,4-6; 1.Petr 1,6

Lerne von mir

„Er aber zog sich zurück in die Wüste und betete."

(Lk 5,16)

Jesus war ein Mann voller Freude. Er war nicht die düstere Gestalt, als die ihn sich viele vorstellen. Seine Freude erhob ihn über seine Mitmenschen, und er sagte ganz deutlich, daß er wollte, daß die Jünger mit seiner Freude erfüllt wären.

Das ist auch mein Wunsch für dich, mein Kind. Ich möchte, daß du mit der Freude Jesu erfüllt bist. Er war gern mit seinen Jüngern zusammen, trotz ihres Versagens, ihres mangelnden Verständnisses und ihres Kleinglaubens. Er hatte jeden einzelnen von ihnen aufrichtig lieb. Er liebte die vielen Menschen, die er lehrte, die Menschen, die zu ihm kamen, weil sie Hilfe brauchten. Er behielt sie lieb, auch diejenigen, die sich hartnäckig weigerten, die Wahrheit zu glauben.

Sein Dienst machte ihm Freude; er liebte es, die Menschen zu lehren und zu sehen, wie sie an Verständnis und Weisheit zunahmen. Es machte ihm Freude, sie zu heilen und sie von den Dingen, die sie gebunden hielten, frei werden zu sehen.

So gern er auch mit Menschen zusammen war, achtete Jesus doch darauf, daß er Zeit hatte, mit mir allein zu sein. Wenn er am Tag sehr beschäftigt war, verbrachte er die Nacht allein mit mir. Er ließ nicht zu, daß ihn irgend etwas von den Zeiten der Gemeinschaft mit mir abhielt.

Wenn du Zeit still mit mir verbringst, wird deine Kraft erneuert. Ich werde dich in schwierigen Zeiten ermutigen, und du wirst immer durch meine Gegenwart erfrischt werden. Du wirst empfänglicher für die Stimme meines Geistes werden. Dann wirst du meinen Plan für dein Leben erkennen.

Wenn solche Gebetszeiten für Jesus unentbehrlich waren, kannst du absolut sicher sein, daß sie auch für dich unentbehrlich sind!

Je lieber du mit mir zusammen bist, um so lieber wirst du mit Menschen zusammen sein. Wenn du mich liebst, wirst du auch deine Brüder und Schwestern lieben. Die Zeit, die du mit mir verbringst, wird sich auf deine Beziehungen zu anderen auswirken, und ich werde dich besser gebrauchen können, um sie zu segnen.

Sieh deine Gebetszeiten nicht als eine freudlose Pflicht an. Weil ich dich auffordere, dich immer in mir zu freuen, sollst du dich darüber freuen, daß du dieses Beisammensein mit mir im Gebet brauchst. Ja, mein Kind, sei froh darüber, daß ich jeden Tag diese Gemeinschaft mit dir im Gebet haben möchte.

Einfach dankbar zu sein für alle guten Dinge, die ich in dein Leben einfließen lasse, mein Kind, wird dir eher helfen, meine Stimme deutlicher zu hören, als wenn du dich krampfhaft bemühst, zu erkennen, was ich sage. **Ja, Freude an mir macht dich empfänglicher für meine Stimme,** weil dein Lobpreis deine Aufmerksamkeit von dir selbst wegzieht und auf mich konzentriert. Welcher Sinn läge darin, deine Gebetszeiten mit Jammern auszufüllen?

Hebr 1,9; Joh 15,11; Lk 10,21; Lk 6,12; Phil 4,4-6

119

Nimm dir Zeit für mich

„Wenn du aber betest, so geh in dein Kämmerlein und schließ die Tür zu und bete zu deinem Vater, der im Verborgenen ist."
(Mt 6,6)

Ich freue mich über dich. Ja, das stimmt wirklich. Der Grund ist, daß ich dich liebhabe. Und wenn du dich über mich freust, zeigst du deine Liebe zu mir. Dann kannst du meine Stimme voller Liebe zu deinem Herzen sprechen hören.

In der Schrift zu lesen hilft dir, mir zuzuhören. Nimm mein Wort mit Freude an, weil es in Liebe zu dir gesprochen ist.

Bewahre meine Worte in deinem Herzen auf, auch wenn sie im Moment keine besondere Bedeutung für dich zu haben scheinen. Zu gegebener Zeit wird mein Geist dich an die Wahrheiten erinnern, die für dich wichtig sind. Dies gehört zu seinem Dienst an dir.

Lerne aus der Erfahrung und der Weisheit anderer, die in enger Gemeinschaft mit mir leben und Lehrer und Leiter sind, auf denen meine Salbung liegt. Du mußt aber wissen: **Nichts kann die Zeit ersetzen, die du mit mir verbringst, wo du selbst durch mein Wort und im Gebet auf meine Stimme hörst.** Manchen fällt es schwer zu hören, weil sie sich so wenig Zeit zum Hinhören nehmen.

Als Jesus seine zwölf Jünger auswählte, hatte er die vorausgehende Nacht im Gebet verbracht. Er wußte, wie wichtig es ist, auf mich zu hören. Er wollte, daß ich ihn in seinen Entscheidungen leitete.

Komm zu mir, wenn du wichtige Entscheidungen treffen mußt. Verlaß dich nicht auf deinen eigenen Verstand. Erlaube mir, dich zu leiten.

Diejenigen, die sich Zeit zum Beten nehmen, werden zu Betern, deren Gebete etwas bewirken. Beten kann man nur dadurch lernen, daß man es tut!

Wenn Jesus sich zu mir zurückzog, kam er im Glauben. Er war bereit, vor mir zu warten, bis er die Antwort bekam. Viele meiner Kinder geben viel zu leicht auf. Sei du nicht auch so, Kind. Ich möchte, daß du beharrlich bleibst. Ich werde dir die Antworten, die du brauchst, nicht vorenthalten. Ich möchte dich führen und leiten.

Bist du nicht glücklich, wenn du weißt, daß ich zu dir geredet habe? Zieh dich also zurück, und nimm dir Zeit für deinen himmlischen Vater. Das ist niemals Zeitverschwendung, selbst dann nicht, wenn es den Anschein hat, daß nicht viel geschehen ist. Du wirst dir nicht immer meiner Gegenwart bewußt sein, aber ich bin da. Ich wirke eher in deinem Geist als in deinen Gefühlen.

Zeiten, die du im Gebet und beim Lesen meines Wortes verbringst, sind eine wunderbare Gelegenheit, mich besser kennenzulernen und meine Stimme besser hören zu lernen.

Komme freudig in meine Gegenwart, und du wirst diese Freude in den Rest deines Lebens hineinnehmen. **Wenn du Freude an mir hast, wird es dir auch Freude machen, meinen Willen zu tun.** Und du wirst Freude an dem haben, was ich dir durch mein Wort und durch meinen Geist sage.

Du kannst dich mit anderen gemeinsam an mir freuen, aber nichts kann die Zeiten ersetzen, die wir beide in tiefer Vertrautheit verbringen. Der Feind wird versuchen, dich davon abzuhalten, Zeit für mich zu haben, weil er weiß, welche machtvolle Wirkung mein Wort und das Gebet auf dein Leben ausüben. Höre nicht auf ihn, wenn er dir einflüstern will, daß du damit nur eine unangenehme Pflicht tust und Zeit verschwendest. Es ist eine Bedrohung für ihn, wenn in dir Glaube wächst und gefestigt wird, weil du meine Stimme hörst. Und er haßt es, wenn du dich in mir freust.

Zef 3,17; Spr 2,1-6; Kol 4,2

Mein Bund

„Und darum ist er auch der Mittler des neuen Bundes, damit ... die Berufenen das verheißene ewige Erbe empfangen.“

(Hebr 9,15)

Ein Bund ist ein Vertrag zwischen zwei Parteien. Im alten Bund versprach ich, mein Volk reich zu segnen, wenn es den Geboten gehorchte, die ich ihm gegeben hatte. Wenn die Israeliten gehorsam waren und mir die Treue hielten, sorgte ich dafür, daß es ihnen gut ging.

Wenn sie ungehorsam oder selbstzufrieden wurden und sich von meinem Wort abwandten, mußte ich sie strafen. Wenn sie meine Warnungen nicht beachteten, ließ ich zu, daß sie gedemütigt und besiegt wurden, damit sie wieder zum Gehorsam zurückfanden. Obwohl ich das Beste für sie wollte, mußte ich sie in Liebe strafen.

Mein Kind, ich habe Jesus gesandt, um den neuen Bund zu schließen, von dem du ein Teil bist. Die Verheißungen des alten Bundes sind gut, aber das Leben und die Verheißungen des neuen sind noch besser. Die, die an ihn glauben, erben allen Segen, den ich in beiden Bündnissen versprochen habe.

Ich mußte keinen Bund mit meinem Volk schließen; ich tat es freiwillig. Weil ich treu bin, scheue ich mich nicht, mich an das Halten meines Wortes zu binden. **Ich werde weder mein Wort jemals ändern noch gegen den Vertrag verstoßen, den ich mit denen geschlossen habe, die an mich glauben.** Auch wenn Menschen sich als untreu erweisen, werde ich immer treu bleiben. Was ich zugesagt habe, werde ich tun.

Du bist mein, du bist ein Kind meines Bundes. Du hast beschlossen, dein Leben mir zu geben, und ich habe dir mein Leben gegeben. Ich möchte das Beste für dich. Halte dich an meine Wege, glaube meinen Verheißungen, und mein Wort wird sich in deinem Leben erfüllen. Wenn du in mir bleibst und meine Worte in dir bleiben, kannst du mich um alles bitten, was du willst, und es wird dir gegeben werden.

Liebes Kind, ich bin kein Mensch, der möglicherweise lügen könnte. Ich wache über die Worte, die ich gesprochen habe, um sicherzugehen, daß sie erfüllt werden. Ich werde nicht versäumen, alle meine Verheißungen dir oder jedem anderen meiner Kinder gegenüber einzuhalten.

2.Kor 1,20; Hebr 8,7-13; Joh 15,7; 1.Sam 15,29

121

Ich bin meinem Wort treu

„Auch lügt der nicht, der Israels Ruhm ist, und es gereut ihn nicht; denn er ist nicht ein Mensch, daß ihn etwas gereuen könnte."

(1.Sam 15,29)

Ich schätze Treue, weil ich selbst treu bin. Jesus ist der Mittler des neuen Bundes, den ich mit meinen Kindern geschlossen habe, und er bürgt dafür, daß jede Verheißung, die ich im Rahmen dieses Bündnisses gegeben habe, erfüllt wird. Jedes Wort, das ich gesprochen habe, wird sich erfüllen.

Weil du ein Kind des neuen Bundes bist, gehören dir alle meine Verheißungen. Jesus ist das „Amen" und das „So sei es" aller dieser Verheißungen. Nimm sie ernst; ich habe die Macht, jedes Wort, das ich gesprochen habe, Wirklichkeit werden zu lassen.

Ich gebe dir viele großartige Verheißungen für das Beten. Sind dies leere Worte? Sind es Versprechungen, die sich wegerklären lassen? Erscheint es dir unrealistisch, sie wörtlich zu nehmen? Was ich gesagt habe, habe ich gesagt. Ich werde nicht ein einziges Wort zurücknehmen.

Was immer du in Jesu Namen erbittest, werde ich dir geben.

Was immer du im Glauben von mir erbittest, wirst du bekommen.

Was immer du im Gebet erbittest, glaube, daß du es empfangen hast, und es wird dir gehören.

Glaubst du, was ich dir sage, Kind? Denkst du, dies sind leere Versprechungen? Nein, es ist die Wahrheit! Ich beantworte jedes Gebet des Glaubens.

Diese Verheißungen gelten für dich persönlich, mein Kind. Nimm sie dir zu Herzen. Lies sie oft. Bekenne sie kühn, wenn du betest. Der Himmel ist weit offen für dich. Du hast Zugang zu meinem Thron. Sei kühn im Bitten und ebenso kühn in der Erwartung des Resultats.

Ps 33,4.11; 2.Kor 1,18-20; 2.Petr 1,3-4; Joh 14,13-14; Hebr 4,16; Mk 11,24

122

Bleib nahe bei mir

„Denn wer ist es, der sein Herz verpfändet, um zu mir zu nahen?"*

(Jer 30,21)

Mein liebes Kind, ich möchte, daß du mir nahe bleibst. Du hast die Angewohnheit, abzuwandern. Manchmal kommst du zu mir und genießt in deinen Gebetszeiten meine Gegenwart, vergißt aber, daß ich immer bei dir bin. Ich bin nie weiter als ein Gebet von dir entfernt, selbst, wenn es nur ein Stoßgebet ist! **Jedesmal, wenn du im Glauben auf mich siehst, gibst du mir Gelegenheit, übernatürlich einzugreifen.** Ich kann dir mitten in Aufruhr, Chaos und Verwirrung meine ruhige Gelassenheit und meinen Frieden geben. Ich bin bereit, für dich in jede Situation einzugreifen.

Das ist soviel besser, als allein zu kämpfen! Lerne es, immer in meiner Gegenwart zu leben; ignoriere mich nicht.

Erinnere dich an unseren Bund. Ich verspreche, daß ich dich niemals verlassen und nicht von dir weichen werde, weil du mein bist.

Habe ich in meiner Liebe nicht viel Geduld mit dir gehabt, Kind? Ich kenne deine Schwächen und sehe jedes einzelne Versagen; ich stoße dich aber niemals von mir. Ganz im Gegenteil.

Ich ziehe dich näher an mich. Ich möchte dich ganz dicht bei mir haben. Das ist wirklich mein Wunsch! **Ich genieße deine Gesellschaft, und ich möchte, daß du meine auch genießt.**

Hebr 13,5; Jer 31,3; Hebr 10,22; Zef 3,17

---

* Revidierte Elberfelder Bibel; Übersetzung des englischen Textes (New International Version): Denn wer ist es, der völlig darin aufgeht, mir nahe zu sein?

123

Sei kühn

„Was ihr mich bitten werdet in meinem Namen, das will ich tun."

(Joh 14,14)

Mein liebes Kind, sei kühn im Gebet. Gib nicht so schnell auf. Bete mit Gewißheit, und gib nicht auf, bis du die Antwort hast, die du brauchst.

Jesus erzählte das Gleichnis von der bittenden Witwe, um seine Jünger zu lehren, daß sie beten sollten, ohne aufzugeben. Wenn Menschen formale Gebete sprechen, selbst wenn sie es aufrichtig meinen, läßt das die Oberflächlichkeit ihres Glaubens erkennen.

Ihre vage Art zu beten zeigt, daß sie keine konkrete Antwort erwarten. **Welchen Sinn hat es, ohne die Erwartung zu beten, daß etwas Konkretes geschieht?** Konkrete Bitten kann ich beantworten, aber keine vagen Nettigkeiten!

Frage dich, bevor du anfängst zu beten, welches Resultat du auf dein Gebet hin erwartest. Dann kannst du diese Antwort herbeibeten.

Wie kannst du glauben, daß du die Antwort erhalten hast, wenn du nicht sicher bist, worum du überhaupt bittest? Ein wankelmütiger Mensch, der unbeständig in allen seinen Wegen ist, kann nicht erwarten, daß er etwas von mir bekommt.

Auf konkrete Gebete gebe ich konkrete Antworten! Mein Geist wird dir zeigen, was du in jeder Situation beten sollst. Höre genau auf sein Reden.

Mein Kind, wenn du weißt, du hast mich gehört, entweder durch die Schrift oder durch ein prophetisches Wort, halte an dem fest, was ich gesagt habe. Laß mein Wort für dich nicht wieder los. Halte an deinem Glauben fest, ganz gleich, was andere sagen. Erwarte nicht **irgendeine** Antwort, sondern die **richtige**. Gib dich nicht mit **irgendeiner** Antwort zufrieden, sondern nur mit der, die du brauchst.

Lk 18,1-8; 1.Joh 5,14-15; Jak 1,4-8

124

Freiheit von Anklage

„Ist Gott für uns, wer kann wider uns sein?"

(Röm 8,31)

Jesus war in größerer Bedrängnis, als du es jemals sein wirst, mein Kind. Alle geistigen Mächte der Finsternis waren gegen ihn. Als er am Kreuz hing, ertrug er das Gefühl des völligen Abgetrenntseins von mir. Liebe kostet einen Preis! Es war schlimm genug für ihn, daß seine Jünger ihn verließen; die Trennung von mir war für Jesus fast unerträglich. Dies war die äußerste Liebestat für dich und alle, die gesündigt haben. Er durchlitt diese Finsternis, damit du im Licht leben kannst.

Wer hat das Recht, dich anzuklagen? Niemand, nicht einmal Satan! Du bist erlöst und gereinigt, du hast Vergebung durch das unschuldige Blut, das für dich vergossen wurde. Dieses Blut ist die Antwort auf jede Anklage, auf jeden Versuch des Feindes, dir einzureden, daß du unwürdig und verdammt bist. Er ist besiegt, überwunden durch das Blut Jesu!

Es ist alles vollbracht, was für deine völlige Erlösung, deine Heilung und dein Wohlergehen an Geist, Seele und Leib nötig war. Es gibt keine Not in deinem Leben, der nicht durch die Macht des Blutes Jesu begegnet werden kann.

Diejenigen, die Jesus nachfolgen, dem Licht der Welt, werden niemals in Finsternis leben; sie haben das Licht des Lebens. Sie können im Licht wandeln, als die Kinder des Lichts.

Du gehörst zum Licht, mein liebes Kind. **Ich habe dich vor allen Mächten der Finsternis gerettet; sie haben jegliches Anrecht auf dich und jede Gewalt über dich verloren.** Du lebst in dem, der allein das Licht ist, in dem es keine Finsternis gibt.

Wandle im Licht als mein Kind. Lebe in der Wahrheit, durch die es dir möglich sein wird, in Freiheit zu leben. Kehre nicht in die Finsternis zurück. Widerstehe jeder Versuchung des Teufels, der in deiner Seele gern noch einen Bereich der Finsternis sähe, den er als sein Territorium beanspruchen könnte.

Du gehörst nicht zur Finsternis, sondern zum Licht. Finsternis ist alles, dessen du dich schämen würdest, wenn es ins Licht gebracht würde. Ich möchte nicht, daß du dich schämst. Bist du nicht froh, daß du das Blut Jesu hast, das dich reinigt, und den Heiligen Geist, der dich befähigt, auf meinem Weg zu bleiben?

Du warst Finsternis; nun bist du Licht in deinem Herrn. Was in diesem Licht gedeiht, ist gut, gerecht und wahr.

Mein geliebtes Kind, habe nichts mit den fruchtlosen Werken der Finsternis zu schaffen. Setze solche Dinge dem Licht aus; denn wo das Licht Jesu scheint, wird Sünde aufgedeckt und kann vergeben werden. Das Licht macht alles sichtbar. Laß dich von deinem Erlöser reinigen, und die Finsternis weicht!

1.Petr 1,18-19; Kol 1,22; Hebr 7,25; Joh 8,12; Eph 5,8-14

125

Der Weg der Weisheit

„Wie eng ist die Pforte und wie schmal der Weg, der zum Leben führt."

(Mt 7,14)

Liebes Kind, der Weg der Weisheit ist schmal. Die breite Straße der Torheit führt ins Verderben. Viele gehen diesen Weg. Ich habe dein Leben in die Hand genommen und dich berufen, mein Jünger zu sein. Ich führe dich den schmalen Weg, den Weg der Heiligung. Kein Tor kann ihn gehen, sondern nur die, die zu mir gehören. Kein Löwe und kein wildes Tier kann die anrühren, die auf diesem Weg sind; sie werden vor dem Teufel und seinen dämonischen Mächten bewahrt. Sie werden singend in Zion einziehen, und immerwährende Freude wird auf ihren Lippen sein.

Der rechte Weg ist schmal, aber es ist der Weg des Sieges, der Freiheit und der Freude. Gerechtigkeit bringt mehr Freude und größere Befriedigung als das Nachgeben gegenüber deinen fleischlichen Instinkten. **Ich habe dich gerecht gemacht, damit du in rechter Weise leben kannst!** Gerechtigkeit und Sündhaftigkeit haben nichts gemeinsam. Dein Bleiben auf dem schmalen Weg ist ein Ausdruck deiner Liebe zu mir. Der Lohn für Gerechtigkeit ist groß. Gehorsam bringt Frieden und eine ständige Offenbarung meiner Liebe.

Wer hört und *meine Worte in die Tat umsetzt*, ist wie der kluge Mann, der sein Haus auf einen Felsen baut. Wer hört, was ich sage, es aber nicht tut, ist wie der Tor, der auf Sand baut. Sein Haus fällt, wenn die Stürme des Lebens über ihn hereinbrechen, aber das Haus des Weisen steht fest.

Mein Kind, achte darauf, daß alle vier „Wände" deines Lebens auf Felsen stehen. Wenn eine Wand auf Sand steht, wird sie absinken, und das Haus wird unsicher und droht einzustürzen.

Mt 7,13-14; Jes 35,8-10; Mt 7,24-27

126

Halte dich rein

„Was rein, was liebenswert [ist] ... – darauf sei bedacht!"
(Phil 4,8)

Geliebtes Kind, richte deine Gedanken auf alles, was rein und liebenswert ist. Wenn du an unreine Dinge denkst, werden sie entsprechende Wünsche in dir hervorrufen. Sünde entsteht zuerst in den Gedanken. Deshalb mußt du deine Gedanken gefangennehmen und in Übereinstimmung mit meiner Wahrheit bringen. Du sollst deine Gedanken unter Kontrolle halten und darfst ihnen nicht erlauben, dich zu beherrschen.

Laß dich nicht in die Sünde anderer hineinziehen. Wenn andere negativ und kritisch sind, heißt das nicht, daß du es auch sein mußt. Widerstehe allem Betrug und aller Verdorbenheit. Habe mit solchen Dingen nichts zu tun. Bekämpfe sie, auch wenn es dich etwas kostet, sie zu entlarven. Es ist besser, mir zu gefallen, als dich anderen in ihrer Sünde anzuschließen, um ihnen zu gefallen. Laß dich also nicht von anderen unter Druck setzen. Du bist mein Zeuge.

Dies sind deine Ziele: Leben in Gerechtigkeit, weil du in dem Gerechten lebst; Leben im Glauben, weil du in der Wahrheit meines Wortes lebst; Leben in Liebe, denn das einzige, was zählt, ist Glaube, der sich in Liebe äußert; Leben in Frieden, weil du ein Botschafter für das Evangelium des Friedens bist.

Ich wünsche mir, daß dein Leben von Gerechtigkeit, Treue, Liebe und Frieden bestimmt wird. Ein solches Leben bewahrt dich vor der Verdorbenheit der Welt um dich herum. Es muß dich aber zwangsläufig in Konfrontation mit anderen bringen, so, wie es auch Jesus geschah.

Du wirst die Wahrheit aufs Spiel setzen, wenn du Angst vor Konfrontationen hast. Mein Geist wird dir Frieden geben, wenn du gegen Sünde angehen mußt. Diejenigen, die in Finsternis und Verblendung leben, haben Angst vor der Wahrheit. Wenn du im Licht und in der Wahrheit bleibst, hast du nichts zu befürchten. Und niemand wird dir deinen Frieden nehmen können, wenn du dich bemühst, in jeder Situation zu tun, was richtig ist.

Du mußt wissen, daß du dich, ob du es willst oder nicht, mitten in einem geistlichen Kampf befindest und untergehst, wenn du aussteigst. **Du stehst auf der Seite der Gerechtigkeit, gegen Sündhaftigkeit, Betrügerei und Verdorbenheit. Du gehörst zum Reich des Lichts, das im Kampf liegt mit dem Reich der Finsternis.**

Mein Kind, du bist mein Zeuge, inmitten einer Gesellschaft, in der es viel Böses gibt. Der Teufel möchte, daß du ein passiver und unbeteiligter Zuschauer bist. Ich fordere dich auf, die Werke der Finsternis aufzudecken. Ich möchte, daß dein Licht vor den Menschen scheint, damit sie deine guten Werke sehen und mir die Ehre geben.

Phil 4,8-9; 2.Kor 10,5; Mt 5,16

127

Lebe in Gewißheit

„Das Wenige, das ein Gerechter hat, ist besser als der Überfluß vieler Gottloser. Denn der Gottlosen Arm wird zerbrechen, aber der Herr erhält die Gerechten."

(Psalm 37,16-17)

Mein Liebes, beneide die nicht, die zu dieser Welt gehören und mein ewiges Reich verschmäht haben. Sie scheinen mit ihrem weltlichen Reichtum und Lebensstil zufrieden zu sein. Vielleicht behaupten sie, alles zu haben, was sie sich wünschen. Innerlich, mein Kind, sind sie leer. Und wie ist es mit ihrer Zukunft? Haben sie eine Hoffnung auf den Himmel?

Weil sie keine Gewißheit haben, persönlich erlöst und in Ewigkeit bei mir angenommen zu sein, behaupten sie, daß es den Himmel gar nicht gibt. Oder sie behaupten, daß ich jeden annehme, ungeachtet dessen, wie er gelebt hat. Sie wollen ihr eigenes Evangelium, ein falsches Evangelium. Sie wollen die Wahrheit nicht sehen.

Sie wissen, daß sie, wenn sie meine Existenz anerkennen würden, auch die Ansprüche anerkennen müßten, die ich an alle habe, die zu meiner Schöpfung gehören. An den Himmel als Aufenthaltsort des heiligen Gottes zu glauben bedeutet, daß Heiligkeit von denen erwartet wird, die dort angenommen werden.

Ich möchte, daß es ganz klar ist, daß mich ohne Heiligung niemand sehen wird. Weil du an Jesus glaubst, kannst du dir deiner Erlösung sicher sein. **Deshalb brauchst du niemand anderen zu beneiden. Diejenigen, die nicht zu meinem Reich gehören, haben allen Grund, dich wegen deiner ruhigen Gewißheit meiner Liebe zu dir zu beneiden.** Sie haben eine falsche Sicherheit, eine vergängliche. Du hast die Gewißheit des Glaubens, mein Kind, des Glaubens in den Einen, der dich niemals verlassen und nie von dir weichen wird.

Lebe jeden Tag in der Offenbarung dieser Liebe, und du wirst für die, die mich nicht kennen, ein Zeuge sein. Sie werden dich um die ruhige Gewißheit, die du für dein Leben und für deine Zukunft in der Ewigkeit hast, beneiden.

Hebr 12,14; Eph 1,5-8.13-14; Spr 23,17

128

Die Furcht des Herrn

**„Gib mir ein ungeteiltes Herz, damit ich deinen Namen fürchte."*

(Ps 86,11)

M ein Geist der Weisheit ruhte auf Jesus, und er ruht auch auf dir, weil du in ihm lebst, mein geliebtes Kind.

Mich zu fürchten ist der Anfang dieser Weisheit. Das heißt nicht, daß du Angst vor mir haben sollst. Je mehr du meine Liebe kennenlernst, um so weniger Angst wirst du haben. Du wirst an Zuversicht und Selbstvertrauen zunehmen.

Durch das Blut Jesu hast du Zutritt zum Allerheiligsten. An diesem heiligsten aller Orte wirst du entdecken, was mich zu fürchten im rechten und wahrsten Sinn des Wortes heißt: in Ehrfurcht darüber zu staunen, wer ich bin, deine eigene Nichtigkeit zu erkennen vor dem ganz und gar heiligen Gott und doch zur gleichen Zeit zu wissen, daß ich dich willkommen heiße als ein Kind, das ich liebe und ehre.

Wenn die Furcht des Herrn auf dem Leben eines Menschen ist, möchte er mir in allen Dingen gefallen. Er möchte auf keinen Fall gegen meinen Willen verstoßen, aber nicht weil er die Konsequenzen fürchtet, sondern weil er mich nicht betrüben und meine Liebe nicht verletzen will.

Ja, die Furcht des Herrn ist der Anfang der Weisheit. Und ich möchte, daß du weise und nicht töricht lebst.

Diese Furcht zu kennen wird dir helfen, mein Kind. **Du wirst den Wunsch haben, dich rein zu halten und meinem Willen gehorsam zu sein. Du wirst dich bereitwillig meiner Autorität beugen. Du wirst Freude an den Dingen haben, die mir Freude bereiten, und wirst die Dinge vermeiden, die mich traurig machen.**

Du sollst wissen, daß die Furcht deines Herrn rein ist und ewig währt. Ich bin denen Freund und ziehe die ins Vertrauen, die mich

---

* Übersetzung des englischen Textes (New International Version).

fürchten. Ich halte Gutes für sie bereit. Mein Engel lagert sich um sie her, und ich habe meine Freude an ihnen. Ich bringe ihnen Segen und Wohlergehen.

Mein Kind, du möchtest doch, daß dein Land wieder von dieser Furcht ergriffen wird, nicht wahr? Wenn sie einem Volk verlorengeht, breitet sich in seinem moralischen und im gesellschftlichen Leben Gesetzlosigkeit aus. Aber zunächst muß diese Furcht der Kirche wieder geschenkt werden. Ohne sie glauben die Menschen, was sie wollen; sie mißachten mein Wort und werden eher vom Geist des Irrtums geleitet als von meinem Geist der Wahrheit.

Bete also für die Kirche und für dein Volk, Kind. Und bleibe dabei immer und in allen Dingen in der Furcht, in der ehrfurchtsvollen und liebenden Achtung deines Gottes.

Ps 111,10; Ps 25,14; Ps 34,8; Ps 128,1

129

Glaube und Vision

„Er war in allem Gott gleich, und doch hielt er nicht daran fest,
zu sein wie Gott. Er machte sich selbst zu nichts und nahm
Knechtsgestalt an."*

(Phil 2,6-7)

Jesus, mein Sohn, kam als Diener. An ihm wurde deutlich, daß
die Grundsätze meines Reiches ganz andere sind als die Grundsätze dieser Welt. Größe wird in meinem Reich nicht an Wohlstand
oder Berühmtheit gemessen, sondern am Grad der Unterordnung
unter meinen Willen und an der Bereitschaft zu dienen.

Ich hatte einen Diener angekündigt; und doch hat ein großer Teil
meines Volkes ihn nicht erkannt, als er kam. Selbst heute suchen
manche Jesus in Prunk und großer Feierlichkeit, während er in den
Herzen derer lebt, die meinem Wort glauben und meinen Geboten
gehorchen.

Ich hatte meine Freude am Gehorsam, den Jesus mir entgegen-
brachte, und ich freue mich jedesmal über deinen Gehorsam, mein
geliebtes Kind. **Mein Geist ist auf dir, so, wie er auf ihm war, um
dich fähig zu machen, das zu tun, was ich sage.**

Der als Diener kam, ist jetzt der Herrscher; er erwies sich als
der Vollmächtige. Ich möchte, daß du verstehst, mein Kind: **Auch
an dir soll man sehen, daß du demütig und liebevoll dienst und
gleichzeitig treu und in großer Kraft die Vollmacht ausübst, die
ich dir gegeben habe.**

Die Zukunft der Nationen war Jesus ein Anliegen. Sie sind sein
Erbe; die Enden der Erde sind sein Besitz. Gehorsam tat er alles,
was nötig war, um die Zukunft der Völker zu regeln. Die, die sich
ihm widersetzen, werden fallen; die, die ihn ehren, werden erhöht.

Ich habe dafür gesorgt, daß Nationen, die meinen Sohn ehren,
gedeihen. Wenn sie sich meinem Wort widersetzt haben, erfahren
sie mein Gericht. Ich lache über die, die über mich lachen.

---

*   Vers 6: Die Gute Nachricht; Vers 7: Revidierte Elberfelder
     Bibel.

Beschränke deinen Glauben nicht auf deine persönlichen Umstände oder die Nöte um dich herum. **Stehe gegen die Mächte der Finsternis auf, die über dein Land herrschen wollen. Erlaube nicht, daß sie ihren Willen bekommen.** Denke daran, daß ich dir Vollmacht über alle Macht des Bösen gegeben habe. Du bist Teil einer Armee von Gläubigen, die gemeinsam dafür sorgen sollen, daß dein Land aus der Gewalt des Feindes befreit wird.

Wundert es dich, daß ich dir eine solche Aufgabe zumute, wo ich doch weiß, daß dich die bloße Vorstellung schon erschreckt? Sieh Jesus an. Ich habe ihn als den Diener gesandt. Seine Unterordnung unter meinen Willen machte ihn fähig, seine ganze Vollmacht zu nutzen.

Siehst du nicht, daß das gleiche Prinzip für dich gilt? Du bist Diener und Sohn. Du dienst mir und bist doch Miterbe Christi. Du teilst seine Vollmacht und sein Erbe. **Ich gebe denen, die an mich glauben, ihr Land, damit sie es als ihr Erbe einnehmen. Sie sollen in meinem Namen herrschen, Festungen des Feindes niederreißen und Jesus erheben und dafür sorgen, daß er den ihm zustehenden Platz bekommt, auf dem Thron ihrer Herzen und als Herr ihrer Nation.**

Das ist der Grund, warum ich möchte, daß du zuversichtlicher wirst, mein Kind. Ich möchte, daß du Glauben hast, nicht nur in bezug auf deine eigenen Bedürfnisse, sondern in bezug auf die Nation, zu der du gehörst.

Mt 23,11; Mt 28,18-20; 2.Kor 10,4; Gal 4,7

130

Deine Nation

„Die Herrschaft ruht auf seiner Schulter."

(Jes 9,6)

Glaubst du, daß ich dein Land verändern kann, nicht nur politisch, sondern auch geistlich? Glaubst du, daß ich die gesellschaftlichen und moralischen Werte deines Landes verändern kann? Du weißt, daß ich es kann, aber glaubst du, daß ich diese Dinge auch tun werde? Ist es nicht meine Absicht, meiner Kirche Erweckung und den Nationen ein geistliches Erwecken zu bringen? Hat mein Sohn nicht deshalb sein Leben für euch alle gegeben? Ja, es ist mein Wille, daß alle gerettet werden.

Mein Kind, wer regiert dein Land? Kanzler, Präsidenten, Regierungen, Politiker, Minister, Behörden? Habe ich die Herrschaft über die Nationen nicht auf meinen Sohn gelegt, auf seine Schultern?

Es sieht nicht danach aus, wenn du dich umblickst. **Aber ich bin dabei, mir ein Volk zu bereiten, aus denen, die kühn und stark in meinem Geist sind, aus denen, die die geistliche Vollmacht ausüben, die ich ihnen gegeben habe, die die Festungen des Feindes niederreißen und das zerstören, was sich großspurig gegen Jesus aufspielt.**

Ich möchte, daß alle Bedrängnis aufhört. Jesus nahm für die Befreiung meines Volkes Bedrängnis und Gericht auf sich. Es ist Zeit, daß meine Kinder im Glauben aufstehen, damit meine uneingeschränkte Herrschaft ausgebreitet wird.

Habe ich nicht gesagt, daß ich die Nationen erschüttern werde? Denn Gericht erwartet die, die sich mir widersetzen; aber Barmherzigkeit und Gnade warten auf die, die sich zu mir wenden.

Es ist wahr, daß der, der in dir ist, größer ist als der, der in der Welt ist. Du hast also nichts von den Mächten und Gewalten der Finsternis zu befürchten. **Erhebe Jesus über den Angelegenheiten deines Landes, deiner weiteren und näheren Umgebung. Dieses Land gehört nicht dem Feind, es gehört mir.** Sei dir der geistlichen Macht, die im Himmel freigesetzt wird, bewußt, wenn du den Namen Jesus erhöhst.

Und sei nicht zaghaft im Weitergeben meines Wortes an andere Menschen. Sei kühn und zuversichtlich, und erkläre ihnen meinen Herrschaftsanspruch. Denn alle Dinge müssen der Autorität meines Namens und meines Wortes untergeordnet werden.

Mein Kind, ich habe dich dazu berufen, über die Umstände deines Lebens zu herrschen!

Jes 9,2-7; 1.Joh 5,4; Röm 8,37; 1.Joh 4,4; Röm 5,17

131

Mein Triumphzug

**„Gott aber sei Dank, der uns allezeit im Triumphzug umher-
führt in Christus."***

(2.Kor 2,14)

Jesus schwieg, als man falsche Anklagen gegen ihn vorbrachte.
Die Ereignisse sollten zeigen, daß er zu Unrecht verurteilt
wurde. Denn nachdem die Menschen ihm angetan hatten, was sie
konnten, kam er aus dem Grab hervor, um als Sieger zu herrschen.
Als man ihm jedoch die Frage stellte, ob er der Christus sei,
antwortete er: „ICH BIN'S!"

Ich führe dich **immer** in seinem Triumphzug mit. Glaubst du
das? Du mußt nicht mit Versagen und Niederlagen rechnen. Viele
meiner Kinder machen sich einer falschen Demut schuldig, die in
Wirklichkeit eine Form von Unglauben ist. Sie schweigen, aber
nicht aus Demut, sondern aus Angst.

Genau wie Jesus brauchst du dich nicht zu verteidigen, wenn du
zu Unrecht angeklagt wirst. Ich werde meinen Gerechten Recht
schaffen. Wenn sie dich aber wie Jesus im Hinblick auf die Wahrheit
herausfordern, ist es nötig, daß du kühn bist im Bekennen deines
Glaubens. **Was können dir Menschen tun? Wenn ich auf deiner
Seite bin, wer kann gegen dich sein?** Ich achte die, die mir vor
anderen die Ehre geben.

Jesus sorgt dafür, daß mein Wille geschieht und das Schicksal
der Völker erfüllt wird. **Ich stelle ein Volk des Glaubens mitten
in deine Nation hinein. Dies sollen Menschen sein, die kühn die
Wahrheit bezeugen.** Sie mögen wie Rufer in einer geistlichen
Wüste erscheinen, aber ich werde dafür sorgen, daß ihre Worte
gehört werden.

Mein Kind, nichts kann dich von meiner Liebe trennen, weder
Probleme, noch Not oder Verfolgung. In all diesen Dingen überwindest du weit.

Was nötig ist, ist nicht die Stimme der frommen Tradition, denn
sie kann nichts tun, um einem Menschen die Erlösung zu bringen,

---

*   Revidierte Elberfelder Bibel

256

geschweige denn, einem ganzen Volk. Nein, es ist die Stimme des Glaubens an mein Wort, die gehört werden muß. Nur dadurch, daß Menschen Jesus kennenlernen, können sie zur Wahrheit gebracht werden. Und du bist sein Zeuge.

Liebes Kind, dein Zeugnis ist wichtig. Deine Fürbitte ist wichtig. Dein Glaube ist wichtig. Dein Sieg im geistlichen Kampf mit dem Feind ist wichtig. Du bist Teil meines Planes für dein Land.

Ps 138,3; Spr 28,1; 2.Kor 4,13

132

Ich komme bald!

„Wer den Sohn hat, der hat das Leben; wer den Sohn Gottes nicht hat, der hat das Leben nicht."

(1.Joh 5,12)

Jesus wird als Bräutigam kommen, um seine Braut zu holen. Meine Kirche ist die Braut, sie ist aber noch nicht zur Hochzeit bereit. Noch hat sie viele Flecken und Runzeln, Unvollkommenheiten und Unreinheiten, die das Ebenbild meines Sohnes in seinem Leib stören.

Mein Kind, in diesen letzten Tagen wird mein Geist mit läuternder Kraft darauf hinwirken, daß meine Kirche auf den Tag meines Kommens vorbereitet wird. **Er wird nicht kirchliche Strukturen läutern, sondern die Gläubigen, diejenigen, die mich ehren durch ihr geheiligtes Leben, ihren Glauben an mein Wort und die Kraft, die von ihrem Leben ausgeht. Sie sind meine wahren Zeugen.** Angesichts kommender Verfolgungen und Prüfungen werden sie mir treu bleiben.

Wenn Jesus kommt, wird er alle um sich versammeln, die durch sein Blut erlöst sind. Für sie wird es eine Zeit großer Freude sein, für andere aber eine Zeit der Verzweiflung. Der Moment, an dem meine Gerechtigkeit offenbar wird, wird für die, die an mich glauben, der Zeitpunkt der Rechtfertigung sein. Aber die, die Zuflucht bei ihren eigenen Göttern gesucht haben, werden ihren schrecklichen Irrtum erkennen und werden verloren sein. Sie werden erkennen, daß sie meinen Zorn verdienen, weil sie sich geweigert haben, das Opfer im Glauben anzunehmen, das sie vor meinem Zorn hätte retten können.

Es ist gut, daß viele meine Liebe zum Thema ihrer Predigt und Lehre machen. Die Menschen müssen aber auch vor dem Zorn gewarnt werden, der auf diejenigen kommen wird, die nicht gehorchen und nicht glauben. Vergiß nicht, ich möchte nicht verdammen, sondern retten. Mein Zorn wird durch die Gnade gemildert. Wenn jemand meine Gnade ablehnt, bleibt nur Zorn übrig. Warne die anderen, mein Liebes. Dafür bist du verantwortlich.

Eph 5,25-27; Mt 24,30-31.40-42; Mt 13,40-43; Röm 2,5-10

133
Die kommende Vollendung meines Reiches

„Denn er selbst, der Herr, wird, wenn der Befehl ertönt, ... herabkommen vom Himmel, ... und so werden wir bei dem Herrn sein allezeit."

(1.Thess 4,16-17)

Was du jetzt erlebst, ist nur eine unvollständige Offenbarung meines Reiches. Aufgrund deiner menschlichen Schwachheit werden in dir nur einige Aspekte dieses Reiches sichtbar. Jesus lebte das Leben meines Reiches in Vollkommenheit.

Wenn du die Welt um dich herum betrachtest, wirst du feststellen, daß meine uneingeschränkte Herrschaft nicht überall zu erkennen ist. In vieler Hinsicht sieht es so aus, als habe der Feind die Kontrolle, weil er die Menschen manipulieren kann, die nicht an mich glauben. Überall, wo meine Kinder im Glauben leben und mich als ihren Herrn anerkennen, wird jedoch meine Herrschaft aufgerichtet. Jedesmal, wenn ein Mensch sich im Glauben zu mir wendet, nehme ich ihn aus der Finsternis heraus und versetze ihn in das Reich meines Sohnes, den ich liebe.

Das endgültige Resultat steht unausweichlich fest: Jesus wird als Sieger wiederkommen. Mein Reich wird auf der Erde vollkommen offenbar werden. Satan mit seiner ganzen Streitmacht wird vernichtend geschlagen.

Erwarte wachsam die Zeit meines Kommens. Sei bereit. Sei nicht wie die törichten Jungfrauen, die nicht auf das Kommen des Bräutigams vorbereitet waren. Sieh zu, daß deine Lampe in Ordnung und mit Öl gefüllt ist, damit du für seine Wiederkunft bereit bist.

Niemand kennt diese Stunde. Sei also jederzeit wachsam, und vermeide alles, dessen du dich in meiner Gegenwart schämen würdest. Ich werde wiederkommen und dich zu mir nehmen, mein liebes Kind, weil du zu meinem Reich gehörst.

Kol 1,13; Kol 2,15; Mt 25,1-13; 1.Thess 5,1-11

259

134

Sei allezeit bereit

„Legt euren Gürtel nicht ab, und laßt eure Lampen brennen!"*
(Lk 12,35)

Sieh zu, daß du dich von niemandem täuschen läßt. Denke daran,
daß Täuschung ein Hauptanliegen des Feindes ist. Er wird
versuchen, sogar die zu täuschen, die ich für mich erwählt habe.

Einige Täuschungsmanöver sind für Gläubige leicht zu erkennen. Menschen erheben den Anspruch, der Christus oder der Messias zu sein. Es gibt immer wieder Menschen, die aufgrund von
Kriegen und Katastrophen das nahende Ende voraussagen. Jesus
kündigte solche Dinge an, aber nur als Geburtswehen.

Es werden Zeiten der Angst, des Widerstandes und der Verfolgung kommen, wie es sie in der Geschichte der Kirche immer
wieder gegeben hat. Durch diese Dinge wird der geistliche Zustand
der Herzen geprüft. Diejenigen mit kalten und lauwarmen Herzen
werden bald abfallen, aber **die, deren Herzen voller Liebe für
mich sind und in denen das Feuer meines Geistes brennt,
werden fest stehen.** Ich verspreche, daß alle, die bis zum Ende fest
bleiben, gerettet werden.

Es wird eine Zeit der Kriege, der Unruhen und großen Leidens
kommen. Um derer willen, die ich liebe, werden diese Tage ver-
kürzt werden. Höre nicht auf diejenigen, die behaupten, eine persönliche Offenbarung über den Zeitpunkt zu haben, an dem Jesus
wiederkommt. Nur ich setze diesen fest, so wie ich auch den
Zeitpunkt festgesetzt habe, an dem er im Fleisch kam.

Er wird so plötzlich wiederkommen, wie er von seinen Jüngern
gegangen ist. Eine Reihe von Naturphänomenen wird seine Wiederkunft begleiten, aber nicht ihr vorangehen.

Wenn er wiederkommt, wird seine Herrlichkeit sichtbar werden. Stelle keine endlosen Spekulationen über den Zeitpunkt und
die Zusammenhänge dieser Ereignisse an. **Lebe als jemand, der,
wann immer Jesus wiederkommt, bereit ist.** Sei nicht wie der
törichte Knecht, den sein Herr, als er wiederkam, im Ungehorsam

---

*   Einheitsübersetzung

überraschte. Denen, die bereit sind, wenn er wiederkommt, werde ich die Verantwortung über alle meine Güter übertragen.

Zu jener Zeit werden alle Völker vor ihm versammelt werden, und er wird die Menschen aufteilen, wie der Hirte die Schafe von den Böcken scheidet. Freue dich, mein Kind, daß du unter denen bist, die seine Stimme hören und ihm folgen. Überlaß dich nicht irgendwelchen Spekulationen. Sei bereit und wachsam. **Jesus wird für dich wiederkommen.**

Mt 24,4-25; Mt 24,29-51; 1.Thess 5,1-11; Offb 7,13-17

Meine Herrlichkeit

„Mache dich auf, werde licht; denn dein Licht kommt, und die Herrlichkeit des Herrn geht auf über dir!"

(Jes 60,1)

Es war ein besonderes Vorrecht für Petrus, Jakobus und Johannes, die Verklärung Jesu mitzuerleben. Was auch in den kommenden Monaten geschehen sollte, es würde in Herrlichkeit enden!

Sie mußten mit Jesus den Berg ersteigen. Viele sind nicht bereit, geistliche Höhen mit mir zu ersteigen; sie erwarten, daß ihnen alles zufällt. Sie erwarten, daß ich ihnen ständig Segnungen in den Schoß fallen lasse, unabhängig davon, ob sie sich Zeit für mich nehmen, meinem Wort glauben und gehorsam an meinen Plänen festhalten.

Manchmal erwarte ich, daß du mit mir im Gebet Berge erklimmst und dir besondere Zeiten freihältst, die du vor mir verbringst. Dann wieder erwarte ich, daß du Zeit findest, um an Konferenzen teilzunehmen, wo ich dich zu neuen geistlichen Höhen führen kann. Diese Berge zu besteigen erfordert Opfer, aber du wirst sehr davon profitieren.

Auf dem Berg wurde der Leib Jesu verklärt. Sein Gesicht schien wie die Sonne, und seine Kleider wurden weiß. Als der Messias war er die Erfüllung des Gesetzes und der Propheten, als deren Vertreter Mose und Elia neben ihm erschienen waren.

Eine helle Wolke hüllte die Jünger ein, und sie hörten meine Stimme sagen: „Dies ist mein lieber Sohn, an dem ich Wohlgefallen habe." Du wirst verstehen, daß Petrus gern in dieser Wolke der Herrlichkeit bleiben wollte.

Diese Erfahrung war eine große Ermutigung, und doch haben die Jünger nicht verstanden, worum es ging. Hinter dem angekündigten Leid stand die Zusicherung, daß Jesus in die Herrlichkeit zurückkehren würde, aus der er gekommen war. Sein Leben sollte nicht im kalten Grab enden. Er sollte auferweckt und in die Herrlichkeit zurückversetzt werden, die rechtmäßig ihm gehörte.

Habe keine Angst davor, mit mir Berge zu ersteigen, mein Kind. Dir wird ebenfalls meine Herrlichkeit offenbart werden. Es tut dir gut, in deinem Alltag mit mir zusammen zu sein; aber es wird Zeiten geben, in denen ich mich dir in besonderer Weise offenbare und die eine tiefe Wirkung auf dich haben werden. **Ich möchte, daß du mich in meiner Majestät und Herrlichkeit kennenlernst.** Denn meine Kinder sollen dieser Generation von der Herrlichkeit meines Reiches und von meiner Gerechtigkeit erzählen. Und du kannst nicht von etwas sprechen, was du nicht kennst!

Mein Kind, das Leben kann nicht nur aus ständigen Gipfelerfahrungen bestehen; aber du brauchst Offenbarungen, die dich durchtragen und ermutigen, besonders, wenn du durch Zeiten der Prüfung gehst.

Mt 17,1-6; Jes 40,29-31; Ps 18,34; Ps 145,10-13

Schätze im Himmel

„Denn wo euer Schatz ist, da wird auch euer Herz sein."
(Lk 12,34)

Wo liegt dein Schatz, Kind? Auf der Bank? In deinen materiellen Werten? Findest du deine Sicherheit in dem, was du hast, oder in mir?

Alles, was zu diesem Leben gehört, ist vergänglich. Wenn der Sinn deines Lebens darin liegt, weltlichen Besitz anzusammeln, tust du mir leid, weil du nicht verstanden hast, was in meinem Reich den Vorrang hat.

Sammle dir Schätze im Himmel, wo nichts verderben kann. Dort kann der Feind dir nichts stehlen.

Mein Kind, deine Erlösung ist sicher, weil du glaubst, daß Jesus am Kreuz für dich gestorben ist. Aber ich möchte, daß du außer der Rettung deiner Seele auch die bestmögliche Belohnung erhältst. Und ich habe ganz klar gesagt, daß ich jeden Menschen für das belohne, was er getan hat. Deshalb möchte ich, daß die Arbeit für mein Reich in deinem Leben an erster Stelle steht.

Du hast Mittel, die du in die Arbeit meines Reiches einbringen kannst. **Gib dorthin, wo dein Geld wirklich für mein Reich genutzt wird.** Wenn dein Herz in der Arbeit meines Reiches liegt, wirst du deine Schätze hier investieren.

Ein weiser Mann sät keinen guten Samen in eine Wüste; die Saat würde nur verderben. Sie würde trotz ihrer guten Qualität nichts hervorbringen. Das Geld, das du gibst, ist Saat. Säe sie in gute Erde, wo sie reiche Frucht bringt. Dann wird mein Reich davon profitieren, und du wirst den Segen bekommen, den ich denen verspreche, die treu im Geben sind.

Es wird immer Menschen geben, die behaupten, es sei ungeistlich, über Geld zu reden. Wenn das stimmt, müßte Jesus ungeistlich sein, weil er oft über Geld gesprochen hat. Wer sich vor diesem Thema fürchtet, hat offensichtlich etwas zu verbergen.

Ich möchte, daß du mit Gebet und Gaben diejenigen unterstützt, die für die Ausbreitung meines Reiches arbeiten. Und ich möchte, daß du jede Gelegenheit nutzt, selbst in diese Arbeit einbezogen zu sein, selbst wenn dazu Opfer nötig sind. Du wirst reich belohnt werden.

Ich' verspreche, denen, die etwas für mich geben, reichlich zurückzugeben. Warum? Weil ihr Geben ein Zeichen ihres liebenden Gehorsams und ihres Glaubens an mein Wort ist.

Ja, mein Kind, wo immer dein Schatz ist, da wird auch dein Herz sein.

Mt 6,19-20; Mt 16,27; 2.Kor 8,7; 2.Kor 9,6

137

Nutze meine Gaben

„'Sehr gut', sagte der Herr, 'du bist ein tüchtiger und treuer Mann. Du hast dich in kleinen Dingen als zuverlässig erwiesen, darum werde ich dir auch Größeres anvertrauen. Komm zu meinem Fest und freu dich mit mir!'"*

(Mt 25,23)

Mein lieber Sohn, begreife, was ich dir anvertraut habe. Ich habe dich nicht nur mit natürlichen Gaben ausgerüstet, sondern auch mit geistlichen. Ich habe dir ein reiches Erbe gegeben, nicht, damit du es verschwenden und verschleudern kannst, sondern damit du es voll ausschöpfst. Du wirst mir persönlich dafür Rechenschaft geben müssen, wie du das, was dir anvertraut worden ist, genutzt hast.

Im Gleichnis von den Talenten wird deutlich, daß ich weder möchte, daß du meine Gaben aus egoistischen Motiven versteckst, noch sie aus Angst vor Fehlern ungenutzt läßt.

Sieh dir an, wie ich diejenigen beglückwünsche, die ihre Gaben richtig einsetzen. Sie haben sich als treu erwiesen. Sie haben gezeigt, daß ich ihnen mehr und mehr anvertrauen kann. **Sie haben sich in kleinen Dingen als treu erwiesen; deshalb kann ich ihnen die Verantwortung für größere Dinge übertragen.**

Und was ist ihr Lohn? Die Treuen können an meiner Freude teilhaben, einer Freude, die ewig bleibt.

Ich sende meine Kinder, damit sie den Samen meines Wortes säen und ausstreuen. Ich habe ihnen mein Wort gegeben, damit sie es an alle Enden der Erde bringen. Ich erwarte von ihnen, daß sie das tun. Jeder Gläubige soll das Wort der Wahrheit mit anderen teilen. Ich möchte, daß niemand sein Licht unter den Tisch stellt.

Das Teilen des Wortes mit anderen läßt bei dir selbst das Vertrauen in dieses Wort wachsen. Du hast das schon selbst bei dir festgestellt, nicht wahr, Kind? **Jedesmal, wenn du anderen meine Wahrheit weitergibst, wirst du selbst noch stärker von dieser**

---

*   Die Gute Nachricht

266

Wahrheit überzeugt. Und gleichzeitig wächst dein Verstehen meines Wortes.

Es ist gut, mein Wort zu studieren. Aber es hat wenig Sinn, daß ein Bauer seinen Samen studiert, wenn er ihn nicht aussät. Wenn er festgestellt hat, daß der Same gut ist, sät er ihn in Erwartung einer guten Ernte. Er weiß jedoch, daß er nicht sofort ernten kann. Er muß warten, bis der Wachstumsprozeß abgeschlossen ist, bevor die Frucht reif zur Ernte ist.

Sieh dich um; eine reiche Ernte wartet darauf, eingebracht zu werden. Andere haben den Samen meines Wortes ausgesät, und du kannst nun den Lohn ihrer Mühe ernten.

In der gleichen Weise werden andere ernten, was du gesät hast. Werde deshalb nicht stolz, wenn du erntest. Oft haben andere an der Arbeit teilgehabt. Und sei nicht entmutigt, wenn du säst und wenig unmittelbare Frucht siehst. Glaube, daß, was gesät wird, zur Ernte gelangt, auch wenn andere die Ernte einbringen!

Und vergiß nicht, Kind, einer sät, ein anderer erntet, aber ich bin es, der die Saat wachsen läßt. Der ganze Vorgang wäre ohne mich wirkungslos.

Er würde auch ohne dich nicht stattfinden; siehst du das? Ich habe den faulen Knecht hart angefaßt, weil ich kein Wachstum schenken kann, wo nicht gesät worden ist. Die Saat ist unwirksam, solange sie nicht in den Boden gelegt wird. Wir müssen zusammenarbeiten, Kind, nicht wahr?

Dem faulen Knecht wurde abgenommen, was er erhalten hatte; es wurde dem dazugegeben, der seine Gaben eingesetzt hatte.

Mt 25,14-30; 1.Kor 1,7; Lk 8,16; Joh 4,35; Philem 6

Der Missionsbefehl

„Mir ist gegeben alle Gewalt im Himmel und auf Erden. Darum gehet hin und machet zu Jüngern alle Völker: Taufet sie auf den Namen des Vaters und des Sohnes und des Heiligen Geistes und lehret sie halten alles, was ich euch befohlen habe."

(Mt 28,18-20)

Bevor Jesus in die Herrlichkeit des Himmels zurückkehrte, gab er der gerade entstehenden Kirche einen großen Auftrag. Er machte es klar, daß ihm alle Autorität im Himmel und auf Erden gehörte. Hinter dem Auftrag, den er den Jüngern gab, stand nun diese gewaltige Autorität.

Wozu beauftragte er die Angehörigen seiner Kirche? Sie sollten drei Dinge tun: **Erstens sollten sie alle Völker zu Jüngern machen.** Es sollte ihnen nicht nur darum gehen, daß die Menschen das Evangelium annahmen. Sie sollten die zum Glauben Gekommenen in Glauben und Liebe aufbauen und das Wachsen des Samens meines Reiches überwachen, der in ihre Herzen gesät worden war, als sie in Buße und Glauben zu mir umgekehrt waren.

Wahre Jünger glauben meinem Wort; sie bleiben in meiner Liebe und kümmern sich in meinem Namen um andere. Trotz ihrer Unvollkommenheit sind sie meine Zeugen, an denen andere sehen können, wie das Leben meines Reiches hier auf der Erde geführt werden kann.

Zweitens wurden die ersten Jünger beauftragt, diejenigen zu taufen, die das Evangelium annahmen. Das Untertauchen im Wasser bedeutete, daß ihr altes Leben tot und begraben war. Sie waren gestorben, und ihr Leben war nun mit Christus in mir verborgen. Sie waren zum neuen Leben befreit.

Drittens sollten sie sie, nachdem sie getauft waren, lehren, alles zu befolgen, was Jesus den ersten Jüngern befohlen hatte. Ja, mein Kind, *alles*.

Jeder Befehl, der den ersten Jüngern gegeben wurde, gilt auch heute noch für meine Jünger. Sie sollen verkündigen, daß mein Reich nahe herbeigekommen ist. Ich habe ihnen die Vollmacht gegeben, böse Geister auszutreiben und jede Krankheit zu heilen. Sie können sogar Tote erwecken.

Und Jesus versprach, bis zum Ende der Welt bei seinen Jüngern zu bleiben und sie zu befähigen, diese Dinge zu tun. **Deshalb erwarte ich auch heute alle diese Dinge von meiner Kirche. Mein Auftrag an meine Kirche ist unverändert geblieben.**

Du hast alles umsonst von mir empfangen, mein Kind. Geh als ein Jünger Jesu, und teile das Leben des Evangeliums mit anderen. Sei versichert, daß ich mit dir bin. Säe den Samen meines Wortes aus. Ermutige meine Jünger mit der Wahrheit, und sei dir gewiß, daß du meine Kraft und Vollmacht hast, um alle Macht des Bösen zu überwinden.

Röm 6,3-4; Kol 3,3; Mk 16,15-18; Mt 28,20

139

Wirst du für mich sprechen?

„Steht nicht geschrieben: 'Mein Haus soll ein Bethaus heißen
für alle Völker'? Ihr aber habt eine Räuberhöhle daraus gemacht."

(Mk 11,17)

Manchmal gebrauche ich meine Autorität zum Gericht. Jesus
reinigte den Tempel von denen, die ihn mit ihrem Handel und
mit ihren Betrügereien beschmutzten. Dies überraschte die, die es
miterlebten, und rief unter den religiösen Führern Empörung hervor.

Mein Kind, auch heute muß mein Tempel gereinigt werden.
Immer, wenn Menschen sich offen gegen Dinge aussprechen, die
mir im Leben meiner Kirche Unehre machen, begegnen ihnen die
gleichen Reaktionen, wie sie Jesus von den damaligen geistlichen
Oberhäuptern entgegengebracht wurden. Sie erregen bitteren Widerstand und Haß. Man wirft ihnen vor, daß sie sich als Richter
aufspielen, wenn sie treu mein Wort verkündigen.

**Mein Wort entscheidet über das Verhalten aller meiner
Leute. Es ist schärfer als ein zweischneidiges Schwert, es scheidet die Seele vom Geist.**

Ich möchte meine Kirche erwecken, weil ich den Leib meines
Sohnes liebhabe. Ich möchte nicht richten, sondern segnen. Mein
Wort wird zeigen, was dem Geist entspringt, was also von mir
kommt, und was seelisch ist, was also von Menschen kommt.

Manche Leiter kümmern sich mehr um ihr eigenes Wohlergehen
als um die Menschen, die mir so kostbar sind. Solche Leiter sind
wie die Tagelöhner, die Jesus erwähnt, die bei den ersten Anzeichen
von Schwierigkeiten fliehen. Sie lassen den Wolf sein Werk tun. Es
ist an der Zeit, den Leib Christi von solchen Leitern zu befreien.
Ich möchte Leiter haben, die die Herde gegen die Gewalt des
Feindes verteidigen, ganz gleich, ob seine Angriffe von außen oder
von innen kommen. Ich möchte Leiter, die meine Kinder auf saftige
Weiden führen und sie dazu ausrüsten, die Aufträge zu erfüllen, zu
denen ich sie berufe.

Ich möchte meine Kirche vom Unglauben reinigen; ich möchte sehen, daß sie wieder zum Glauben an mein Wort umkehrt. **Ich möchte sie von weltlichem Verhalten reinigen,** vom Geldeintreiben und von unmoralischem Verhalten. Ich liebe meine Kirche, trotz ihrer Flecken und Runzeln, weil sie aus Menschen besteht; und ich liebe die Menschen.

Weil der Leib Christi sich aus einzelnen zusammensetzt, muß die Reinigung in jedem einzelnen Mitglied geschehen. Das Ganze kann nicht rein werden, wenn nicht jeder einzelne gereinigt wird. Ich möchte keine Profis; ich möchte Jünger. Ich möchte keine religiösen Leute, sondern Menschen, die mir nachfolgen. Ich möchte keine Kaffeekränzchen; ich möchte Evangelisation. Ich möchte keine Geldeintreiberei; ich möchte Treue im Geben.

Wer wird für mich sprechen? Wer wird deutlich gegen Dinge das Wort ergreifen, die meinen Tempel verunreinigen? Wirst du es tun, mein Kind?

Mk 11,15-18; Hebr 4,12; Joh 10,11-13

140

Name über alle Namen

„Darum hat ihn auch Gott erhöht und hat ihm den Namen gegeben, der über alle Namen ist."

(Phil 2,9)

Der Name Jesus ist allmächtig. Du hast die Vollmacht, diesen Namen zu gebrauchen.

Eines Tages heilten Petrus und Johannes den Gelähmten, der am Tor zum Tempel bettelte. Sie hatten kein Geld. Aber sie hatten die Vollmacht, in Jesu Namen zu heilen. Also befahlen sie ihm, im Namen Jesu aufzustehen und zu gehen. Er sprang auf die Füße, begann zu gehen und zu springen und lobte mich.

Du kannst dir vorstellen, daß dies ziemliche Aufregung verursacht hat, und wieder einmal waren es die Frommen, denen nicht gefiel, was geschehen war. Die Apostel erklärten es allen Umstehenden: „**Und durch den Glauben an seinen Namen hat sein Name diesen, den ihr seht und kennt, stark gemacht; und der durch ihn bewirkte Glaube hat ihm die vollkommene Gesundheit gegeben vor euch allen.**"*

Jesus ist derselbe, gestern, heute und in Ewigkeit, und er setzte seinen Dienst durch diese Apostel fort. Und derselbe Dienst geht heute in seiner Kirche weiter. Hat der Name Jesus etwas von seiner Kraft verloren? Ist sein Name nicht immer noch der Name, der über allen anderen Namen ist?

Viele rufen in großer Verzweiflung den Namen Jesu an, um sich aus Krisensituationen und Gefahren retten zu lassen und erleben sofortige Rettung. Andere wissen, daß sie unter dem Schutz dieses Namens leben können; sie werden von meiner Kraft beschützt.

Gebrauche den Namen Jesus. Menschen, die der Welt angehören, lästern seinen Namen. **Diejenigen, die zu meinem Reich gehören, gebrauchen seinen Namen, um zu siegen.** Im Glauben wissen sie, daß sie die Welt überwunden haben. Sie rufen täglich den Namen Jesu an.

---

*   Revidierte Elberfelder Bibel

Vergiß nicht, mein Kind, daß ich meinen Namen und mein Wort über alles erhoben habe.

Was du auch tust, in Wort oder Tat, tue alles im Namen des Herrn Jesus Christus und danke mir durch ihn. Wenn du in seinem Namen sprichst oder handelst, tust du diese Dinge für mich. Es ist, als ob er sie in dir und durch dich tut. Ist es nicht wunderbar, daß du ein solches Vorrecht genießt, mein Kind?

Du kannst tun, was er tun würde, sagen, was er sagen würde, beten, was er beten würde, glauben, was er glauben würde. Und wenn du das tust, wirst du ähnliche Antworten erhalten wie er.

Apg 3,1-10.16; Hebr 13,8; Ps 138,2; Kol 3,17

141

Verherrliche mich

„Darin wird mein Vater verherrlicht, daß ihr viel Frucht bringt
und euch als meine Jünger erweist."*

(Joh 15,8)

Jesus wurde gefragt, ob der Zustand eines blindgeborenen Mannes das Ergebnis seiner Sünde oder der seiner Eltern war. Er
antwortete, daß niemand von ihnen die Ursache der Blindheit war.
Die Heilung des Mannes sollte mich verherrlichen.

Mein Wesen offenbart sich nicht in Krankheit oder Sünde;
beides verherrlicht mich nicht. Ich werde jedesmal verherrlicht,
wenn Vergebung, Heilung und Befreiung geschehen. Jesus kam,
um meine Herrlichkeit zu offenbaren und um Menschen von ihrer
Krankheit, ihrer Sünde und ihren Bindungen zu befreien. In allen
diesen Handlungen hat er mich verherrlicht.

**Ich werde immer dann verherrlicht, wenn du dich in Zeiten
der Not oder des Unglücks freust. Ich werde verherrlicht, wenn
ich dich im Glauben leben sehe, wenn du Bergen der Not
gebietest, sich wegzubewegen. Ich werde verherrlicht, wenn du
den Angriffen des Satans widerstehst und er von dir flieht,
wenn du dich weigerst, die Anschuldigungen anzunehmen, die
andere gegen dich vorbringen.**

**Und ich werde in jedem Leben verherrlicht, das du mit
meiner Kraft und meiner Liebe anrührst.** Je mehr Frucht du
durch die Kraft meines Heiligen Geistes bringst, der auf praktische,
greifbare Weise in deinem Leben wirkt, desto mehr werde ich in dir
verherrlicht.

Manche Menschen setzen mir Grenzen, die es im Dienst Jesu
nicht gab. Wenn Menschen zu ihm kamen, um geheilt zu werden,
wollte er nur wissen, ob sie Glauben hatten, damit ich durch die
Heilung ihrer Krankheit verherrlicht würde. Er wußte, was mein
Wille in bezug auf Heilung war, und es ging ihm in jeder Situation
um meine Verherrlichung.

---

* Übersetzt aus dem Englischen (New International Version).

Mein Kind, wenn du in meinem Namen für jemanden betest, tue es, damit ich verherrlicht werde, in dir und in denen, denen du dienst.

Joh 9,1-3; Joh 15,7-8; Joh 14,12-14

Meine Familie

„Denn sowohl der, welcher heiligt, als auch die, welche geheiligt werden, sind alle von *einem*; aus diesem Grund schämt er sich nicht, sie Brüder zu nennen."*

(Hebr 2,11)

Seit du von neuem geboren bist, gehörst du zu meiner Familie. Ich habe dich als mein eigenes Kind angenommen, als du zum Glauben an Jesus gekommen bist.

Seine Mutter und seine Brüder wollten Jesus sprechen, während er lehrte. Als er von ihrer Ankunft hörte, machte er deutlich, daß er eine andere Vorstellung von der Familie hatte. Er bezeichnete die als seine Verwandten, die seinen Willen taten. Und sein Wille ist es, daß man an ihn glaubt.

Du, Kind, hast mich zum Vater und Jesus zum Bruder. Alle, die wiedergeboren sind, sind deine Brüder und Schwestern, unabhängig von Abstammung oder Gemeindezugehörigkeit. Dies ist gegenüber der üblichen weltlichen Vorstellung von Familie eine völlig andere Sicht.

Jesus lehrte, daß jeder, der seinen Vater oder seine Mutter, seine Frau oder seine Kinder mehr als ihn liebt, seiner nicht wert ist und nicht sein Jünger sein kann. Jeder, der es versäumt, sein Kreuz auf sich zu nehmen und ihm nachzufolgen, ist seiner nicht wert. Empfindest du dies als hart? Nun, er machte hier deutlich, daß sein Wille jederzeit an erster Stelle stehen muß.

Natürlich möchte er, daß du deine Familie liebst, aber nicht, daß du sie zum Götzen erhebst oder deiner Liebe für sie erlaubst, deinem Gehorsam ihm gegenüber im Wege zu stehen. Ist es nicht so, daß du manchmal in Konflikte gerätst?

Diejenigen, die weise sind, wissen, daß sie, wenn sie mir den ersten Platz einräumen, Segen über ihre Familien bringen. Ich werde sie nicht veranlassen, ihre Familien zu vernachlässigen, und

---

* Revidierte Elberfelder Bibel; im Englischen (New International Version) statt „von *einem*": „aus derselben Familie"

ich werde auch die, die sie lieben, nicht unter ihrem Gehorsam mir gegenüber leiden lassen.

Ich sehe meine Kirche nicht als eine Organisation oder eine Struktur, sondern als Familie der Gläubigen, als ein heiliges Volk, das Freude daran hat, meinen Willen zu tun, als ein Volk, das sich jederzeit unter meine Herrschaft stellt.

Du bist Teil dieser Familie, Kind. Erfülle deine Verantwortung gegenüber deiner natürlichen Familie; verstehe aber auch, daß du gegenüber der Glaubensfamilie, zu der du gehörst, eine größere Verantwortung hast. Du kannst sicher sein, daß ich dafür sorgen werde, daß meine Gerechten gedeihen und außerordentlich viel Frucht bringen werden!

Eph 1,5; Mt 12,46-50; Mt 10,37-38; Ps 128,1-4; Gal 6,10

143

Seid einig

„Macht meine Freude dadurch vollkommen, daß ihr *eines*
Sinnes seid, gleiche Liebe habt, einmütig und einträchtig seid."
(Phil 2,2)

Ich hasse Uneinigkeit unter meinen Kindern, verursacht durch
Kritik und gegenseitige Verurteilung. Eifersucht und Rivalität
dürfte es unter ihnen nicht geben, statt dessen sollte die gegenseitige
Anerkennung der unterschiedlichen Gaben selbstverständlich sein.
**Bete für die Einheit all derer, die aus meinem Geist geboren
sind.** Ich bin in jedem von ihnen, und sie sind in mir. Das ist die
Grundlage für Einheit. Alle, die in mir eins sind, sind deine Brüder
und Schwestern. **Euch gehört dasselbe Leben; ihr habt densel-
ben Heiligen Geist, ihr gehört zu ein und demselben Reich.**
Selbst wenn ihr euch lehrmäßig nicht in jedem Punkt einig seid,
habt ihr dieselbe Liebe, meine Liebe, die es euch möglich macht,
euch gegenseitig zu ermutigen und zu achten.

Es ist nicht schwer, im Leben anderer Menschen Dinge zu
entdecken, die sich ändern müßten. Vielleicht haben sie einen
anderen kulturellen Hintergrund als du; vielleicht geben sie ihrer
Liebe zu mir in einer anderen Form der Anbetung Ausdruck, die dir
nicht so liegt. Trotzdem seid ihr eins in mir, in einer Einheit, die nur
mein Geist schaffen kann.

Einheit kann nicht durch äußerliche Anpassung an die frommen
Gewohnheiten der anderen geschaffen werden, und sie läßt sich
auch nicht am Konferenztisch erreichen. Sie ist das Werk meines
Geistes.

Die Welt wird erkennen, daß ich Jesus als ihren Erlöser gesandt
habe, wenn sie sieht, daß Christen sich untereinander bestätigen,
statt sich gegenseitig zu vernichten. Deshalb hat Jesus für Einheit
unter all denen gebetet, die an ihn glauben. Menschen werden eher
bereit sein, zu glauben, daß es keinen anderen Namen gibt, durch
den ein Mensch gerettet werden kann, wenn sie Einheit unter denen
sehen, die sich zu meinem Namen bekennen.

Ich erwarte nie von dir, daß du Zugeständnisse machst, wenn es
um die Wahrheit geht. Einige trennen sich von anderen, weil sie

glauben, ein besseres Verständnis der Wahrheit zu haben. Jesus hat das nicht getan. Er hat sich unter die gemischt, die die Wahrheit brauchten.

Mein Kind, der Leib Christi wird weiterhin die Leiden erfahren, die Jesus erfahren hat. Ihm wird immer noch Ablehnung von denen entgegengebracht werden, die sich weigern, an mich zu glauben, und Widerstand von denen, die falsche Götter anbeten. **Laß dich nicht entmutigen. Die Wahrheit wird siegen.** Halte also an der Wahrheit fest, teile sie mit anderen und freue dich, wenn du erlebst, wie sie befreit werden!

1.Kor 12,12-27; Joh 17,20-23; Joh 13,34-35

144

Jesus ist der einzige Weg

„Ich bin der Weg, die Wahrheit und das Leben; niemand kommt zum Vater denn durch mich."

(Joh 14,6)

Mein Kind, du lebst in einer Welt, in der es immer mehr zu Konflikten zwischen meinem Weg und anderen Philosophien und Religionen kommt. Die Christen wurden zuerst „Anhänger des neuen Weges"* genannt. Du bist unterwegs auf dem einzigen Weg zu Gott.

Stehe ohne Furcht gegen die auf, die an diesem Punkt Kompromisse zu finden versuchen. Ich werde nicht dulden, daß Menschen einen anderen Gott ehren. Ich bin der einzige wahre Gott. Kein Mensch kann mich anbeten und Dämonen verehren. Niemand kann der Wahrheit folgen und gleichzeitig der Lüge. Der Grund dafür, daß Menschen sich täuschen lassen, ist nicht, daß sie Kompromisse mit anderen Religionen eingehen möchten.

Täuschung ist eine Form von Gebundenheit. Bringe denen, die sich haben täuschen lassen, die Wahrheit, damit sie aus ihrer Gebundenheit befreit werden können. Viele, die einem falschen Weg folgen, rechnen damit, erlöst zu werden. Sie haben jedoch weder jetzt mein Leben, noch mein Versprechen, daß sie ewiges Leben haben werden.

Wenn du die Wahrheit verkündigst, wird man dich fanatisch und intolerant nennen. So ist Jesus beschimpft worden, weil er den Anspruch erhoben hat, der einzige Weg und die Wahrheit zu sein. Wenn die Menschen ihn haßten, werden sie dich auch hassen. **Du erweist den Getäuschten keinen Liebesdienst, indem du ihnen recht gibst, sondern dadurch, daß du ihnen das Leben anbietest, das ich ihnen geben kann.**

Du bist einer meiner Heiligen. Stelle dich darauf ein, daß Menschen, die anderen Göttern folgen, dich bekämpfen.

Jesus war eindeutig in seiner Lehre und unbeugsam gegen diejenigen, die versuchten, die Wahrheit, die er verkündigte, zu

---

*   vgl. Apg 9,2 und 24,14

untergraben. Aber er streckte voller Liebe seine Hände nach denen aus, die sich zu ihm wandten. Allen, die ihn annehmen, allen, die an seinen Namen glauben, gibt er das Recht, Gotteskinder zu werden.

Verkündige die Wahrheit in Liebe. **Ist deine Liebe für andere Menschen groß genug, um ihnen mit der Wahrheit entgegenzutreten,** was auch immer ihre Einstellungen oder religiösen Vorstellungen sein mögen?

Apg 4,12; 1.Joh 4,1-6; Joh 1,12-13

145

Mein Friede

„Frieden lasse ich euch, meinen Frieden gebe ich euch."

(Joh 14,27)

Mein Kind, ich bin dein Friede. Jesus kam als der Friedefürst, und Friede war sein Abschiedsgeschenk für seine Jünger.

In der Nacht seiner Gefangennahme war es für die Jünger wichtig, daß er ihnen Frieden versprochen hatte. Nach der Kreuzigung, als sie sich voller Angst eingeschlossen hatten, erschien Jesus ihnen in seinem Auferstehungsleib. Er stand mitten unter ihnen und sagte: „Friede sei mit euch." Dies war nicht nur ein Gruß, sondern das Austeilen seines Friedens an sie.

Der Friede, den die Welt bietet, ist ein zeitlich begrenzter Friede, einfach eine Unterbrechung von Streit und Aufruhr. Diejenigen, die von neuem geboren sind, kennen meinen Frieden; Vergebung ihrer Sünden stellt ihren Frieden mit mir wieder her.

Ich bin dein Friede, mein Kind. Sünde ist die Ursache dafür, daß du dein Bewußtsein des Friedens mit mir verlierst, nicht wahr? Die Zusage der Vergebung bringt jedoch die innere Stimme der Anklage und der Selbstverdammung zum Schweigen, und dein Friede ist wieder hergestellt. Die Schuld ist so gründlich abgewaschen, daß es genau so ist, als ob du die Sünde niemals begangen hättest.

Frieden lasse ich DIR. Meinen Frieden gebe ich DIR. Nicht, wie die Welt gibt, sondern meinen Frieden. Erlaube nicht, daß irgend etwas diesen Frieden zerstört. Wende dich gegen alle Dinge in deinem Leben, die dazu führen, daß du deinen Frieden mit mir verlierst. Du wirst sehr schnell entdecken, was das ist. Laß dich nicht mehr auf diese Dinge ein.

Wenn du meinem Wort gehorchst, hast du Frieden, weil du mit meinen Absichten übereinstimmst. Wenn du dich außerhalb meines Willens bewegst, hast du dieses Bewußtsein des Friedens nicht mehr. Dann fängst du an, die Entscheidungen, die du triffst, oder die Dinge, die du tust, zu rechtfertigen. Mein Kind, **wahren Frieden hast du, wenn du weißt, daß zwischen deinem Gott und dir alles in Ordnung ist!**

Du hast an meinem Auftrag teil, das Evangelium des Friedens auszubreiten. Du bist dir vieler Menschen bewußt, die meinen Frieden brauchen, weil innere Konflikte und Schuld ihr Leben zerstören. **Wie lieblich sind die Füße derer, die das Evangelium des Friedens verbreiten!**

Joh 14,27; Phil 4,6-7; 2.Thess 3,16; Jes 52,7

146

Du bist mein

„In ihm seid auch ihr, die ihr das Wort der Wahrheit gehört
habt, nämlich das Evangelium von eurer Seligkeit – in ihm seid
auch ihr, als ihr gläubig wurdet, versiegelt worden mit dem
Heiligen Geist, der verheißen ist, welcher ist das Unterpfand
unsres Erbes, zu unsrer Erlösung."

(Eph 1,13-14)

Ob du nun ein Apostel, Prophet, Evangelist, Pastor oder Lehrer
bist, oder jemand, der heilt, Wunder wirkt, mit organisatori-
scher Leitung betraut ist oder ein Helfer, du bist in meinem Sohn,
und er ist in dir. Und du hast die Verantwortung, sein Leben so zu
leben, daß du ein Zeuge in der Welt bist.

**Sei bereit zu gehen, wohin ich dich auch führe, und zu tun,
was immer ich von dir erwarte.** Du wirst deinen Gehorsam mir
gegenüber nie bereuen. Viele andere werden wegen der Auswirkungen, die dein Leben auf sie hat, mir die Ehre geben und mir danken.

Mein Kind, unter denen, die ich im Siegeszug führe, gibt es
keine Zuschauer.

Du bist gesegnet, weil deine Augen sehen und deine Ohren
hören. Ich habe dir die Augen für die Wahrheit geöffnet. Weil du
mein Kind bist, kannst du meine Stimme hören und von meinem
Geist geführt werden. Sei mir dankbar, weil die Ehre dafür mir
gehört.

**Viele Propheten und Gerechte haben sich danach gesehnt,
zu sehen, was du siehst, haben es aber nicht gesehen, und zu
hören, was du hörst, haben es aber nicht gehört.**

Jesus ist der kommende König. Er wird in Majestät und Herrlichkeit kommen, in der Pracht seiner Heiligkeit, mit Engeln in
seinem Gefolge. Er wird die sammeln, die zu ihm gehören.

Du zählst zu den Auserwählten, Kind. Ich habe dich erwählt.
Meine Hand ist auf deinem Leben. Du lebst in mir und ich in dir.
Ich halte das Geschick der Völker in meiner Hand, aber ich verliere
niemals einen einzelnen Menschen aus den Augen, auch dich nicht!

Ich bin das A und das O – der Anfang und das Ende aller Dinge.
Auf mein Wort hin ist die Schöpfung entstanden. **Und alles wird**

seine Erfüllung in mir finden. Die Zeit wird kommen, in der alles, was nicht zu mir gehört, vergehen wird.

Ist es nicht gut zu wissen, daß du in mir sicher bist? **Ich habe dich zu meinem Eigentum gemacht – du bist mir kostbar, liebes Kind!**

Lk 10,23-24; Mk 13,26-27; 1.Petr 1,1-2; Offb 1,8